ドイツ歴史教授学の基礎理論

歴史意識が織りなす意味形成と語り

原著者 **イェルン・リューゼン**

監訳者 **原田 信之**

訳 者 **宇都宮 明子**

三恵社

日本語版まえがき

　歴史教授学は，歴史学習に関する学問である。それは，人間の歴史意識（Geschichtsbewußtsein）において生じる学習過程を探究する。この過程を理解するために，歴史意識の学習理論研究が求められる。この研究の核心には，学習理論的視点からみた人間の歴史意識がある。

　歴史教授学はその国の歴史文化の一部であり，人間の生活実践の文化的方向性での特定の状況において，常に歴史的に発達したものであり，また発達し続けるものでもある。歴史的現象（現在理解にとり意義ある過去における事象）と関連し，この現象が現在の生活実践の文化的方向性に果たす役割を研究するのが特徴である。しかし同時に，この特徴は一般的な傾向性も持つ。それは，その説明機能の論理的一貫性，語り的意味形成の内的整合性，歴史的経験の検証可能性である。歴史教授学は歴史的思考と関連して，学習理論的には歴史学習の理論とみなされる。

　学習とは，経験を扱うことでのコンピテンシーの獲得である。歴史学習は，歴史意識の作用としてなされる。歴史的経験を解釈的に組み入れることで，既存の歴史的記憶の形式が拡張され，深められる。さらに，その論理的（語り的）構造はかなり可変的である。それによって重要となるのが，現在と，未来展望に対する過去の意義を決定づける意味の基準である。こうした意味の基準の例が，義務化された伝統，あるいは，進歩思想といった議論の対象となる文化的に方向づける視点である。いずれにしても，時間意識をこうした視点へと方向づける人々の歴史的アイデンティティが常に問題となる。

　歴史意識の学習理論的分析では，どのようなコンピテンシーや経験が問題とされるのか？コンピテンシーに関しては，歴史意識における意味形成過程に熟考的に対処することが重要である。これに対して，重要な経験については，時間的に差異のある経験を認知したり，解釈したりすることが問題とされる。本来，時間的に差異のある経験とは当然，現在と過去との間にみられる時間的差異からくる経験である。しかし，過去自体も異なって認知されたり，解釈されたりすることがありえる。例えば，現在との単純な相違として，あるいは，もっと複雑なもの

では，過去自体を細分化する固有の時間軸として（例えば，後期啓蒙主義）。

　現状の歴史教授学は，以下のようなテーマによって決定づけられる。より有力とされるのが，人間の歴史意識と，学習過程としての歴史意識の形成に関する問題である。この過程を分析するために，歴史意識の発達を，ピアジェ以降の発達心理学の成果に即して理解することが必要である。この発達は，歴史的意味形成の多様な基準が相互に重なり合う過程として理解されなくてはならない。理想的な順序では，伝統的形式から範例的形式，そして批判的形式が持つ効果を短期的に備えた発生的形式へという発達が重要である。学習理論的視点からすると，範例的形式が優勢である。この形式の典型となる重要な構造は，「歴史は人生の師である」（Cicero: De oratore II［キケロ『弁論家について』第 2 巻：訳者注］，p. 36）という有名な名言で特徴づけられる。この教訓的な重要性については疑う余地はないであろう。紀元前 5 世紀頃のいわゆる枢軸時代（ヤスパースが提唱した紀元前 500 年頃におこった世界史的・文明史的な転換期：訳者注）における初期高度文明の発達以降，この形式が，歴史的思考を形成してきた。18 世紀になると，新しい思考形態である発生的形式に乗り越えられるが，生活実践的には依然として有効である（歴史教授学の専門的な議論では今日まで，この現在の構造変化が十分には理解されていない）。範例的な歴史的思考は，文化史的には既に時代遅れになっているにもかかわらず，歴史教授学の議論では，（その実用的な有用性を失うことなく）依然として優勢である。

　諸文化間のコミュニケーションがますます濃密化する時代には，それに即した比較は避けられない。問題を孕んだ西洋の特殊な立場を回避するためには，比較が文化を越えて，基本的，人類学的，普遍的な歴史的思考様式の論理構造に向けられることがぜひとも必要である。この構造には，基礎的な意味の基準を明示することが欠かせない。これらの意味の基準を歴史理論的に類型化して明確にすると，伝統的，範例的，発生的，批判的形成として見出され，ヒストリオグラフィー的な成果において確認することができるのである。

イェルン・リューゼン

目　次

第1部

歴史教授学と歴史学

第1章　歴史教授学の理論的基盤に関して

　歴史を学ぶことは，なぜそれほど難しいのか，メタヒストリー（Historik）と教授学はどのような関係にあるのか，歴史学習の過程において人類学的基盤と時間構造とはどのようなものであるのかを論じることにする[1]。最終的には，異文化間ヒューマニズムの考え方を歴史教授学に応用することを試みる。

1．歴史を学ぶことの困難さ

　歴史を学ぶことは，なぜそれほど難しいのかという問いから始めよう。これについては，チャーリー・ブラウンとその妹サリーの会話に明確な答えがある。

図1[2]

　このコミックでは，以下のことが述べられている。歴史は生徒の外にあり，一見すると彼らとは何の関わりもない過去の出来事のように思われる。だとしたら，歴史学習はこの外のものを内的に習得する過程といえよう。この外から内への移行を納得のゆくように，とりわけ実施が可能なようにすることが歴史教授学の課題である。それができるように歴史教授学では，歴史の特性，とりわけ，過去と現在（そしてその未来展望）の本質的な関連にかかわって考察されなくてはならないことがいくつかある。この考察は，歴史理論やメタヒストリーの領域に及ぶ。

2．メタヒストリーと教授学：相違と関連

　メタヒストリーと教授学の関係を問うことから始めよう。メタヒストリーとは何か[3]。メタヒストリーは専門用語である。英語圏ではヘイドン・ホワイトの著名

な本のタイトルから**メタヒストリー**と言うかもしれない[4]。しかし，メタヒストリーという用語は，ヨハン・グスタフ・ドロイゼンにより古典的に用いられるようになり，これ以降，ドイツ語圏の学術界に受け入れられた専門用語であるが，英語圏でのメタヒストリー（metahistory）という用語はドイツ語圏でのメタヒストリー（Historik）ほどには専門用語として市民権が得られていない[5]。

　メタヒストリーでは，歴史を学問たらしめる歴史的思考の基本原理を問題とする。歴史的思考は全部で5つあるが，それらは明らかに相互に異なる意味の基準である。それを図2で一覧にまとめた[6]。

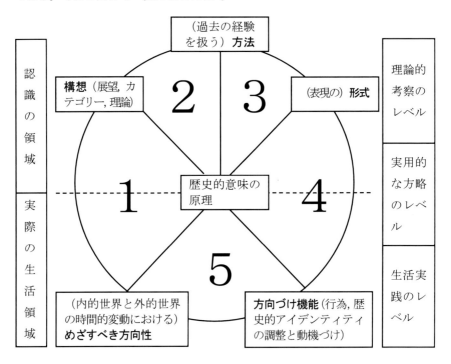

1．象徴化の意味論的言説
2．歴史的知識を生み出す認知的方略
3．歴史的表現の美的方略
4．歴史的方向性の修辞学的方略
5．集合的記憶の政治的言説

図2：歴史的思考のマトリックス[7]

　めざすべき方向性，構想または展望，研究方法，描写形式と時間的方向性の機能に関わる問題である。いずれの原理も歴史的思考には不可欠であり，歴史的思考を文化的意味形成の特定の過程として明確にするには，これら5つが合わされば十分である。当然，個々の原理は相互に複雑に調整しあう。これらの原理間ですべての言説（Diskurs）領域を確認することができる。この言説領域も図2で一覧にしてある。歴史的な象徴化の言説，歴史的知識を生み出す認知的方略，歴史的表現の方略，歴史的方向性の方略，集合的記憶(kollektive Gedächtnis)の言説に関わる問題である。これらコミュニケーションの領域は，もちろんかなり複雑に相互に調整される。

　図2では，さらに歴史的思考が3つのレベルに区別されているが，これについては，これ以上立ち入らない。図が示すように，学問と生活界，認知の形式と歴史的思考の実践活用は，実際には相互に切り離されないようにすることがとても重要と思われる。かといって，それらは単純に一体化しているということではない。

　現在の歴史理論の大きな問題は，歴史とは何かという省察において，その学問性に関して，すなわち，特定の描出の仕方や歴史学の学問構造に関して，実際のところ，未だにほとんど何も述べられていないことにある。それに対し，歴史家が多様な歴史を語り，小説ほど作品として優れていないことによってのみ芸術的な小説作品と区別される語り（Erzählung）こそが歴史的思考の成果であると証明することに最も価値が置かれてきた。語りの文学的構造や性質を取り上げることについて，学術的なヒストリオグラフィー（Historiographie：歴史を書くという行為自体が必然的に選択的な行為であるとする歴史叙述としての歴史を意味し，歴史の記述・描写方法やそのあり方を研究するジャンル：訳者注）として，トーマス・マン，フランツ・カフカ，ロベルト・ムジール，その他の著名な作家の小説と比較すると，歴史の分野からはほぼ何も残らないことになる。（しかし，それでもテオドール・モムゼンは，1902年刊行の『ローマ史』という著書でノーベル文学賞を受賞した。）このヒストリオグラフィーの語り論的分析には，歴史の特性や，歴史研究の合理性との関連が欠如している。まずはこうした関連において，ヒストリオグラフィーの文学としての性質について有意義に論じることができる。だから，例えば，ザウル・フリードレンダースの『ナチスドイツとユダヤ人』にヒ

ストリオグラフィー的描写の新しい基準が見出されるであろう。ここでは，ホロコースト体験という特殊な挑発をヒストリオグラフィーに取り込むというかなり印象深い試みがなされている[8]。

　この短い論述では，どのようなテーマで，どのような関連において歴史理論やメタヒストリーに取り組むのかに関する考えだけを伝えておくことにする。歴史教授学は見取り図といった，いわば分野的なマトリックスを開発することはしないし，その議論もしない。歴史が学問としてどのように構築されるのかを類推し，根本原理を考慮に入れて歴史教授学を分析的にどのように分類できるのかを私は熟考した。歴史教授学を学問特有の言説に組み入れることができる領域として理解させ，確定させるために，どの根本原理も不可欠であり，それらすべてが一緒になって十分なものになる。その見取り図は，形式上は歴史的思考のマトリックスと同様の図になるであろう。

　私は歴史教授学という学術的な分野を，歴史学習の学問と定義する。現代社会では，実際のあらゆる社会が総てそうであるように，より若い世代がより以前の世代の文化的方向性を継承する学習過程を辿らされる。これはかつての文化では比較的容易であったが，現代文化では専門的になされなくてはならない。そしてその専門家が教師である。教授学は歴史の教授と学習の専門性を象徴する。すべてはこれ次第である。組織された歴史授業や歴史的方向性の世代間継承の必然性が無視されると，歴史教授学はもはや存在しなくなる。それでも多様な歴史はさらに多彩な機能を持ち，存在するであろう。

　歴史教授学は何で始まるのか。この問いは，学問は何で始まるのかに拡張されるべきか。この問いはとりわけ若者にとって重要である。かつての私たち大学教師の中心的使命は，教科を導入するにあたり，歴史的思考やその出発点にとり重要なのは史料であると明確にすることにあった。それ故，私たちのすべての初級ゼミナールは史料学（Quellenkunde：史料の価値を吟味し，史料となりうるものを収集・分類するジャンル：訳者注）と適切な引用方法の訓練であった。これは正しくない。歴史的思考の初めには常に問いがあるからだ。史料の扱いは，問いに対する回答を見出すための第一歩である。そして，これは教授学でも同じである。教授学は，純粋に教授学的な展望において取り上げられ，歴史の学習過程の扱いに変えられる要求と生徒の関心に基づく。ここでは，この学習過程は実証的に研

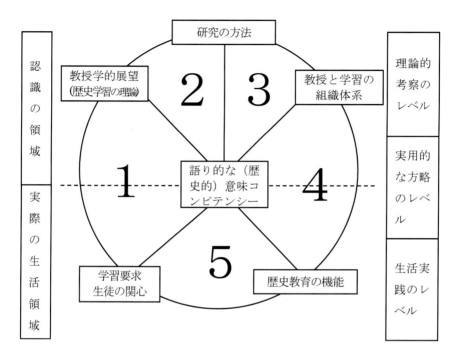

1．歴史教育の言説
2．教授学の知識を生み出す方略
3．教授の教授学と方法論の方略
4．教授の実用的な方略
5．教育を通した未来を保障する言説

図3：歴史教授学の専門的マトリックスの図[9]

究される。通常，専門の歴史学者が何か過去に関する新しいことを発見するためにまさに公文書館に行くように，教授学者は実際に起きていることを研究するためにまさに歴史が学ばれる現場に向かう。どのような条件のもとでどのような学習成果がめざされたり，学習成果が妨げられたりしているのか等。ヒストリオグラフィーに照らすと，教授と学習の形式は組織体系としても存在する。一連の授業をどのように組織し，1時間の授業をどのように計画するのか。これらは，かなり具体的な学習の問いである。言い換えると，博物館において展覧会をどのよ

うに組織するのかということであるが，つまりは学校だけに関わる問題ではないのである。

　要するにこれは，メタヒストリーと教授学の原理である。今や私たちはこれらがどのように関連し，どこに相違があるのかを比べてみる必要がある。

　関連は明らかである。メタヒストリーと教授学の思考の言説や思考形式において（あるいは既存の分野において），学習と思考の生活世界への定着が問題となっている。つまり，歴史的思考や歴史認識は生活実践に根差している。それ故，描出のされ方も絶えず変化する。マックス・ウェーバーはこう述べている。カルチュラル・スタディーズは，めざすべき方向性が絶えず変動するコンテクストにおいてなされ，私たちは新しいめざすべき方向性に基づいて新しい認識を生み出さなくてはならないので，カルチュラル・スタディーズは更新され続けるであろう[10]。これは生活界や実践に由来し，両分野に当てはまる。メタヒストリーと教授学は，根本的に歴史意識（Geschichtsbewußtsein）という現象と関連する。歴史学や，歴史的知識の探究的な産出において，歴史意識の一定のありようや表明としての知識が問題にならなかったとしたら，歴史教授学は歴史意識というテーマそれ自体に異議を申し立てる。知識の蓄積は，探究に関連づけられた過去の学問的な扱い，すなわち，歴史学の基本的な成果の1つである。

　メタヒストリーと教授学の言説は方向感覚に向けられる。これは学術的な歴史からみても容易には無視できない。学者によってそのつどもたらされた認識を現在の時間経験を扱うための提案として認知しないならば，歴史における歴史ではもはや何も理解できなくなる。その事例がフランスの**アナール学派**である。この学派にとっての代表的な巨作であるフェルナン・ブローデルの『フェリペ2世時代の地中海と地中海時代』では，長期にわたる構造が問題とされる[11]。これは，20世紀の不安経験や変動経験に対する紛れもない何らかの埋め合わせである。事件史や出来事史，それに伴うあらゆる近代化の問題も注目されないで取り除かれている。アナール学派がドイツで当初から共感を得られなかった理由の1つは，ドイツではこうしたフェードアウトにあまり意味を見出さなかったことにある。

　メタヒストリーと教授学は，方向感覚の照準も共通する。さらに，メタヒストリーと教授学の言説は，その照準が認知的論証を介して行われるという事実を共有する。この事実によって，私たちは何一つ奪われてはならない。歴史認識は認

知的な営みにとどまっている。そこでは歴史の描出において美的な視点も役割を担っていることを否定できない。それなのに，思考や認識や知識を認知的な営みとしてしか認識しなくなれば，歴史学やヒストリオグラフィーに関してもはや何を言っているのか分からなくなる。私たちの同僚が，文学における語りの構造に喜んで多くの関心を寄せてしまうことは，現在の歴史論的議論にとって大きな危機なのである。より正確に言えば，歴史学者はそれについてほとんど何もできないので，文学者は歴史学者を喜ばせているのではなく，むしろ恐れさせているのである。結局のところ，歴史学の核心である研究活動と方法原理は，認知的論証の手段に関する限りでは，メタヒストリーの言説において未だほとんど役割を果たしていない。

　教授学だけでなく，メタヒストリーと教授学はともに学習過程としての歴史的思考に取り組む。学問としての歴史は，将来のプロとしての歴史学者の専門的コンピテンシーを扱う学習過程でもある。結局，私たちは教えてもいる。私たちは，この分野が長い時間をかけて手に入れた，知識を生み出す標準装備を学生が学び取ることに対して責任を負う。例えば，生物学や物理学の知を借りて塵の粒から年代を突き止める考古学を思い起こすと，これはある意味，非常に精緻な方法である。

　メタヒストリーと教授学の相違はどこにあるのか。メタヒストリーの場合には，認識過程としての歴史意識が問題となる。教授学においては，学習過程としての歴史意識が問題となる。両者は当然，相互に矛盾しない。しかし，2つの異なる展望が扱われることになり，その限りでは，一方の側がもう一方の側をそのままコピーすればよいというわけではない。教授学における導入で歴史とは何かという問いが投げかけられ，著名な歴史家が引用されれば，それで事足りるわけではない。著名な歴史家の言明が疑われるべきではないが，教授学においては，学ばれるべき歴史が重要であることが明らかにされねばならない。これは当初から明確でなくてはならない。

　さらに，教授学で大事なのは教師の専門性である一方，メタヒストリーではプロとしての歴史学者の専門的コンピテンシーに焦点を定める。歴史意識をテーマとする場合，教授学にとって特に重要なのは，歴史意識が各自のうちに発生するという固有性である。つまり，学校での学習を数年経ると，生徒の歴史意識で何

かが生じるということである。そこでその歴史意識が促進されるのである。しかし、この歴史意識の発達は、どこに存在するのだろうか。歴史授業のカリキュラムに関連するテキストを吟味すると、多くのおきまりの事柄が見られるが、それらは決定的なものでも根本的なものでもない。その原因は、歴史意識の発達段階や発達の方向性に関して、十分に有益な議論が未だにないことにある。道徳意識や時間意識の発達、そして多様な認知的能力の発達については、ピアジェやコールバーグの洞察のような何らかの比較しうるものがあるのだが、歴史意識に関してはこれがほとんどない。このことは私が特に強調したい問題点である。つまり、歴史教授学固有の歴史意識が各自の内に発生することへの関心である。

　歴史意識は非常に複雑であり、わずかな例外を除き、心理学はまだ総じてこれに取り組んでいない。

　私は、歴史教授学にとってのメタヒストリーの意義を論じたいのである。歴史教授学はなぜメタヒストリーを必要とするのか。私はこれに関して4つの異なる視点を強調しておくことにする。

(1) 第1に、歴史教授学は、本来、固有の歴史的なものとは何かについて明確な考えを持たなくてはならない。「過去のもの」という単純な回答ではまったく不十分である。そうではなく、この歴史的なものは過去のように完全に過ぎ去ってしまったものではなく、過ぎ去ろうとしているものとして、現在もなお何らかの関わりを有する極めて特別な様式のものである。ここでは厳密な歴史理論上の論証が肝要である。私の定義ではこうなろう。過去と、未来展望を伴う現在とをつなぐ意義深い内的関連性を有するものが、固有の歴史的なものである。

(2) 第2の視点は、歴史的思考の特性に関わるものである。歴史的思考は、例えば、社会学的思考方法や政治学的思考方法といった別の思考方法や自然科学的な思考とどこで区別されるのか。認識論的によく根拠づけられた明確な考えを持たない人は、具体的な歴史教授学的な活動の流れに入る前に、はなから泳ぎ始めてしまう。メタヒストリーはこの問いに明確な回答を与えてくれる。アーサー・ダント以降（ドイツ語圏ではハンス・ミヒャエル・バウムガルトナー[Hans-Michael Baumgartner] 以降）、歴史的知識の語り構造の洞察がある[12]。

(3) 第3の視点は、メタヒストリーがなければ教授学における認識と語りの役割を

十分に明らかにできないし，認識や語りがなければ歴史学習もありえないということである。どの語りもどの認識も，初めからよく教えられるように構造化されているわけではない。教えるための構造化がとりわけ強調されなくてはならない。さらに，メタヒストリーは歴史教授学のための学び方を開発してくれる。こうした学び方は，歴史的意味形成の基本的類型に依拠する。歴史意識にとり決定的な過去と現在と未来の関連は論理的にまったく異なるやり方で実現されるので，こうした類型に区別することができる。この多様なやり方は，それ自体が特別に歴史的であるが，思考の形式として明確に区別することができる。そのつどの過去と現在と未来の意味関連の実現における相違は，類型的に特徴づけることができる。これらの歴史的意味形成の類型は，教授学では学習タイプと理解され，説明される。

(4) 最新の歴史授業とは実際どのようであるのかという問いを投げかけると，その答えは明白である。最新の歴史的思考は，発生的意味形成のタイプをとる。ここでは変化が発生的な意味をもたらす。しかし，ギムナジウム上級学年を含めた学級ではどのように学ばれているのだろうか。範例的意味形成という古い思考形式（歴史は人生の師である）が主流である。この範例的な意味形成の類型自体は教授学的に構想され，あらゆる高度文明において何千年も主流となっているので，これは不思議なことではない。しかし，この思考方法は前近代的である。無効になっているわけではないが，現代社会では現代固有の歴史的思考の論理が学ばれなくてはいけない。教授学でのメタヒストリーは，時間の意味を付与して解釈された歴史的意味形成の類型化の形式において，まさに歴史的思考が意味するところを説明できるのである[13]。

３．人類学的基盤と時間構造

これまでの論述はかなり表面的なものであった。今から歴史意識の学習過程における歴史的なものの内容の確定に移ることにする。

メタヒストリーと教授学との複雑な相違と共通性において視線を向けるべきことの１つは，人間の歴史意識の人類学的基盤と時間構造であろう。これは，歴史の人類学的な普遍性といえるものかもしれない。人類学的な普遍性とは何か。クリフォード・ギアツらの人間科学における文化論的転回以降，すべての文化は個

別的であり，支配的な構造という思考に別れを告げなくてはならないことを私た
ちは学んできたのではないのか。このような個人主義は一面的で誤解を招きやす
く，そのため歴史は空間と時間における人間の生活様式の特別な性質を洞察する
ことに強い関心を持ち，今後も持ち続けるだろう。

　しかし，人間の生活様式の歴史的特性における基本的洞察が重要であるとすれ
ば，無視されてはならない人類学的な普遍性に関する既存の民族学的研究がある[14]。
なぜ人類学はメタヒストリーと教授学にとりそれほどまで重要なのか。

　グローバル化は学問の門前で止めようがない。グローバル性のどこが歴史的思
考や学習のテーマとなるのか。私の知るところでは，大学の専門課程の歴史のカ
リキュラムにおいて，私たちの学生は少なくとも一度は徹底して非西洋文化を勉
強しなくてはならないという要請がドイツにおいてなされたことはなかった。し
かし，もはやヨーロッパ中心主義であることは許されない。グローバル化の挑戦
に専門的に対処することができる歴史的思考におけるグローバル性と普遍性の視
野を私たちは獲得しなくてはならない。歴史の理論と教授学は，生徒にこうした
歴史的経験や歴史的思考の視野を伝達する能力を教師に付与しければならない。
雑駁な言い方をすれば，これまで「他者」は，私たちが帝国主義的に上陸した時
にしか，私たちの前に現れなかったのである。

　これは，私たちは対象の基準を拡大しなくてはならないと主張するものではな
い。むしろ，私たちは認知と思考の構造を普遍史的に拡張し，人類学的に深めな
くてはならない。これは以下を意味する。私たちは非常に多くのまったく異なる
事例を使い，非常に根源的であるために数多くの文化にみられる人間の生活世界
の構造を明らかにしなくてはならない。歴史理論の大きな使命の1つは，こうし
た構造を練り上げ，納得いくようにすることにある。そこに潜在的な示唆が満ち
溢れているとしても，そうした構造を例えば社会学のような別の分野から単純に
借用することはできない[15]。私たちは教授学とメタヒストリーとの相互作用にお
いて普遍史かグローバル史の構想を練り上げなくてはならない。その際，個体発
生と系統発生の関係についての古いテーマが新たに設定される[16]。

　近代歴史学は何でもって始まるのか。私たちはこれを忘れていないだろうか。
それは，18世紀末の普遍史であり，例えば，シュレーツァー，ガッテラー，カン
ト，シラー，ヘルダーに象徴される。最初の偉大な近代の歴史思想家たちは，プ

ロの歴史家ではなかった。歴史学は，既存の分野として，まだまったく存在していなかった。私の見解では，真に偉大な最初の近代の歴史思想家は，今日でもなお読むに値する普遍史を提示したヨハン・ゴットフリート・ヘルダーである。ただそうであるとしても，ポストコロニアル的予断で論駁すると，近代の歴史思想は非西洋民族や文化を抑圧するための西洋イデオロギーと言えるかもしれない。

　人類学的基盤と時間構造には，人類学的な普遍性とそれに基づく普遍史的な発展段階が欠かせない[17]。授業において学ばれなくてはならない人間的価値の発展が重要である。この発展が，この場合には（質料的）歴史哲学の名残で変化する歴史理論と，その不可欠な構成要素としての教授学とが手を取り合うことにおいて，歴史学習では結局何を問題とするべきなのかを論究しなくてはならない。こうした発展は現在にも通じている。歴史的思考の現在との関連は客観的にその発展に依拠し，この発展は歴史学習に規範的基盤を与えるものでもある。人権と市民権は，この規範的基盤において議論の余地はない。しかし，これらは純然たる控訴審として歴史学習の普遍史的展望に引き戻されなくてはならない。これらは，近代批判的に，ポストコロニアル的に相対化されうるであろうか。その普遍的妥当性の要求は，「一地域にすぎないヨーロッパ（Provinz Europa）」に遡って裏づけられなくてはならないのだろうか[18]。

　驚くべきことに，歴史教授学では，歴史的思考や歴史学習において多展望性（Multiperspektivität）に限界があるのかどうかに関しても徹底した議論にはほとんど至っていない。多展望性は学習者や教授者の思考の自律性を解き放ち，さらに，学習者に教師の支援のもとで自身の展望や自身の由来を話題として持ち出す機会を与える歴史教授学の鍵概念である。しかし，これは，どの任意の展望もそれとは異なる任意の展望とともに矛盾なく，受け入れられなくてはならないことを意味するわけではない。歴史教授学でいう多展望性による多元主義とは，多元論的に形成された市民社会風の文化的な基本秩序の結果である（多元主義が展開される中で「メタ秩序」についてより詳細に論じられるとよいのだが）。そのため，多元主義自体を可能にする規範自体が，未だ多元主義の規律のもとにないのである。これは不条理であるかもしれない。だとすると，私たちは相対主義に帰結するであろうし，この相対主義は，文化相互間の闘争の知的な伴奏曲以外の何物でもないであろう。これでは誰も興味を持てない。

　人権と市民権のテーマに戻ろう。これらの権利は，普遍的妥当性を規範的に要請することで相対的な多展望性に委ねられないことは脇におくとしても，本来，これらの権利は学校において指導理念（roter Faden）でなくてはならず，この指導理念にしたがって歴史が教えられるはずである。しかし，そうはなっていない。当然，人権と市民権は教科書に出てくる。しかし，別のテーマと並ぶ一テーマにすぎず，総じて歴史的な経験領域を解明するための鍵としてではない。

　人間尊厳の理念で頂点に達する人間の存在に関する内容豊かな歴史的経験が蓄えられてきたのに，教科書や指導要領では取り扱われていない。しかし，それでも生徒は，ドイツ連邦共和国基本法第1条がどのような歴史を基盤にしているのかについて自覚しなくてはいけない。

　多くの歴史的発展や文化的相違を結びつけ，意義深い全体へと統合する精神的かすがいが与えられなくてはならない。この全体の中で，人は異なるし，異なっていたかもしれないし，政治的に未来のある共同体において他者と共同で生活するのである。私たちは歴史的経験の範囲を越えた意義によって精神のネットワークを張り巡らせ，問うための大きな努力を払わなくてはいけないと私には思える。人としての人間の存在は，私たちの文化においてだけでなく，例えば中国人の場合の文化においては，どうであったのだろうか[19]。「共同体感覚（Mitmenschlichkeit）」（仁）が儒教の鍵概念であることを，いったい誰が知っているのか。別の例としては，アフリカのウブントゥの理念（普遍的な絆を意味する：訳者注）である[20]。

　普遍史的な発展の理念も重要である。私たちは歴史意識の精神的かすがいとしての包括的な発展のイメージを必要とする。これに関する示唆や提案がある。（わずかな例外は別として，）現在の歴史理論にそうした示唆や提案がないだけである[21]。私は，とりわけカール・ヤスパースの歴史哲学に関心を持つ[22]。ここでは，枢軸時代論によって，文化的相違の多様性に目を向けるとともに，基盤となる共通性を強調することが試みられる。これらの文化を持つ人々が互いに意識することなく，一定期間にまったく異なる場所において，その場所固有の人間存在を，生活する上での普遍的な特性として認識していることは，今日に至るまで興味深く確認することができる。それは，私たちだけが人間なのではなく，他の場所に住む人も人間であるということである。この人道的な普遍主義は，自民族中心主義や排他的傾向から解き放たれてはいなかった。依然として，自文化への所属性が生

身の人間として重みを持ったままである。第 2 の枢軸時代（これは私にとって現代である）でようやく，この自民族中心主義的な人間の相違が克服されうるし，克服されなくてはならない。これは，歴史理論や歴史教授学の枠組みにおいても行われるべき，というより，行われなくてはならないのである。

　人間を人間たらしめる文化を越えた発展の方向性についての考えを展開することには，適切な根拠がある。これによって，人はどこまで進化していくのか，そして何よりも，こうした考えが歴史の教授と学習に対してどのような影響を持ちうるのかを検証できるからである。若者にとり，その人間存在は自身において自明で根源的な価値である。しかし，真の人間性を自分の集団に帰属させ，他者との相違（Anderssein）を切り捨てることは，依然として強力な精神的力となっている。人間性の質に関して，徹底して普遍史や歴史哲学の上から考察することは，歴史授業にとり価値があるだろう。そうすれば，歴史学習において常に何が問題でなくてはならないのかという重要な教授学的洞察がうまくいくであろう。問題は，時間全体における歴史意識の一貫性である。この一貫性は，人間の人としての存在において根拠づけられる。

　私にとって今日の歴史の教授と学習の最も重要な課題は，歴史授業において世界史の重要な内的関連が注目の的になっていないことにある。というよりも，歴史授業は，一口サイズに局所化され，総体としての意味が失われたように思われる。そうであるとしたら，歴史的思考の指導原理としての人間性や人間尊厳の理念から，いったい何が残っているのだろうか。統一性のある歴史意識の一貫性は，文化的方向性の要因としてどのように発展させればよいのか。とはいえ結局のところは，子どもや若者たちが自分自身の中にこの重要な発展を再発見することが重要である。それによって，生徒たちが教室に持ち込む多様な文化的方向性は，人間性を有するがゆえの一貫性という歴史理念に収斂されるのである。生徒は違いと一貫性について歴史的経験を介して自身で経験することができるので，文化相互で批判的でもある承認の意味において，その多様性を人道的に扱うための可能性も自身において発展できるのである。

　人間の時間全体における歴史意識の一貫性が重要である。常に総体と人間が視野に入らなくてはならない。これはテーマの数量の問題ではなく，その歴史的意義の質の問題である。これが生じるならば，つまり，多くの歴史的現象が人間の

視野に持ち込まれるならば，チャーリー・ブラウンの妹サリーは最後にこう言うだろう。**そう，私は今巻き込まれている（関係している）**と。

〈注〉

1) 本論は，私の公開講演を文字化し，推敲したものである。

2) Peanut 9.11.2009

3) Rüsen, Jörn: Historik. Theorie der Geschichtswissenschaft. Köln 2013, S. 253-263.

4) White, Hayden: Metahistory. Die historische Einbindungskraft im 19. Jhd. in Europe. Frankfurt a. M. 1991.

5) Droysen, Johann Gustav: Historik, Bd. 1. Rekonstruktion der ersten vollständigen Fassung der Vorlesungen (1857). Grundriß der Historik in der ersten handschriftlichen (1857/1858) und in der lertzten gedruckten Fassung (1882), ed, Leyh, Peter, Stuttgart/ Bad Cannstatt 1977.

6) より詳細は，Rüsen (Anm. 3), S. 66 以下。

7) Rüsen (Anm.3), S. 68.

8) Friedländer, Saul: Nazi Germany and the Jews. 2 Bde. New York 1997, 2007 [deutsch: Das Dritte Reich und die Juden, 1939-1945. München 2006].

9) この図をさらに発展させたものが，Rüsen, Jörn: Historischen Erzählen, in ders.: Zerbrechende Zeit. Über den Sinn der Geschichte. Köln 2001, S. 67 にある。

10) Weber, Max: Die 'Objektivität' sozialwissenschaftlicher und sozialpolitischer Erkenntnis, in: ders.: Gesammelte Aufsätze zur Wissenschaftslehre. 3. Aufl. ed. Johannes Winckelmann. Tübingen 1968, S. 146-214, 引用は. S. 206。

11) Braudel, Fernand: Das Mittelmeer und die mediterrane Welt in der Epoche Phillipps des Zweiten. 3 Bde. Frankfurt a. M. 1998.

12) Danto, Arthur C.: Analytische Philosophie der Geschichte. Frankfurt a. M. 1974; Baumgartner, Hans Michael: Kontinuität und Geschichte. Zur Kritik und Metakritik der historischen Vernunft. Frankfurt a. M. 1972.

13) これに関する更なる論述は，Rüsen, Jörn: Historisches Lernen – Grundriß einer Theorie, in: ders.: Historisches Lernen. Grundlagen und Paradigmen. Zweite, überarbeitete und erweiterte Auflage. Schwalbach/Ts. 2008, S. 70-114（本書の第 7 章に該当する：訳者注）にある。

14) Antweiler, Christoph: Was ist den Menschen gemeinsam? Über Kultur und Kulturen. 2. erw. Aufl. Darmstadt 2009; ders.: Mensch und Weltkultur. Für einen realistischen Kosmopolitismus im Zeitalter der Globalisierung. Bielefeld 2011.

15) 私は事例として，ギュンター・ドゥックスの著作（Dux, Günter: Historisch-genetische Theorie der Kultur. Instabile Welten. Zur prozessualen Logik im kulturellen Wandel. Weilerswist 2000），ベルンハルト・ギーゼンの著作（Giesen, Bernhard: Die Entdinglichung des Sozialen. Eine evolutionstheoretische Perspektive auf die Postmoderne. Frankfurt a. M. 1991; Giesen, Bernhard: On Axial Ages and other Thresholds between Epochs, in: Kozlarek, Oliver/ Rüsen, Jörn/ Wolff, Ernst (Hrsg.): Schaping a Humane World. Civilizations – Axial Times – Modernities – Humanisms.

Bielefeld 2012, S. 95-110), ゲオルグ・エスターディークホフの著作（Oesterdiekhoff, Georg W.: Entwicklung der Weltgesellschat. Von der Steinzeit zur Moderne. Münster 2005; Oestediekhoff, Georg W.: Die geistige Entwicklung der Menschheit. Weilerswist 2012) を参照する。

16) Wenzel, Ulrich/ Dux, Günter (Hrsg.): Der Prozeß der Geistesgeschichte. Studien zur ontogenetischen und historischen Entwicklung des Geistes. Frankfurt a. M. 1994.

17) 私はこれを人文主義の事例で説明することを試みる。Rüsen, Jörn: Humanism: Anthropology – Axial Ages – Modernities, in: Kozlarek/ Rüsen/ Wolff (Anm.15), S. 55-80; Historik (Anm. 3), S. 114-128 も参照。

18) Chakrabarti, Dipesh: Europa provinzialisieren. Postkolonialität und die Kritik der Geschichte, in: Conrad, Sebastian/ Randeria, Shalini (Hrsg.): Jenseits des Eurozentrismus. Postkoloniale Perspektiven in den Geschichts- und Kulturwissenschaften. Frankfurt a. M. 2000, S. 283-312.

19) Meinert, Carmen (Hrsg.): Traces of Humanism in China. Tradition and Modernity. Bielefeld 2010; Huang, Chun-Chieh: Humanism in East Asian Confucian Contexts. Bielefeld 2010.

20) Onyebuchi Eze, Michael: Intellectual History in Contemporary South Africa. New York 2010.

21) 例えば，Rohbeck, Johannes: Aufklärung und Geschichte. Über eine praktische Geschichtsphilosophie der Zukunft. Berlin 2010; ders.: Zukunft der Geschichte. Geschichtsphilosophie und Zukunftsethik. Berlin 2013.

22) Jaspers, Karl: Vom Ursprung und Ziel der Geschichte (zuerst Zürich 1949). München 1963.

第2章　進歩：歴史的カテゴリーの不確かさに関する歴史教授学的考察

> ようやく達成された進歩の後に新たな不幸が
> 待っていることを歴史的経験が教えるとしたら，
> 許容範囲のバランスを唯一保ち続ける方法は，私
> たちが考えうる進歩のために，最大限の力を結集
> することであると推論するのが妥当であろう。
>
> **ユルゲン・ハーバーマス**[23]

　進歩は成果なく終わったのだろうか。そうであるとしたら，それはまた葬り去られなくてはならないのだろうか。もしくは，私たちが未来を存続させるために，放棄することができない歴史的理性の可能性が今なお進歩という思想には残っているのだろうか。そうであるとしたら，それを葬り去ろうとして出現した者に対し，私たちは抵抗しなくてはならない。

　この問題設定を私たちが外部から若い世代に提示すると考えているわけではない。むしろ，問題設定は彼ら自身の内部において根本的な矛盾というかたちで現れることで有効になり，若い世代の人たちはそれを日常的な歴史意識において彼ら自身の胸中で温め，彼らの世界で自らの道を見つけることができるように，それを自ら解決しなければならないと確信している。

１．歴史意識における崩壊

　現在広まっている進歩思想に対する批判では，現在の大抵の国々，当然のことながら，とりわけ高度に工業化された国の集合的メンタリティに，進歩思想がどれほど深く根づいているかを曖昧にしてはならない。200 年に及ぶ歴史意識（Geschichtsbewußtsein）の文化史において，進歩というカテゴリーは，集合的な歴史的記憶で意味を付与する有効な解釈の型（Deutungsmuster）に深く刻み込まれている。過去と未来の単純な関係の中で，子どもや若者といった個々人に人生設計を常に意識するようにしておくだけでよいのである。そうすれば，人生のチャンスや幸福の可能性という点で，自らの未来は年長者の現在や過去を常に上回っ

ていなくてはならないと考えることは，ごく自然なことであると容易に確認することができる[24]。これが生活経験によって納得されなくなると，自身の時間軸が崩れたり歪んだりしてしまう。そうすると，正常な成長過程から逸脱していると感じられるようになる。

　こうした考え方では，若い世代は，自分たちの生活状況に埋め込まれた進歩思想の文化を自身の生き方への刺激剤として，単に自身のために遂行するだけである。彼らはそこから，自分たちの生活状況の中で経験し，期待されている時間の変化を解釈するための中心的な観点を得ている。思考パターンとしての進歩は社会的な事実であり，人間の生活経験における知的に有効な要因であり，歴史授業において歴史的経験や知識を有益で実践的な生き方へと方向づける手段として伝達する際には，体系的に考慮されなくてはならない。

　他方，多くの意味で文化的自明性の構成要素になっている古典的な進歩の構想は度重なる崩壊や断片化のために，歴史学習において，円滑に継続できなくなっていることに議論の余地はない。これに関しては，矛盾する歴史的経験が余りにも凌駕している。伝統的に進歩として解釈された現代世界に向かう歴史的発展の危機的で，（少なくとも傾向としては）破滅的な（とりわけ，工業化による社会経済分野における）副次的影響は，この間，集合的経験の共有財産になっている。特に子どもや若者は，自身の生活世界の経験と，年長者が彼らに押しつける解釈との間の構造的な矛盾に対して，年齢相応の感度を持ち，自分たちの現実の歴史が生み出した進歩に否定的なものを感じ取る。工業による自然開発での生態系の破壊，近代国家における政治的権力が持つ潜在力の途方もない拡大，第一世界と第三世界の間の深い社会的歪み，最後に学問の制度的な合理主義における刺激的な潜在的意味の枯渇である。目下，進歩は，アンデルセンの童話における裸の王様のようなものである。

　したがって歴史授業は，子どもや若者が絶えず教室に持ち込む歴史意識を大切にするのであれば，現在の進歩批判から逃れることはほぼできない。歴史授業は進歩批判にどのように立ち向かうべきなのか。

　この進歩批判が現在の政治文化や歴史文化において描き出す方向性の危機に対応しなくてはならない。さもないと，生徒たちは，方向性の危機を解消するために活用できる歴史的思考のコンピテンシーを身につける機会を奪われることにな

る。歴史的進歩の連続性における深い断絶という現在の経験から歴史授業を切り離すことは，歴史授業で獲得されうる知識と認識力から遠ざけてしまうだけだろう。そうなると，この経験に関わる歴史意識がイデオロギーにいっそう侵されやすくなるだけだろう。結局，生徒たちは歴史が自分たちにとって方向づけの機能を持たないことを学ぶだけで，歴史授業が歴史を台無しにしてしまうだろう。意味を付与して過去，現在，未来を方向づける力を有する解釈の型に組み込まれていない歴史的知識は死んでいるからである。何をなすべきであろうか。

2．歴史的カテゴリーとしての進歩

　この問いに回答するには，歴史的思考のカテゴリーとしての進歩の概念に関する予備的な考察が必要である[25]。重要なのは全体像にほかならず，それ以下でもない。歴史はどのような意味を持ち，今日ではどのような歴史的経験を重要とすべきで，それはどのような観点で意味を付与して解釈するべきで，どのような実践的な生活の方向性の光明を引き出せるか，である。こうした問いは，あらゆる歴史的思考の範疇にあるものに向けられるものである。なぜならば，歴史的カテゴリーとしての進歩は，歴史的経験の全領域を秩序づけ，意味を付与して解釈しながら習得することと，生活実践的な活用において何を重要とすべきかを決定づける観点を意味するからである。

　私たちは思い出す。(成立途上の近代学問における初期近代の文化的な革命後の)アメリカやフランスの政治革命やイギリスの産業革命とともに，私たちの今日の生活様式が形成され始めた 18 世紀後半における近代化の過程の始まりに，「進歩」の概念は，そのようなカテゴリーとして開発された[26]。身分制社会が市民的で知的な社会へと変貌する過程で急速に転換するという非常に悩ましく，極めて挑戦的な時間経験が，進歩思想という考え方で扱われた。この後期啓蒙主義の成果は，(今や全世界における) 近代社会の歴史文化の基本的要素となっている。

　進歩思想の歴史は，それ自体進歩として一定の明瞭な解釈をすることができるのか，もしくは，まさにその逆として解釈できるのかどうか，そして，そのいずれかであるとしたら，どのように解釈されるのかを一度試みることは確かにやりがいがあるであろうが，それをここで論じるつもりはない。そうではなく，ある種の体系的な総括をしたいのである。歴史は進歩という概念でどのように理解で

きるようになるのか。何が見えてきて，何が視野から外れていくのか。進歩に関する歴史的思考は，生活実践にどのような影響を与えるのか。

　進歩というカテゴリーは，傾向としてすべての人間を包摂する，つまり，種としての人類を主語主体とする一つの歴史へと歴史的経験を統合する。したがって，このカテゴリーは明らかに統合的な機能を有している。同時に，進歩は人類史に途方もない時間的なダイナミズムを与える。この歴史において重要なのは変化であり，それも内容的に特定の方向性を持つ質的な変化である。人類は，人間の行為と苦悩を通してもたらされた世界の変化の中で自らを獲得し，時間の経過とともにコミュニケーションの共同体として，法的・政治的・社会的・経済的・文化的な形成物の中での生活様式として出現する。この広範囲でダイナミックに進歩する生活様式の特徴的な事例は，社会経済的領域では世界市場や産業的な生産方法であり，社会文化的領域では人権や市民権である。

3．行為の展望としての進歩

　「進歩」は，このように歴史的経験を包摂的な歴史へと統合し，躍動させる。その意義は，より生活の質を高めるために，人間の積極的な介入によってもたらされる，人間の生活状況の変化にある。進歩は，特に，近代の歴史意識の有力な思考形式であった。歴史的経験はもはや，古い格言「**歴史は人生の師である**（historia magistra vitae）」が表現するように，時間を越えて有効な行動規範のための多くの事例の集合体からなる思考パターンに従って再検討されることはもはやない。その代わりに，歴史的経験は発生的に意味を付与して解釈され，過去と未来の間の一貫した時間過程として拡張され，そこでは行動の可能性と人間化の見込みに関して，未来は過去を質的に凌駕する。この進歩の時間的な緊張関係において，現在における人間の行動は，そのつど過去よりも質的に勝ることが求められていた。歴史意識は，実践に変化の方向性を与えた。歴史的経験から未来への期待を構築し，行動目標として規範的に描かれた人間の生活状況を全般的に改善することは歴史的経験を通して保証され，現実的であるかのように見えたのである。歴史は今日でも，例えば，自然に対する技術的な支配が進行する過程として一定の明瞭な解釈をすることができ，それは未来に予期しない行為の可能性を拓く（しかし，今日ではこの自然を支配下に置くことで見込まれている結果からす

ると，行為の可能性は，行為を強制するものになっている）。

　その古典的表現では，未来による過去の質的な凌駕は，人間が人間性を発展さ
せ，実現することを妨げるすべての抑圧からの解放として意味を付与して解釈さ
れる。工業化は，人間の自然への依存を，自然を支配する関係へと変えることで，
（原則的には）肉体的な辛苦と不自由を構造的に取り除く。進歩は政治的には民
主化と理解され，その民主化によって被支配者が支配への関与を増大することで，
その非人道性が解体され，正当と認められる合意に有利に働くようにするもので
ある。進歩は社会的には，社会的障壁の撤廃による平等主義であり，それは個人
の生活における平等な機会を保証する傾向にあると考えられている。最後に，進
歩とは，文化的には，権威的に強制される伝統が自由で独立した理性の活用によ
り解消される脱魔術化と合理化の過程である。こうした進歩の側面を歴史意識と
して所持することで，人間という主体に途方もない行為の可能性が広がる。自身
や自身の主体性は，自らの生活経験を自己決定的なかたちへと解放する時間的過
程として理解される。

4．近代以前への回帰

　この進歩思想は（導入部で述べた理由から）説得力を失っている。しかし，大
抵の人々の歴史意識において最も強く作用する要因であり続けている。現代史の
授業は，同時代の人々，とりわけ未来の同時代人である子どもや若者の歴史意識
におけるこの進歩思想の危機を，有益な歴史学習の過程で取り除かなくてはなら
ない。何ができるのだろうか。

　学習過程においては，過去に意味を付与する解釈が容易に思いつくであろう。
それを私は，近代を弱体化させることによる危機の克服と呼びたい。ここでは，
進歩の原理と進歩の結果である経験との間の緊張関係が，前近代的な状況の美化
で取り除かれることで，現在への道程は完全に誤っているとまでは言わないまで
も，問題視されるようになる。このように歴史的に把握された現在は，説明され，
議論されるとすぐに説得力が失われるだろう。むしろ，説得力は，近代の夜明け
前に人間の生活状況がどのようにありありと描かれていたかということから間接
的に生じている。近代化は疎外としての意味を付与して解釈され，進歩はそのイ
デオロギー的な隠蔽であるとの意味を付与して解釈される。このように把握され

たことが提案され，正当化されるよう練り上げられた歴史教授学の構想は存在しない。しかし，かりに（述べたような）「間接的な話法」，すなわち，暗黙の評価によって過去と現在を対比するように仕向ける方法であっても，こうした近代批判の要素は，実際の歴史授業の隠されたカリキュラムにおいて確認することができるかもしれない。

　このような方法で，現在に対する間接的で暗黙の批判を通して歴史的経験を受け入れやすくする誘惑はますます大きくなっていくであろう。これは，進歩というカテゴリーが説得力を失い，かつては進歩として一定の明瞭な解釈が与えられていたが，今やその陰に隠れている未解決の副作用を示す現実の発展過程につながる現在の生活実践の未来展望を構想することができないまでになっている。例えば，これまでのやり方での何の束縛も受けない経済成長に対する（正当な）批判は，過去の静的な経済システムの美化にすぐさま変わり，現在の自然の過剰な乱獲は，前近代の時代，または，ヨーロッパ以外の文化における人間と自然の表面上バランスの取れた牧歌的なイメージで埋め合わせされることもありえる。現在の不安な世界に対する代替案への憧れにすぐにでも歴史的な裏づけを見出せるが，それは歴史的経験を犠牲にすることになる。

　エコロジー運動や女性運動には，このような方向性をさし示す歴史的思考に関するアプローチを見出すことができる。前近代的な生活環境は，（女性の自然への近さに象徴される）自然との人間的な関係を持っていると拙速に想定され，技術産業的で，政治的・官僚的な支配の発展と科学的・方法論的合理性の形成が，人間性の質的な喪失，または，破局に通ずる道のりとして緩やかに衰退していくことに対比される。近代を根底から覆すという同様の考えが，近世における大衆文化の問題を刺激し，近年の文化史研究の驚くべき盛り上がりに寄与しているかもしれない。カルロ・ギンズブルグの著書『チーズとうじ虫』の卓越した成果は，粉挽屋メノッキオの心を打つ個人的な運命を基に失われた「民衆文化」を思い起こさせ，その喪失が私たち自身の「歴史的な断絶」を分からせようとすることと極めて緊密に関連しているであろう[27]。こうした一定の明瞭な解釈を与えることで，歴史意識は誘惑的で多少なりとも健全な世界の歴史的な対のイメージに進歩の危機を反映させる。この対のイメージは確かに，その事実内容の批判的検証にはほとんど耐えられないという大きな欠点を抱えている。

5．近代の先に

　もう一つの選択肢は，歴史学における現在の議論に見出すことができる。ここしばらくの間，近代化における進歩の概念に（批判的な距離を置きつつ）結びつけられた社会史の歴史考察への反動が起きている。それは，「日常史」や「歴史人類学」という専門用語で議論され，歴史工房運動と緊密に関連している[28]。それは，進歩の歴史に対する批判的な対抗史についてである。解放は規律に服させるものとして可視化され，近代化の過程の損失が示され，進歩の犠牲者（例えば，女性や子ども）はヒストリオグラフィー的に告発的な声を作り出す。全般的に，進歩の概念に固有の一般的なアプローチが「マクロヒストリー（Makurohistorie）」という言葉で批判され，ミクロストリア的なアプローチに置き換えられている。もはや，長期的で広範囲に及ぶ現在の生活状況の由来ではなく，過去の生活状況や局所的な発展の詳細な再現が問題なのである。この新しい歴史アプローチは，肯定的な未来展望を持つ統一的で動的な時間経過としての歴史のイメージを放棄し，批判的に破壊する程度において，ミクロストリアは所謂ポストモダンに向かう文化批判運動に位置づけることができる。

　この運動は，時間についての経験と意味を付与する解釈に関する最も感受性の豊かな領域である芸術に端を発する。「ポストモダン」は現在の生活状況における時代的な特徴を，「近代の」，つまり，進歩と関連し，理性を志向する生活様式や思考様式という伝統との深い断絶としての意味を付与して解釈する試みの総称となっている。従来通りの産業での自然搾取とその根底にある経済観や心的態度からの明確な方向転換において，脱工業化社会的な経済形態や脱物質主義的な価値体系が，私たちの社会の未来を決定づけ，私たちがその形成に尽力しなくてはならないとも語られる。歴史文化では，このポストモダンの未来展望は，歴史意識の伝統的な形式からの決別として議論され，遂行される。人間やその世界の時間の変化を支配する意味と意義に満ちたすべてを網羅する歴史の経過というイメージから離れ，現実の生活実践に主要な方向性としての時間の方向性を提供する。時間経験や時間の感覚に関してまったく異なる考え方，詩的で創造的で，神話に近い，それどころか神話そのものでさえある考え方へと向かう[29]。

　時代の先端にあり続け，進歩の危機を克服するために，少なくとも歴史授業は歴史文化に根づいた思考パターンからの方向転換に賛同する傾向に結びつけるこ

とができる。そのため，歴史授業は，ポストモダンにおいて近代を凌駕するものとして私が特徴づけたい危機克服の方略を追究することができる。現代社会にとりこれまで支配的で文化的に有効であった歴史意識における意味を付与する解釈の型が歴史授業の場で批判的に破壊され，歴史意識の意味形成活動の新しい形式のための余地が生み出される。これは多様な方法で行うことができる。1つは，特定の歴史的経験，とりわけ，近代化の進歩がもたらした，意図されなかった負の副作用について，生徒の意識を高めることである。こうした経験にとりパラダイム的で，日常経験に直接関連づけるという意味で「生徒の身近にある」のが，工業化による環境破壊であり，教育システムの発展の中で増大する若者への懲罰的なプレッシャーの増大である。進歩というカテゴリーで意味を付与して解釈された歴史的内容そのものも，その伝統的な進歩的という意味を付与して解釈することが今や問題視されるようなかたちで提示されることがある。進歩的とされる歴史的現象が出現した結果，どのような損失と犠牲があったのかを問うことは必要である。これに加えて，例えば，女性に関する歴史研究は，多くの批判的で悲痛な反証を行ってきた。

　こうした進歩の問題を解決する方略によって，歴史的経験の新しい特性が歴史授業に持ち込まれ，文明的な革新で生じる歴史的な損失への感性に生徒たちを目覚めさせることに議論の余地はない。生徒は日常史によって，過去の生活状況やその時間的な変化を，いわば我が身に置き換えることができる経過や状況として経験することになる。少なくとも生徒は，（常に伝えられるような）進歩の概念にこだわり，近代化のパラダイムを志向する歴史的思考を強調するマクロストリア的な発展という比較的抽象的なプロセス（経済成長率，憲法の発展，動員の推進力など）よりも，自身の生活世界との関連づけでより容易に確認することができる。

　問題は，このような進歩のカテゴリーを破壊するだけの思考が，生徒にその自身の現在における有益な歴史的方向性を与えるのに適しているかどうかということである。進歩というカテゴリーを破壊しても，現在の生活状況をもたらしたという事実において，近代化への発展が無効とされ，破棄されることはない。確かに犠牲者への視線は，犠牲者をもたらした歴史的発展に賛同したとして問題視するかもしれないが，それによって，その視線が歴史的に納得のいく未来の展望を

表し出すことは未だにない。そして，歴史人類学，日常史やミクロストリアといった新しい経験の特性を，これまでの近代化のパラダイムや進歩の概念で意味を付与して解釈されてきた歴史的過程に応用・転用できるのかどうか，できるとしたらどのようにか，あるいは，歴史的過程に関して越えることができない限界を見出すことがないかどうかは，まったく未解決の問題である。ミクロストリアは，新しい時代の歴史的発展における国際的で地球規模に及ぶ結びつきに直面して，むしろその埋め合わせをしているように思える。進歩のカテゴリーが実証的に論じる時間的過程で，進歩批判的な経験の特性を本当に示すことができるのか。これができない限り，ポストモダンにおける近代の価値の引き下げは，現在の生活状況やその歴史的前提を正当に評価する歴史的方向性を導くのに，あまりにも非力であろう。(ここにポストモダンへと傾斜する歴史的思考が持つ深刻な歴史教授学上の問題が見て取れる。近代に反旗を翻しても，近代化に対する批判は実質的な効果がなく，近代的な発展の推進力に対して決して対抗できないだけでなく，間接的には近代化が伝統的に予め設定された限定的な形式において，野放図に展開されるという知的な埋め合わせにおいて立ち消えになる。自由奔放であればあるほど，ポストモダンの代替概念のベールがその視界を覆い隠してしまうのである。)

　歴史的思考のいかなる道も進歩のカテゴリーの背後に引き返すことができないのと同様に，カテゴリーを越えることもできない。そこでは，「進歩」として現実の発展過程を示し，歴史意識の新しい経験と意味を付与して解釈する能力で解明したことが取り上げられず，新しく扱われることもない。進歩批判は，そのカテゴリーで得た成果を放棄するのではなく，伝統的な進歩の概念ではもはや納得いくようには思えない歴史的経験を扱うことができるようにする新しい進歩の概念に作り替えられなくてはならない。歴史的な進歩思想は，おのずと進歩を必要とするのである。

６．進歩の進歩

　これは何を意味するのか。進歩というカテゴリーは，例えば，歴史意識において意味を付与して解釈する活動では，その一貫性やダイナミズムを失うことはないが，歴史的経験の扱いにおいては，強制的な唯一の道筋，均質性，総体性を消

さなくてはならない。伝統的に進歩として認定されてきた歴史的過程を見通せなくさせる影は，進歩を新たに認定するための挑戦である。進歩のカテゴリーは，その影に対して活気づけられた歴史的経験の次元を解明することができなくてはならない。もちろんその際に，進歩のカテゴリーが既に解明した次元を見失うことは許されない。進歩の損失と犠牲，意図されなかった副作用による驚愕，歴史的な多様性と差異を，均質化とただ一つの経過という唯一の道筋に平準化すること，これらすべては進歩のカテゴリーの限界と認識されなくてはならない。しかし，同時に，これらの限界は乗り越えられなくてはならないので，「進歩」は新しい認知的特性を手に入れ，認識するための機会となる。

　これが意味することを，目的合理性と価値合理性もしくは意味合理性との関係性から，やや抽象的で理論的な論証において説明したい。現在の進歩批判は，進歩という単語でラベリングされてきたものすべてに飛び火しているわけではない。（例えば，人権の貫徹や実現や更なる発展が過去からの持続的な進歩であることを真剣に疑う者がいるであろうか。）生活のあらゆる領域における技術的,道具的,方略的な目的合理性が傍若無人に展開されるという意味での進歩としてなされる歴史的過程に対してとりわけ批判の火が放たれる。この「進歩」は，前近代社会における人間の行為を意味の起源として，乗り越えがたい伝統と結びついた文化的限界を打ち砕いた。マックス・ウェーバーはこの限界を乗り越えることを，脱魔術化（Entzauberung）として的確に描き出した。それにより，彼は（間接的に），（学問を含めた）人間の生活状況における目的合理的なシステムの導入と制度化に伴い，潜在的な意味の喪失がますます生じていることを指摘した。ウェーバーは歴史的思考におけるこの脱魔術化の裏面を鋭い眼力で描写した。極めて高度な価値理念に関する不合理な決定が，時間を通して押し寄せてくる「混沌とした出来事の流れ」として出現する現実と対峙していると述べる[30]。そして，合理化された進歩の意味が持つ影を埋め合わせたいという欲求をひき起こし，イデオロギーの陰鬱な光，または，非合理的，疑似宗教的で新しい神話的な意義をもたらす試みで埋め合わされる。学問は，意味の空虚さを価値の自由というラベルで覆い隠してきたのである。

　これに対し，これまでの進歩の概念を越えることは，進歩の限定的な合理性が人間存在を方向づける広範な理性の特性によって克服されなくてはならないこと

を意味する。ここでは理性は何を意味するのか。目的合理的に解明された新しい行為の可能性は，普遍性（人間性），自由，労働・支配・文化における人間が自ら生み出す時間力学といった観点を統合する意味の基準に縛られている。この意味の基準は，解放された目的合理性が有する行為の可能性を権威的に設定された原理の名において制限するのではなく，それらを解放したまま，物的貧困の経済的撤廃の理念，平等な生活の機会の社会的承認，被支配者の支配への政治的参加，多様で局所的なアイデンティティに関する文化的合意といった理念を持つ現代社会の目的合理性を解明し，目的合理的に効力が発揮された権力への意思を自由な合意の理性によって打ち破る。

　これについての卓越した事例が人権であり，現在の生活状況へと通じる歴史的発展が持つ何らかの潜在的な理性を示す。かき立てられた目的合理性の考えに消化されることなく，行為を刺激する実践的な生活の方向性をもたらすことができる。それに対し，プレモダンとポストモダンにおける批判的転回が厄介なのは，所与の生活状況に対して歴史的に呼び起こされた代替案を実現可能なものとして見せる力を実証的に納得のいくものにできないことにある。

　歴史意識は，批判を必要とする現在の生活状況から未来の望まれる生活状況への道筋を納得いくものにする過去の素材である経験の変化をありありと視覚化することによって，存在と当為の二項対立において方向づける力を発揮する。それによって，一方は一定の歴史的に発展すべき方法で方向づけることが可能となり，他方は方向づけるようにならなくてはならない。

7．進歩の理性

　歴史的思考における進歩という概念が持つ新しい理性の特性はどこにあるのだろうか，そして，それに向けてどのような限界を越えなくてはならないのだろうか。

　既に言及した歴史的経験の統合と推進という2つの主要な進歩思想の成果を考慮して，これらの問いに応えることを試みたい。古典的な進歩のカテゴリーには，人間生活の空間的・時間的多様性をつなぐ，人間世界の変化に共通する方向性に関するイメージが含まれていた。それによって，歴史的経験は普遍化され，（少なくともその立場によれば）すべての人間文化を含むものであった。それとともに，

人間文化の空間的・時間的多様性と差異をいかにして一貫した意味を付与する解釈の文脈に持ち込むかという問題が不可避的に設定された。その解決策は，人間世界の変動の時間的方向性という包括的な構想にあった。それと同時に，歴史的経験は時間化されたのである。歴史はもはや，いつの時代にも通用する一般的な行為のルールの実証的な有効性を教えるものではない。歴史は未来をさし示し，あらゆる過去を超越した独自の時間の特性として明らかになり，人間の生活実践に対して方向性を与えるものとして機能するようになった。この間に認識できるようになった歴史的経験の統合と推進の限界は，進歩が普遍的な発展の方向性とみなされ，特定の限られた歴史的動向（大抵の場合，西ヨーロッパの近代化）と同一視されるところにある。文化の多様性と差異は，このような統合の光に照らされて色あせてしまい，進歩思想は（イデオロギーを帯びやすい故に）手際よく極めて効果的に文化への適応を強いる。人間文化の多様性と特殊性という考え方は，こうした統合へのプレッシャーに逆らうことができ，それによって当然，歴史的な経験空間に新しい特性を与えることになる[31]。

　しかし，その際に，統合の思考を失うことは重大な結果を招くかもしれない。異なる文化の多様性において解き放たれた歴史的な記憶は，複数の文化が解消できず，常に増大していく相互作用の状態にあり，まさに生活に不可欠な相互理解の原理を必要とする現在によって失われるかもしれない。この点で，進歩の概念が質的に変容する可能性がある。この進歩の概念は，人間文化の多面性と多様性を，相互作用の原理を使って，時間的・分類的に整理できるかもしれない。その場合，多様性の理解と相互承認が問題となる。これは，相対主義とは正反対のものかもしれない。理解と承認は，相違する関与者の間で共通の同意基準を前提とし，効力を発揮するものだからである。

　伝統的な進歩の概念の時間的特性にも限界がある。進歩は，より以前をより以後によって基本的に凌駕するというリアルな歴史的な過程としてのみ考えられる。異なる時代が持つ固有の意義を受け入れる余地はない。進歩の概念が発展する中で伝統的な進歩の概念から次第に取り除かれていったユートピア的な思想の要素を，進歩というカテゴリーの時間的方向性に再び受け入れることによって，この限界を越えることができる。埋め合わされることのない切望，断念された行為の可能性，選択されなかった代替案，失われた意味の可能性など，歴史的経験その

ものがユートピアに類似する内容を備えている。新たなユートピアに近づくことによって，異なるものやよりよいものに手を差し伸べて過去を越えることで，人間化する進歩という名において，ぞっとするような非人道的なことがあまりにも頻繁になされ，正当化された実現に向けた強制から解放される。さらに，過去は歴史的な自立の権利において解放されるとともに，存在を方向づける要因として有効とみなされ続け，替えがきかないもの，境界を越えるための刺激剤という経験の特性を獲得する。現在との関係における過去との隔世の感（Alterität）というまさに歴史意識にとっての中心的な特性は，新しい価値を担わされることになる。それによって，既に最初から実現可能性の側面に必ずしも囚われることなく，新しい次元の歴史の可能性を獲得する。（これは，過去と未来間に根本的なカテゴリーの結びつきが放棄されていない時にのみ有効である。）

　歴史的経験の美的特性は，歴史的思考を軽率に実践に関連づけることで失われ，歴史意識の実践的な方向づけの機能から注意を遠ざけてしまうような完全な時間的相違に基づく隔世の感が持つ魅力として蘇る。こうした歴史的経験の美的特性を，進歩の概念を通して，どのように新たに発揮させるのかを，ここで詳細に説明するのは余りにも行き過ぎであろう[32]。

8．どのように学ばれなくてはならないのか

　これらすべては歴史授業にとり何を意味するのか。差し当たり，私たちの文化に深く浸透している進歩の概念は，常に生徒が授業に持ち込む歴史意識の有効な要因であるということが前提である。進歩の危機を，より現代的な進歩の概念へと質的に練り上げるためのきっかけとするのであれば，授業は常に既に持ち込まれているこの進歩のカテゴリーと結びつけられなくてはならない。これは，2つの方法で可能である。すなわち，カテゴリー的に進歩の質を暗黙裡に常に既に引き受けている規範的な歴史的状況の扱いにおいてである。それは，ルネサンス，人文主義と啓蒙主義，科学や技術の成立や発展，ヨーロッパの革命，工業化，近代の民主主義や国民国家の誕生などである。一方で，これらの内容に対する損害の経験も生かされるべきである。すなわち，損失や犠牲について問うことや，（しばしば近代化の過程そのものにおいて既にあり，今日初めてというわけではない）進歩という概念への批判（とりわけ，環境問題はもちろんのこととして，進歩と

いう概念を利用する全体主義的なイデオロギーというかたちでの知的な環境汚染
も含む）を導く意図されなかった副作用に言及することである。刷り込まれた進
歩のカテゴリーは，こうした歴史的経験でいわば「ほぐされ」なくてはならず，
批判的に取り除かれるのではなく，論証的に機能させなくてはならない。その際，
このカテゴリーは伝統的に所与とされる歴史解釈の要素としての立場を変えうる，
つまり，歴史的に積み上げられ，推進されうるのである。

　学習論的，語り論的に表現するならこうである。進歩は生徒の意識において，
時間経験についての伝統的な意味形成から，批判的に帰納された時間経験につい
ての発生的な意味形成へと変容しなくてはならない[33]。すなわち，進歩というカ
テゴリーは，文化的に有効な歴史意識の確定という問われることのなかった自明
性から問題視され，歴史的な意味を付与する解釈の新しく練り上げられ，根拠づ
けられた観点において動かされなくてはならない。単純明快に言えばこうである。
進歩のカテゴリーは変えなくてはならず，変化するものと考えられなくてはなら
ない。そのために，従来の先入観に満ちた進歩についての理解に対する批判的な
転回が不可欠である。この進歩への批判は，目下の現代的な経験（例えば，環境
問題や生徒が集中的に取り組んでいる平和問題）と結びつけることができ，そこ
から進歩のカテゴリーを問題視するための潜在的な批判的経験を獲得するために，
現代的な経験を歴史的に転換することができる。だから，例えば，平和問題の枠
組みにおいて，革命的で波乱に富む社会の傾向としての攻撃性を論じ，その際に，
進歩的な要素と攻撃的で危険な要素の間の複雑な内的関連をテーマにすることが
できるであろう。そうすることで，代替ができない過去としてテーマ化されたも
のでありながら，それにより，歴史的に新しく適格なものとされた歴史的経験が
持つ進歩の可能性に効果的かもしれない歴史的経験の状態が解明されうることは
言うまでもない。

　生徒の歴史意識に深く刷り込まれた進歩のカテゴリーをテーマとし，問題視し，
変容させるための第2の可能性は，このイメージ自体をカテゴリーとして，つま
り，歴史意識により意味を付与して解釈された歴史的経験を経て伝達するのでは
なく，歴史的意味形成それ自体の概念的要素として論じることにある。これは，
複数の方法で可能である。進歩の思想を近代の歴史的発展の重要な観点として対
話の対象にすることができる。また，一般論的には，生徒が自身の発展としても，

時間的発展としても把握することができる。また，自分自身を乗り越え，おおよその傾向として，自身の未来にまで及ぶ歴史としての過去に一定の明瞭な解釈を与えるための可能性や別の選択肢を問うこともできる。私はこの熟考を不可欠とみなす。それは，歴史授業の最後に位置づくのではなく，初めから歴史授業に備わっていなくてはならない。なぜなら，結局，歴史意識は蓄積された知識状態という生活の糧からだけではなく，意味を付与して解釈する能力を新しい水準へと高めることのできる，考え抜こうとする精神によって活気づくからである。

〈注〉

23) Habermas, Jürgen: Eine Art Schadensabwicklung (kleine politische Schriften VI). Frankfurt a. M. 1987, S. 146.

24) これは，（ボッフムの）アビトゥア受験生に対する歴史意識に関する調査の前段階で実施された生徒アンケートへの回答で十分に納得がいくものである。

25) 歴史的思考のカテゴリー的基盤に関しては，Rüsen, Jörn: Der Teil des Ganzen - Über historische Kategorien, in: ders.: Historische Orientierung. Über die Arbeit des Gescihchts-bewußtseins, sich in der Zeit zurechtzufinden. Zweite, überarbeitete Auflage. Schwalbach/Ts. 2008 を参照。進歩のカテゴリーに関しては，Piepmeier, Rainer: Fortschritt, in: Bergmann, Klaus/ Kuhn, Annette/ Rüsen, Jörn/ Schneider, Gerhard (Eds): Handbuch der Geschichtsdidaktik. 4. Aufl. Seelze – Velber 1992, S. 134-137 の概要を参照。とりわけ，歴史教授学的次元に関しては，Weymar, Ernst: Fortschritt als Orientierungsproblem in Geschichtswissenschaft und Geschichtsdidaktik, in: Jeismann, Karl-Ernst (Ed.): Geschichte als Legitimation? Internationale Schulbuchrevision unter den Ansprüchen von Politik, Geschichtswissenschaft und Geschichtsbedürfnis (Studien zur internationalen Schulbuchforschung, Bd. 39) Braunschweig 1984。

26) これに関する基本的なことは以下を参照。Koselleck, Reinhart u.a.: Fortschritt, in: Brunner, Otto/ Conze, Werner/ Koselleck, Reinhart (Eds): Geschichtliche Grundbegriffe. Historisches Lexikon zur politisch-sozialen Sprache in Deutschland. Bd.2, Stuttgart 1975, S. 351-423.

27) Ginzburg, Carlo: Der Käse und die Würmer. Die Welt eines Müllers um 1600, Frankfurt a. M. 1979, S. 21.

28) Rüsen, Jörn: Grundlagenreflexion und Paradigmawechsel in der westdeutschen Geschichts-wissenschaft, in: Geschichtsdidaktik 11 (1986), S. 388-405, 特に，S. 398 以下。

29) Welsch, Wolfgang: Vielheit ohne Einheit? Zum gegenwärtigen Spektrum der philosophischen Diskussion um die „Postmoderne". Französische, italienische, amerikanische, deutsche Aspekte, in: Philosophisches Jahrbuch 94 (1987), S. 111-141. この文献は異なる潮流に関する概観を示す。ポストモダンは確かにより理性的ではあるが，現代文化の変種でしかないというヴェルシュのテーゼはもちろん，ポストモダンの構想に歴史理論的刺激，かつて（少なくとも大西洋のパラダイムにおいて）近代化された社会の文化的な基本装置に属した合理性，人間性，倫理，権利，解放，主体性，進歩に関する普遍的なイメージに対する明白な方向転換

を打ち出す。支配欲の強い一元論に対する根本的な多元論の個別の近代化プロジェクトと
してのポストモダンという考えは近代の複数の歴史的評価を指摘する歴史理論的な相違
の激しさを和らげる。

30) Weber, Max: Gesammelte Aufsätze zur Wissenschaftslehre (Anm. 10), S. 213f.

31) この種の近代の歴史構想の影響力のある多元性の事例が，シュメル・ノア・アイゼンシュ
タットとその学派の論考である。Eisenstadt, Shmuel N.: A Sociological Approach to Comparative
Civilisations: The Development and Directions of a Research Program Jerusalem 1986; Eisenstadt,
Shmuel N.: Multiple Modernities, in: Daedalus Winter 2000 (vol. 129, no.1), S. 1-30; Arnason,
Johann P./ Eisenstadt, Shmuel N./ Wittrock, Björn (Eds.): Axial Civilizations and World History.
Leiden 2005; Eisenstadt, Shmuel N.: Theorie und Moderne. Soziologische Essays. Wiesbaden 2006.

32) これに関しては，Rüsen, Jörn: Für eine Didaktik historischer Museen – gegen eine Verengung
im Streit um die Geschichtskultur, in: ders.: Historisches Lernen (Anm. 13), pp. 184-198 を参照。

33) ここでの歴史学習の根底にある理論を概略している。Rüsen, Jörn: Historisches Lernen
(Anm. 13), 70 頁以降（本書の第 7 章：訳者注）を参照。

第3章　歴史的意味形成の構造 [34]

> 陳腐な詩の在庫がまもなく底をつくのとは
> 異なって，書店では歴史的な古紙を素晴らしい
> 歴史的な著作の表紙にすることが今でも必要
> であろう。
>
> **ヨハン・クリストフ・ガッテラー** [35]

　歴史叙述（Geschichtsschreibung）は，ずっと以前からもてはやされている。歴史大全集が出版され，それを熱狂的に支持する評判の高い共感を呼び起こす専門家の手によるヒストリオグラフィー的総括 [36] も現れた（例えば，トーマス・ニッパーダイ，あるいは，ハンス-ウルリヒ・ヴェーラーの新しいドイツ史の全般的描写）[37]。ドイツ連邦共和国の文学・学術文化に根本的な転換が訪れたのは明らかである。60 年代後半から 70 年代にかけて，歴史叙述は軽視され，伝統に対する批判が大きく取り上げられた。人間解放の新たな地平を目指そうという気運が広まり，過去はむしろ踏み台のように思われた。歴史的記憶は，未来を見て過去を忘れ去ろうとする思想運動の渦に巻き込まれた。

　何が違ってきているのか。歴史叙述は，意味伝達の場として新たな信望を得ている。過去は，現在の状況をどのように乗り越えられるのかに関する情報を提供してくれ，頻繁に参照される情報源になる。今日それは，たいていは陰鬱な未来予想である。"no future"は，しばらくの間，新しい方法で過去に問いかけ，頻繁に呼び起こされるスローガンであった。歴史的回顧は，現在の状況の尺度となった。

　歴史が，歴史とは無関係の未来構築のための採石場へと降格され，その現在的な意味を付与して解釈するための固有の構築的な貢献を奪われたという嘆きが活発に提起されて（そして，聞いてもらえるようになって）からまだそれほどたってはいない。学校の歴史授業はその自立が脅かされているようであり，かなりの労力をかけて根拠づけられることで擁護されなくてはならなかった。この危機は，今日では基本的に取り除かれている [38]。歴史授業を巡る争いは，根源的な原則の鋭さや世界観的な意味の重みを失い，むしろ授業時間の配分や具体的なカリキュ

ラム設計を巡る厳しい駆け引きのレベルに移行している。

　授業がどのように政治的に統制され，教授学的に構想され，方法論的に実現されるのかはもはや重要ではない。そうこうするうちに，新しい問いと問題が提起される。歴史授業はいつの間にか，今ある状況を無批判に正当化する担い手として，予期せぬうちに再び政治的な義務を負わされそうになっている。振り子は反対側に振れた。歴史的記憶は，もはや政治文化の夢物語を孕んだ未来の方向性への反発としての機能を果たすのではなく，裏切られた期待を埋め合わせる担い手として，現在の状況が改善されるという期待を過去の美化された状態へとつなぐ未来不安に対する古ゲルマン的避難城塞になってしまいそうである。

　ヒストリオグラフィーの流行は，今日，公共の文化的領域を決定する価値体系における注目すべき転換と時期的に重なり合う。批判的理性やエマンシペーション（解放）といった指導的な概念を伴う啓蒙の伝統は著しく説得力を失い，19世紀後半の文化批判との驚くべき気がかりな類似性において，非合理性や神話的思考が，文学・学術・文芸の信望を獲得する。1980年には，ドイツ総選挙の最有力候補者であるヘルムート・シュミットとフランツ・ヨーゼフ・シュトラウスは，どの哲学者がその考え方や行為に対して特別な意味を持つのかという問いに同じ回答をした。それはイマヌエル・カントであった[39]。完全なる啓蒙を体現するこのケーニヒスベルクの哲学者は，現在の歴史上の先駆的思想家の台座から消え，その代わりにフリードリヒ・ニーチェが登場したことを多くの証拠が示している。ニーチェは，ポストモダンの指導的人物として，理性の破壊によって魅了する知的な前衛に昇格した。

　現代文化の潮流における偉大な名前が象徴するように，目下，深部にまで及ぶ価値転換が生じていることは，ほとんど反論の余地がないだろう。この価値転換の理由は，この間，啓蒙の伝統において賞賛された，世界への合理的な対処と自己理解の形式が，差し迫った自己喪失や世界喪失の潜在的可能性として経験されたことにある。技術的な合理性，または，道具的で戦略的な理性の支配は，現代社会の生活において，人間的に生きることの質を脅かす破壊と感じられる結果をもたらした。現代文化は，全生活領域における技術的・産業的進歩の意図しない副次的影響に対する多くの潜在的な不安によって形成されている。合理性の支配とその破壊的な影響は，歴史的には近代性におけるヨーロッパの覚醒の結果と評

される。それは，啓蒙の名に象徴される動向の終焉，地球規模での破局の中での終焉と理解される。

　時代に即した歴史叙述をしたいとすれば（そうしたくない歴史家がいるであろうか），この現在の問題状況において，彼らには大きな危険が迫っている。歴史叙述は，理性に敵対する表現手段の新しい型を創り出し，極端な場合には，近代以前の時代をとりわけ人道的として賞賛する，神話のようなものを創出することもありえる。歴史家というものは，常に，大仰な未来構想や社会的行為へのラディカルな理性の要求に対する極めて強い懐疑によって際立つ。どの歴史叙述にも構造的に何らかのユートピア批判が潜んでいる。なぜなら，ユートピアが現在の限定的な行為条件を凌駕するのであれば，その条件の成立を記憶にとどめる歴史叙述が，社会の未来構想をその歴史的に生じた現実の地平へと引き戻すからである[40]。フンボルトは，この現実主義を歴史叙述者の「現実に対する意義」として賞賛した[41]。この現実主義は，歴史学が今日までの政治教育におけるかけがえのない機能に対する自負を主張するものでもある。しかし，ユートピア的な豊かさに対する懐疑や過去に視線を向ける現実主義は，暗示された現代文化の非合理的傾向にはまり込んでしまうこともありえる。その場合，ユートピアに代わって，健全な過去に関する嘘が出現し，読者からその自身の現代の現実的な歴史的評価を奪い取ってしまう。そこでは，この嘘は過去とは異なり，未来に対して未解決である。

　歴史叙述が過去を想起させる時に，歴史を叙述する者が自身の活動はあくまでも理性に貫かれているとか，少なくとも理性的であるべきだと確信しなければ，その確信の度合いに応じて，歴史叙述は現在に向けたまなざしをより容易にイデオロギー的に変質させてしまうことになる。こうした歴史叙述の理性の奥に影を落とす信頼の減退を示す兆候が現れている。かつて賞賛されることの多かった歴史叙述における語りの再来がこれに当てはまる。というのは，（しばしばあるように）歴史家が「語ること」を，分析方法，歴史理論，厳密な概念性などといった論証可能性の放棄と理解すると，それは過去数十年の歴史研究の成果以前に再び戻るという逆行を意味するからである[42]。そして，目下，歴史理論の議論において，歴史叙述のレトリック上の特質が洞察鋭く明らかにされ，分析されるならば，歴史的思考の方法論上の合理性や科学性は，たいしたことはないかのような印象をあまりにも容易に持たれるかもしれない。相互の世界や人間世界の時間経過に

おいて，人間がなしたことに関する歴史的経験を，一定の明瞭な解釈を与えながら，理性的な生活ルールの基準に関連づけることがあまりにも困難になっている。新たな非合理主義は，歴史家にあって，それに与する者をいとも簡単に見つけだすことができる。

　歴史家が自ら意味を付与して解釈する作業を通して，歴史的記憶に，ほんのかすかでも認識できる意味関連を与えるという使命を断念するとすれば，歴史的思考の理性は色あせてしまう。その場合，クレイオ（歴史を司る女神：訳者注）は，無意味なことを非合理的に意味があるかのように結びつけようとする粉飾だと訴えるかもしれない。その粉飾は，ヒストリオグラフィーを詩的な行いという綺麗ごととして飾り立てることになる。歴史家は，預言者や意味をもたらす者であるかのような天分を感じ，そうした自負が容認され，少なからぬ読者に信望を与えることで活気づけられるかもしれない。

　これまでの分析がまんざら誤りでないとしたら，歴史学における理論化の時代は過ぎ去ったので分をわきまえろ，そして歴史家は歴史的語り（historische Erzählen）に回帰せよという，今日広まっている見解に納得しないであろう。今日，現在の経験が扱われ，正当化される文化的過程において，歴史叙述にとりわけ重要な役割があることは多くの徴候が物語っている。「正当化（Rationarisierung）」は，理性的な習得，または，イデオロギー的な偽装という二重の意味を持つ。この二重の意味に即して，ヒストリオグラフィーが過去を映し出して現在の経験を理解させたいとしたら，どのような実践的影響がヒストリオグラフィーから現れるのかは未解決の問いである。

　政治文化におけるヒストリオグラフィーの実践的影響は，歴史学者と歴史叙述者がその歴史的経験に即した活動に持ち込む意味の基準と意味を付与して解釈する型に左右されるので，理論的な問題提起をしないわけにはいかないし，黙り込んでもいけない。この原理に関わる問いをこう表現したい。歴史叙述はその潜在的に及ぼす実践的影響を考慮して，どのような理性の見通しを持つのか。歴史叙述者は，どのように理性的であることができ，どのように理性的でなくてはならないのか。

　この問いに答えるために，差し当たりその前段階の問いを検討したい。歴史叙述は人間の生活実践にどのように関連するのか。人間の歴史意識の基本的で一般

的な（または，生活世界的とも言えるような）構造や機能を指摘することによって，この問いに答えたい。

　歴史意識（Geschichtsbewußtsein）は，過去の記憶，現在の意味を付与する解釈，未来への期待が複雑に関連づけられたものである [43]。人間とその世界の時間的変動に関する現在の経験を過去の記憶への問いとして差し向け，現代を方向づけようとする要求に応じて過去に関する知識を現実化し，それによって歴史的経験から未来への期待を導き出すか，または，少なくとも歴史的経験を通してそれを裏づけることで，歴史意識は過去・現在・未来を関連づけることに成功する。人間の歴史意識では常に，単なる過去以上のものが重要である。目下起きていて，現実的に未来に期待されることについて意味を付与して解釈するために，人間の過去に関する経験に満たされた知識を動員するところが重要である。歴史意識がこの 3 つの時間次元の内的関連を実現し，それによって過去がいわば記憶を経て現在に向かって話しかけてくるので，未来が行為の展望として拓かれる。歴史意識は，この意味形成を一貫した時間の指導原理に当てはめて行うことで，自身とその世界の時間的変動における人間の自己主張としての歴史的アイデンティティを可能にする。

　歴史叙述は，それに取り組む人の歴史的アイデンティティを形成する活動である。歴史叙述は，一人きりで机に座る歴史家が意識しているかどうかは別として，社会がその成員の頭の中に自己像を生じさせるコミュニケーション過程に常に組み込まれている。歴史叙述は，現在の時間経験を扱い，人の生活実践に有益な未来展望を獲得するように意味を付与して解釈するために，誰もが不断に持ち込まなくてはならない記憶の成果の極めて洗練された形式に他ならない。この記憶の成果は常に社会的次元を有する。歴史的記憶は，社会化のためのコミュニケーション過程である [44]。歴史叙述は共通していると感じられる過去に一定の明瞭な解釈を与えるとともに，自分自身であるために一線を画する他者が誰であるのかについてのイメージも構想することによって，所属性を定式化し，確定させる [45]。

　それとともに，今日一般的な歴史教授学での「アイデンティティ」という言葉の使用が思い起こさせるように，人間のアイデンティティは排他的に，または，主として歴史意識の領域で形成されると主張されるべきではない。私は，歴史意識は人間のアイデンティティ形成にとって不可欠な要因であると主張するにとど

めておく。「アイデンティティ」というテーマに関連する社会学や，社会心理学の文献において，歴史意識の役割とそれに固有な意味形成活動の性質が常に十分考慮されているわけではないだけに，なおさら，これについて指摘しておかなくてはならない[46]。

　アイデンティティは，他者との社会的な生活関連において，自身の欲求とともに他者の多様な期待を，自身の解釈とともに他者の解釈を，自己存在の一貫した行為を可能にするために意味を付与して解釈する型へと仕立て上げようとする人間の能力のことである。この行為を可能にし，意味を付与して存在を方向づける解釈の型（Deutungsmuster）が時間に関連づけられる程度，つまり，通時的次元を持つ程度において，歴史的アイデンティティを論じることができる。

　人間のアイデンティティは，二重の方法で時間に関連づけられる。まず，彼自身も彼が関わる他者も，彼が他者と生活する世界のように，絶えず変化することは誰もが知っている。次に，人間のアイデンティティは，いわば人間の主体自体の内面に由来する時間を通して，つまり，行為を導く意図や期待や憧れや不安が形づくられていく時間を通して決定づけられる。歴史的アイデンティティは，自己存在の経過に関する調和のとれた行為を可能にするイメージについての時間経験と時間意図（外的時間と内的時間とも言えるかもしれない）を統合するための人間の能力に基づく。譬えるならこう言えるかもしれない。歴史的アイデンティティは，時間の流れを泳ぐための人間の能力である。そして，同じ比喩を使うとしたら，こう付け加えることもできるかもしれない。歴史意識は，生き続けることができるよう，自身の歴史性（時間の流れの中で泳がなくてはならないという事実）に対処するために，生涯にわたり泳いでいく魂と精神の動きに他ならない。

　歴史叙述は，存在し続ける私，または，相互に社会化された人間である私たちのイメージに関する時間経験と時間意図とを結びつける歴史意識の暗示された統合の成果の一部である。（その例を挙げると，19 世紀において，国家は，時代の変動の中でも維持され，守り通される集合的アイデンティティのヒストリオグラフィー的に洗練されたイメージであった。）誰もが自身のために，自叙伝的に自ら一定の明瞭な解釈を与え，自身の生活構想を社会的関連や上位にある集合的アイデンティティの文化的なイメージに組み入れる（しばしば無意識または半意識での）心的過程において統合がなされる。無数の社会的な担い手が固有の方法で，

同じ統合の遂行に取り組む。歴史学が唯一の担い手ではない。歴史学は実践的に最も効果が高いというわけではないが，その記憶の成果に対して，まさに「学問」という名で呼ばれる特別な自負を主張することによって，意図的な歴史的記憶活動のその他のすべての形式と区別される。歴史的アイデンティティが文化的に形成されるコミュニケーション過程において歴史的思考が持つ実践的影響にとり，これが何を意味するのか。

　一見すると，歴史的記憶活動の学問的方法は極めて非実用的にみえる。だとすると，学問的な歴史研究の成果にどのような生活実践上の意義が与えられるべきなのか。学問的な歴史研究の成果は膨大であるため，歴史図書館の本棚は素人（素人に限らないが）が驚いてしまうほど大量の歴史的知識で埋め尽くされている。しかし，外見はあてにならない。学術的な歴史叙述が現代社会の政治文化において果たしてきた役割や依然として果たし続けている役割に少し目を向けるだけで，私たちはもっと大事なことを教えることができる。さらに，歴史教師の養成教育，つまり，現代国家が歴史学者の手を借りて歴史的アイデンティティの形成や教育システムの正当化のために歴史教師を育成することが指摘される。近年のドイツ史での最新の一定の明瞭な解釈を与える試み，それと結びつけられたドイツ連邦共和国におけるナショナリズムの更新のための試み，つまり，歴史家論争についての政治的な世論における活発な議論が指摘される。ドイツ＝ポーランド教科書勧告に関する少し前の議論もそのよい事例である[47]。

　今やこの歴史学の政治的機能に目を向けることは，むしろ誤解を招きやすい。つまり，私は現在の政治文化における歴史学の実際の影響を指摘したくない。もっと正確に言うと，導入部で言及された危機を払いのけることができる歴史叙述の原理を論じることの方が私には重要である。ヒストリオグラフィーを構成する内的原理として学問が視野に入れられ，議論の対象とされるべきである。生活に不可欠で，社会を形成する歴史的アイデンティティを形成する記憶活動を学問特有に実施するとは何を意味するのか。

　差し当たり，プロの歴史家は自身の時間を時間の変化の中で確認し，自身の行為の未来展望を獲得するために，記憶の成果を経て自身の生活実践の時間的展望を発展させるあらゆる人間と決して異なることをしているわけではないという前提から出発する。しかし，プロの歴史家の記憶活動は，彼らがこの人間の生活実

践を時間上で操作する方法によって，その他すべての記憶活動と区別される。

　ここでは，この方法を個別に説明することはできず，単にこの方法にとり有力な観点を示すにとどめなくてはならない。この観点は極めて単純である。現在の時間経験や時間への期待を考慮し，過去の経験を使って歴史的に思考することで意味を付与する解釈活動は，方法論的に統制され，経験と関連し，合意を志向した，概念的で論証的なコミュニケーションの手段に厳密に組み込まれる。歴史的思考は，（言葉の語源的意味や論証的協議の意味における）言説（Diskurs）を定義するルールに従う。このルールは，歴史的思考の学問固有の組織化とともに，歴史的な認識活動の特定の形式，とりわけ，研究と呼ぶような形式を導く。

　歴史的思考によって始動され，維持される歴史的アイデンティティ形成の過程のための論証的合理性の手段に歴史的記憶を組み入れることが何を意味するのか。学問としての歴史にとり決定的な歴史的思考の原理，その方法的合理性は，人間のアイデンティティ形成の文化的過程における実践的影響にとり，どのような意義があるのか。伝統的で議論の余地はあるものの，ほぼ替えがきかない「理性（Vernunft)」という名称を使って，この原理を特徴づけたい。「理性」は概念として把握された言語において論証的にコミュニケーションを行い，それによって方法論的に行為する（これは近代特有の「理性」のバリエーションである）ための人間の能力に他ならないので，私はこの名称が適切であると考える[48]。この理性の働きは，相互の話し合いの形式としての，技術的，道具的，方略的，官僚的な知的能力を活用する際に基本となる多様な形式である。歴史的アイデンティティの形成を学問的に行うとしたら，これは何か非常に基本的で原理的なことを意味する。歴史的記憶は，合理的論証，異なる意味を付与して解釈する可能性の検討，経験に対する開放性，有力な観点（要するに，私たちが「理性的」という言葉で日常語的に考えることすべて）を根拠づける要件になる。これは本当に些細なことではないし，専門家の努力というに値するものである[49]。歴史学特有の原理に基づき，政治文化において歴史的アイデンティティの形成を担ったり，仲介したりする学問として，この理性の提供物が具体的にどのようなものであるのかは未解決の問いである。歴史学がこの独自の理性の原理を一貫して守っているのかどうかという，かなり煩わしく，専門家にとり居心地のよくない問題を私は思い浮かべてしまう。歴史叙述がかなり従順にその時その時の権力者の正当化の意志に

従うように，理性を研究のテクニックに関する方法論的合理性と同一視し，それにより質的に著しく損なわせるという誘惑に，歴史学は（18 世紀後半以降）その学問としての比較的短い歴史の中で幾度となく屈服してきたのではないか [50]。政治文化の構成要素としての歴史学への批判や自己批判に対するこうした問いが実り多いものであるとはいえ，ここでこれ以上述べるつもりはない。その代わりに，歴史学の理性への自負が実践的に発揮されうる方法，さらに，歴史的記憶が私たちの社会の政治文化の重要な構成要素となる場面という 2 つの可能性を言及したい。

　可能性の 1 つは，歴史的アイデンティティの硬直した型を解きほぐすように歴史認識を表現することにある。2 つめの可能性は，流布している現代の非合理主義の誘惑に対する，歴史叙述のある種の拒否的な姿勢にみる。不安に占拠された現在進行中の経験の歴史叙述は，歴史的オルタナティブの鏡像を自然に言葉巧みに信じさせ，学問としての歴史が基づく思考の伝統に逆らって歴史的経験に物を言わせることができる。歴史学は，こうした方法で近代化の過程において自らの伝統を排除し，学問として自ら墓穴を掘るのではなく，この伝統を理想化する現実逃避に対して，どちらかといえば批判的に過去に向かうのではなく，未来へと有益な行為の展望が拓かれるように，歴史的な記憶活動を通して，現在の経験に意味を付与して解釈するための機会として提示しなくてはならない。

　最後に，これら 2 つの可能性をさらに簡単に説明したい。歴史的アイデンティティの硬直した型は，至る所で見出される。19 世紀の歴史的思考を支配していたような特定の国家アイデンティティのイメージ，または，深く根ざした性別的なアイデンティティのステレオタイプが考えられる。こうした型が経験を相対化したり，修正したりする扱いから隔絶されてしまうと，どのような災厄が引き起こされうるかはよく知られている。ここでは，歴史叙述にはイデオロギーを批判する重要な役割がある。歴史叙述は，歴史的アイデンティティの形成過程を決定する現在の経験に対して，さらには政治文化の手段としての歴史論争に対して敏感である時にのみ，この役割を果たし，競合する学問以外での歴史的経験の提示や意味を付与する解釈に打ち勝つことができる。歴史叙述はこの闘いに与することはできないし，そうすべきではなく（実践的には，歴史叙述がより高値を付けた者に買収されることが意味されるだけであろう），理性的論証という平和的な手段

を組み入れることができるし，そうすべきである。

　歴史は学問として，長い歴史的過程で明らかにされ，勝ち取られた理性の原理に基づく。この過程は「エマンシペーション（解放)」と呼ばれる。今日ではこの概念は，この概念にとり決定的な啓蒙の伝統とともに悪評を受けている。解放と啓蒙に関わるすべてを幻想として暴露するのがモダンである。近代的な解放の歴史に対する対抗史を私たちが何者であるのかを述べる歴史として賞賛するならば，ポストモダンの知的な前衛が喝采を浴びることを確信するであろう。しかし，対抗史がこの急進化された文化批判の型に従って，歴史的経験に一定の明瞭な解釈を与えたとしたら，対抗史が近代的思考の強制からの救済のための意見表明として歴史を叙述するとしたら，歴史は学問としての自らを放棄し，その成長する根源が断たれるであろう。歴史は，新しい憧れの荒波を泳ぎ，過去の深みにおいて現在の恐怖を忘れるという誘惑に負けてはならない。そうであってはいけないので，私たちが非合理的な動向，さらには近代の文明的な文化を終わらせ，論証的な思考の重荷から解放された新しい神話を創出するという試みで形成している経験を，歴史は思い出すべきであろう。歴史学が学問として真剣に受け止められるならば，歴史学に義務づけられていることを自覚し，意味を形成する理性が歴史の中に見出されるようにしか，歴史学は歴史を叙述することができないのである。

〈注〉

34) 初版：Weidenfeld, Werner (Ed.): Geschichtsbewußtsein der Deutschen. Materialien zur Spuren-suche einer Nation. Köln 1987, S. 53-64.

35) Gatterer, Johann Christoph: Vom historischen Plan und der darauf sich gründenden Zusammen-fügung der Erzählungen, in: Allgemeine historische Bibliothek 1 (1767), S. 15-89, 引用は，S. 73。

36) 例えば，「ドイツのプロイセン史」

37) Nipperdey, Thomas: Deutsche Geschichte 1800-1866. Bürgerwelt und starker Staat. München 1983; ders.: Deutsch Geschichte 1866-1918. Erster Band: Arbeitswelt und Bürgergeist. München 1990; ders.: Deutsche Geschichte 1866-1918. Zweiter Band: Machtstaat vor der Demokratie. München 1992; Wehler, Hans-Ulrich: Deutsche Gesellschaftsgeschichte. Bd. 1: Vom Feudalismus des Alten Reiches bis zur defensiven Modernisierung der Reformära 1700-1815. München 1987; ders.: Deutsche Gesellschaftsgeschichte. Bd. 2: Von der Reformära bis zur industriellen und politischen „Deutschen Doppelrevolution" 1815-1845/49. München 1987. これらの著書が最初に出版された後（1987 年），続く著書も出版された。Ders.: Deutsche Gesellschaftsgeschichte. Bd. 3: Von der „Deutschen Doppelrevolution" bis zum Beginn des Ersten Weltkrieges 1849-1914.

München 1995; ders.: Deutsche Gesellschaftsgeschichte. Bd. 4: Vom Beginn des Ersten Weltkrieges bis zur Gründung der beiden deutschen Staaten 1914-1949. München 2003.

38) これはもちろん，歴史授業が例えば，授業時間の時間配当の削減を巡る闘いといった別の方法での危険にさらされないことを意味するわけではない。

39) Der Spiegel 1980, H. 40, S. 25.

40) これに関しては，Rüsen, Jörn: Historische Orientierung (Anm.25)の 60 頁以下を参照。

41) von Humbolt, Wilhelm: Über die Aufgabe des Geschichtsschreibers (1821), in: ders.: Werke in fünf Bänden, hrsg. v. Flitner, Andreas u. Giel, Klaus. Bd.1: Schriften zur Anthropologie und Geschichte. Darmstadt 1960, S. 585-606, 引用は. S. 589。

42) Stone, Lawrence: The Revival of Narrative. Reflections on a New Old History, in: Past and Present 85 (1979), S. 3-24; Quandt, Siedfried/ Süssmuth, Hans (Eds.): Historisches Erzählen. Formen und Funktionen. Göttingen 1982; Kocka, Jürgen: Zurück zur Erzählung? Plädoyer für historische Argumentation, in: ders.: Geschichte und Aufklärung. Aufsätze. Göttingen 1989, S. 8-20 を参照。

43) 前章（Historische Orientierung (Anm.25)）の"Was ist Geschichtsbewußtsein ?"（本書の第 8 章）に該当する：訳者注）で既に述べた説明は省略する。

44) Röttgers, Kurt: Der kommunikative Text und die Zeitstruktur von Geschichten. Freiburg 1982 を参照。

45) Lübbe, Hermann: Geschichtsbegriff und Geschichtsinteresse. Analystik und Pragmatik der Historie. Basel 1977 を参照。

46) 例えば，Krappmann, Lothar: Soziologische Dimensionen der Identität. Strukturelle Bedingungen für die Teilnahme an Interaktionsprozessen. 5. Aufl. Stuttgart 1978; テーマに関しては，アンゲールンの哲学的調査を参照。Angehrn, Emil: Geschichte und Identität. Berlin 1985; Straub, Jürgen: Identitätstheorie im Übergang? Über Identitätsforschung, den Begriff der Identität und die zunehmende Beachtung des Nicht-Identischen in subjekttheoretischen Diskursen, in: Sozialwissenschaftliche Literatur Rundschau 14 (1991).

47) これは，Jacobmeyer, Wolfgang (Ed.): Die deutsch-polnischen Schulbuchempfehlungen in der öffentlichen Diskussion der Bundesrepublik Deutschland. Braunschweig 1979 において詳細に記録されている。

48) 議論に関しては，Schnädelbach, Herbert (Ed.): Rationalität. Philosophische Beiträge. Frankfurt a. M. 1984; Welsch, Wolfgang: Vernunft. Die zeitgenössische Vernunftkritik und das Konzept der transversalen Vernunft. Frankfurt a. M. 1996 を参照。

49) より詳細は，Rüsen, Jörn: Historische Vernunft. Grundzüge einer Historik I: Die Grundlagen der Geschichtswissenschaft. Göttigen 1983 を参照。

50) Iggers, Georg G.: Deutsche Geschichtswissenschaft. Eine Kritik der traditionellen Geschichtsauffassung von Herder bis zur Gegenwart. München 1972; Faulenbach, Bernd (Ed.): Geschichtswissenschaft in Deutschland. Traditionelle Positionen und gegenwärtige Aufgaben. München 1974; Wehler, Hans-Ulrich: Geschichtswissenschaft heute, in: Habermas, Jürgen (Eds.): Stichworte zur „Geistigen Situation der Zeit". Bd. 2: Politik und Kultur. Frankfurt a. M. 1979, S. 709-753; Blanke, Horst Walter: Historiographiegeschichte als Historik (Fundamenta Historica, Bd. 3). Stuttgart-Bad Cannstatt 1991.

第4章　教科書にとっての学問の有用性と無用さに関して

　学問のない教科書。それは何であろうか。無論，まったくもってナンセンスである。どの教科書でも知識を伝達するし，信頼できる知識を提供するのは学問である。しかし，知識だけではなく，それ以上のもの，すなわち，子どもや若者が学問とは何かを学ぶことが重要である。なぜなら，彼らが後に世界で有能に行動できるようになるべき時に，世界の重要な事象に関する基礎知識を有しているだけでなく，学問は何をなし，どのような限界があるのかも理解できていなくてはならないからである。

　教科書の分析や評価が問題となる時に，学問がますます問われることになる。政治的見解の対立や権力闘争において重要な役割を果たす教科の授業が問題とされる時は，特にそうである。そして，方向づける知識，集団の自明性が核心をなす状態，権力の分配，社会的差異についての意味を付与する解釈，文化的相違の解決，共同生活の規範的基盤，さらに当然，経済や環境との関係性の形成ももちろん重要である。これらすべてがテーマになり，そのテーマに沿って多様な関心が徹底的に話し合われる。これらは対立を孕み，再三その意味を付与する解釈への合意・不合意に即して検討されなくてはならない。権力の維持や秩序の確保という理由から教育システムを設計する国家の正当性が議論の対象となる時に，とりわけこれは事実その通りに学問が問われる。それ故，関連する授業科目（とりわけ，歴史科，政治科，その隣接科目）や，さらにそのつどの母語で行われる授業が政治的・官僚的・公的な関心の的となる。こうした科目で何が，どのように学ばれるべきであるかという論争において政治的相違が徹底的に話し合われることは珍しくはない。そして，対立の多い過去に取り組み，相互に了解し合わなくてはならない複数の国家の関係が問題となる時，教科書によって提示された政治や社会に関して意味を付与する解釈において相違はより顕著になる。

　これらすべての事例において，内政的・外政的対立において，争点を調整するために有効性の高い知識に関する能力が要求されるのが学問である。国家間の外交関係においては，相互の主張を教科書に反映して合意可能にすること，先入観と歪曲を克服すること，争点がこのイメージの中で再発見されるように，そのつ

どの違いを描出することが重要である。

　25年以上に及ぶゲオルク・エッカート国際教科書研究所でのこうした国家の相互関係における教科書の改善に関する活動は，学問がこうした合意形成に寄与し，何よりも合意を可能にすることができるという有力な証拠となる。ドイツ＝ポーランド間の教科書勧告は，まさにその模範となった[51]。長期にわたる，徹底した骨の折れる論証活動において，深刻な対立として刻み込まれ，そのつど自国のアイデンティティの本質的なところにかかわる両国の関係史の一時期について，共通の意味を付与する解釈をつくりあげたのは，両国の歴史家という専門家たちであった。当然，歴史教科書の分野にも持ち込まれた歴史的記憶を巡る政治色を帯びた対立は，歴史学での論証を介して調整されうるものであった。学問がドイツとポーランドの関係史の意味を付与する解釈を授業に提供し，その関係史において両国を再発見することで，過去の古傷が未だ痛むところで合意することができた。

　高い妥当性が求められる政治的に扱いづらい状況に関する知識を生み出すことができるので，学問はこうした偉業を成し遂げることができる。この妥当性の要求は世間一般には「客観性」と呼ばれる[52]。政治的な正当性を求めることが学問的な客観性と相容れないならば，その信憑性と説得力を失う。ここでは，政治的対立を緩和し，政治的または政治的に重要な現象に意味を付与する解釈のレベルで調整するところに学問の公算がある。マックス・ウェーバーは，この政治と学問の関係をこう表現している。政治家は「敵対者に対する剣」としての言葉を必要とした一方で，学問は「地面を耕すための鍬」としての言葉を活用した[53]。これによりウェーバーは，周知のキャッチフレーズ「剣を鍬に」で当てこすり，学問と政治の相違を政治的修練の機会とみなした。

　この学問の客観性がどこにあるのかは短い言葉で述べることはできず，政治と歴史を所轄する学問においてはとりわけそうである[54]。すべての学問を特徴づける客観性を可能にする思考の掟がある。それが方法論的合理性 (methodische Rationalität) である。それは，言語形式，言語使用，疑問視される状況や現象の扱いを意味しており，この扱いが，適切に根拠づけられた認識について思考する能力を与える。この適切な根拠づけは，明確な概念性やそのつどの主張の論理的説得力において，これら主張と複雑な学問構造との結びつきにおいて，これら主張

の根本的な検証や修正を可能にする統制された主張と経験とを関連づけることにおいて，最後に，思考を論証的に展開することにおいてなされる。この展開において，そのつどの知識の妥当性の根拠が明らかにされ，思考の原理に立ち返って検討されたり，判断されたりする。妥当性を求めることの普遍性は，基本的に論証に参加しようとする誰しもがこれらの原理を認めることに基づく。

　歴史学では，その専門分野としての独自の方法論的合理性は「歴史学の方法（historische Methode）」と呼ばれ，それは，論理的に首尾一貫しており，実証的で内容豊かな知識を導く複雑に関連しあう研究ルールを意味する。この一連の研究ルールは，4つの歴史的思考の最も重要な認識操作に対応させて（意図的に）具体化し，個別に明確にすることができる[55]。**ヒューリスティック**（Heuristik）として，現在のめざすべき方向性を取り上げ，過去の経験を解明する歴史的な問題設定を導く。**批判**としてなおも記憶に残っている過去の実証的な調査結果から，信頼のおける情報を確定できるように調整する。**一定の明瞭な解釈を与えること**（Interpretation）として，この調査結果に欠かせない時間経過を明らかにする。最後に**描写**（Darstellung）として，この明らかにされた時間経過を，そのつどの現在の広範囲に及ぶ歴史文化の一部をなす学問の知識状態に統合する。

　これらすべての操作において，一般的に歴史的思考にとって有効な視点，つまり，間主観性や異なる主体（個人，まさに集団も）が，意味を付与する過去の解釈について相互に了解される能力を形成するそのつどの視点が効果を発揮する。

　常に**確固たる知識**を伝達するという使命を持つ限りにおいて，教科書は学問の原理に縛られる。知識は基本的に，学問にとり有効な妥当性の原理に縛られることで確かなものになる。大抵は，学校の目標のために，そのつどの学問の基盤から選択され，かなり単純化された知識に関わる問題である。教育目標における単純化と加工の限界は，根底にある方法論的合理性が原理として損ねられるところにある。

　もちろん，知識の確かさには，さらに重要な視点が付け加わる。教科書は，単に学問的に保証された知識を提供するだけでなく，生徒の思考力や認識力を「学問の精神」において訓練する，すなわち，方法論的合理性の初歩的な視点と方法を理解させ，実践的に扱うことができるようにすべきである。この視点に対応する教科書は，「ワークブック（Arbeitsbücher）」として構想される。教科書は，その

つどの歴史描写（historische Darstellung）に関して，方法論的手法としての人間の過去に意味を付与して解釈する扱い方が訓練され，批判能力が鍛えられ，歴史認識の成果と限界への洞察が獲得されうるよう取り扱うための資料と指示を提供する。

　教科書分析や批判は，これら二重の学問との関連を取り上げ，それを重要な基準として活用する。教科書の分析や批判それ自体が学問的方法を用いることは明らかである。これは，（歴史教科書の場合には歴史学といった）関連する学問だけでなく，教科書の教授学的構想や教授学的機能がその対象領域に属するまさにその分野，それぞれの教科教授学にも関わる。教科書のテキストや図版の様式やその効果性の分析に寄与する分野（文学，芸術学，コミュニケーション学，心理学など）もこれに付け加わる。

　これらすべては新しいものではなく，教科書と教科書づくりの学問との関連を強調するとともに，見かけほどは自明でも単純でもないことを明らかにするためにまとめて言及しただけのことである。

　つまり，教科書や教科書分析の学問との関連は問題も投げかける。これらの問題は基本的に，学校での学習は主として学問に目を向けるのではなく，若者がその社会の十分に価値ある構成員になることができる文化的なコンピテンシーの獲得に目が向けられることに基づく。歴史科にとって，学習との関連が強いのは，歴史学ではなく，その国の歴史文化である[56]。確かに，学問はその国の文化に属するが，それは一部のことだけであって，歴史学習において総じて問題が何かを明らかにするべきだとしたら，学問は他の領域と区別されなくてはならない下位体系としてその国の文化に属するということである。

　学問は，歴史文化の領域における認知的次元，歴史的**思考**を象徴する。それと並んで，思考に限定されえない一連の別の次元がある。政治的次元や美的次元がそれに属する。（思考とは区別して，ここでは意思や感情について語ることができるかもしれない。）両次元は，認知的次元と緊密に絡み合うが，最終的には学問にとり決定的である方法論的合理性の視点とは異なる視点や指示に従う。過重な認知的詰め込みに悩まされず，人間の歴史意識にとっての意義が疑う余地のない重要なコンピテンシーを度外視しないためには，この相違が体系的に歴史学習に組み込まれなくてはならない。

　歴史意識（Geschichtsbewußtsein）は個々人の発達過程において，第一義的，独占

的ではないとしても，思考が重ねられることでかたちづくられていく [57]。少なくとも，知覚すること，想像すること，具体的なイメージ，承認を巡る格闘における意思の衝動も当然，本質的な役割を果たし，歴史意識の多くの発達段階においてより重要な役割を果たす。

　歴史教科書の学問との関連を通して，歴史学習の限界，いやむしろ危機を，歴史的知識の事例を用いて解説する。知識は伝達するのに有用であり，まさに社会生活における歴史意識のすべての成果の基盤とみなされる学習にとって根本的に重要である。この見解は誤解を招く。知識はもとからは存在しないので，学問の泉から湧き出る歴史学習の根本となる重要なもののようにみなされ，描写され，学習過程で活用されうる。知識は少なくとも2つの構成要素を持つ。一方では，それ自体のために考察されなくてはならず，他方では，まったく異なる学習過程の事柄として認知されなくてはならないということである。経験することと知覚することで，歴史意識の**美的**側面が視野に入ってくる。人間の歴史意識の発生や歴史描写の効果に対するその意義は，とりわけ幅広い世論において軽視できない。学習の開始には，概念ではなくイメージ（Bilder）の方がふさわしい。そして，新しいメディアの時代にはイメージの影響力は絶大であり，その強い心理的影響力に対して，思考が打ち勝つことはほぼできない。かといってイメージが途方もない意味を付与して解釈する力（Deutungskraft）を意のままにしたり，歴史授業が生徒たちに身につけさせたい歴史的思考にあっさりと，もしくは，完全に入り込んだりすることはほぼありえない。思考（や，習得されただけの知識）はイメージに覆いかぶさるだけなので，イメージは獲得された思考力を越える影響力を発揮し，それによって批判的熟考から遠ざけられることがしばしば起きる。歴史学習の過程における学問との関連がもたらしてくれる最も重要な寄与が，批判的思考である。学習においてもっぱら知識が重要であるとしたら，批判的思考は歴史的認知とイメージの想像力によっていつの間にか脇へ押しやられてしまう。歴史文化を刺激する力を失うことになる。そして，まさにこの刺激が，新しいメディアの領域ではこれまで以上に必要なのである。教科書が構想され，作成され，活用され，分析され，批判される時に，歴史意識の認知以前の要素とメタ認知の要素が体系的に視野に入れられたり，考慮されたりしないならば，教科書における学問との関連は，必要不可欠な学習を妨げることさえありえる。

　これより，私が支持するのは，教科書の学問との関連を減じることではなく，それを拡張することである。学問との関連は認知的な手続きにおいて中心を占めるわけではないが，常に作用し，最終的に意味を付与して過去を解釈しながら扱うことや，それと結びつけられた社会生活実践のあらゆる方向性において，思考を方向づけることに決定的に関与する歴史意識の次元に対応して開かれていなくてはならない。

　歴史学習の**政治的**次元がまさにその状況にある。長い間，学問との関連は，客観性という理想像の支配下にあり，国家が自己の正当性を欲することにより歴史学習に据える不当な政治的要求から救い出す歓迎すべき可能性とみなされた。学問は，世論において歴史的な意味を付与して解釈することの覇権を巡る政治的な権力闘争からの隠れ蓑として現れ，客観性が政治的中立性と混同されることは珍しくなかった[58]。今や，歴史的思考は政治から離れて学ぶことはまったくできず，常に政治的なものが織り込まれ，それにより決定づけられている[59]。これは気づかれない方法で行われることもある。つまり，政治的生活の権力構造が個人の社会化の過程において有効に発揮され，再生産されるように，である。教育の過程でなされる支配のシステムは，この過程を通して常に，生徒たちの主体性に刻み込まれる。しかも，これは明示的に表現されたルールのかたちをとって行われうる。授業が従い，教科書が対応しなくてはならない一連のカリキュラム上の規則は常に，国家の正当性への要求がはっきりと現れる政治的な形成物でもある[60]。しかし，国家のみが，歴史学習において政治力を発揮するわけではない。生徒たちは，（大抵の場合はとりとめのない，政治的とまではいえない）初歩的な承認欲求を授業に持ち込む。その欲求により，生徒は共同体の潜在的な市民としての立場を心に描き出す。そして，彼らは共同体にしっかりと受け入れられなくてはならない。そうなるように差し向けられた教育では，歴史的知識は政治的なものになる。歴史的知識は常に政治的社会化の手段としての機能も果たし，この機能は歴史意識の純粋な知識の次元に取り込まれることはない。

　こうした政治的視点においても，学問との関連は歴史学習を不当に制約する可能性がある。すなわち，学問的な客観性の原理に結びつけられた中立性の掟に従うとしたらそうなるかもしれない。政治的論争や衝突がこの学問原理の名において学習過程から締め出されてしまうとしたら，それこそ問題である。この場合に

は，客観性は中立性であり，そのようなものとしての仮面でしかない。その下には権力をますます邪魔されずに行使するための政治的なもくろみが隠されている。人間世界の学問は，基本的に政治の影響を受ける。もちろんそれは，人間世界における政治の権力闘争を認知的に扱う方法によって，政治的な思考や行為とは区別される。その限りで，学問は政治との関連においても開かれていなくてはならない。歴史学習において歴史意識の政治的機能のための文化的な専門知識を身につけるには，政治の論理を学問的思考の方法論的合理性と区別して認識したり，理解したり，生徒が意のままに使いこなせるようにしたりできなくてはならない。

　教科書を学問と関連づけるという前提は，学習過程における歴史意識の非認知的次元により，こうした関連性が減じることではない。むしろ，歴史意識が思考や知識以上のものであれば，学問を効果的なものにするのに有用である。それによって何か自明なことや，教科書文化においてとうになされていること以上のものが意味されるべきであるとしたら，こうした「開放」は学問自体にとり，教科書づくりにおける学問の扱いにとり何を意味するのかという問いが検討されなくてはならない。ここには未だ解決されない一連の問題がある。学問が必要とされる学習のメタ認知的，前認知的要因や手順や機能のために，学問ははじめから十分開かれているわけではない。学問は学問としてこれらと一線を画し，歴史的経験や歴史的意味を付与する解釈の別の扱い方に対して[61]，そして社会生活において見出されたり，授業が生徒に準備したりしなくてはならない歴史的方向性の文化的な取り扱い方に対して，方法論的合理性の論理が持つ固有の価値を主張しなくてはならない。歴史学習は，学問によって生活への準備をするために，この学問と生活との区別を解消しなくてはならない。これは，学問批判なしにはありえない。学問はその生活への有用性という実験台上で調査されなくてはならない。

　このことは，歴史学習とその教材である教科書にとり何を意味するのか。差し当たり，歴史的記憶の根本的な活力を認知し，有効に発揮させることが大切であり，認識すべき過去を分析可能な事実内容の総体として視野に入れるために，歴史学的な思考をその事実内容から浮かび上がらせなくてはならない。この事実内容は，集合的記憶(kollektive Gedächtnis)において常に既に現在の願望に従って形成された過去のそれとは区別される[62]。かなり長い間，カルチュラル・スタディーズを支配してきた記憶の言説（Diskurs）は[63]，生き生きとした記憶と死んだ知識

とを厳密に区別することを根源に据えて活気を保ってきた⁶⁴。人間精神を望ましい過去の「構築」や「創出(Erfindung)」へと急き立てる刺激によって学問的な歴史的思考も活気づくので，認識論的な理由からこの区別をそのまま維持することは確かにできない。それでも，方法論的理解と歴史的思考の批判能力は，意味の切望や歴史的記憶が影響を与えようとする意思との緊張関係にある。この緊張関係が特に取り上げられ，学習機会として有効に発揮されなくてはならない。これは具体的には，記憶の言説が教科書の構想や分析に応用され，そこで有効に発揮されなくてはならないことを意味する。

　学問自体が大きな影響力を有する集合的記憶の要素になる場面でまさに，学問は問題として認識され，議論されなくてはならない。すなわち，学問は，その問題設定や思考方法，（常に選択的な）その経験との関連や意味を付与する解釈の型(Deutungsmuster)を使い，歴史文化の意味体系を持ち込むことができるからである。この意味体系は，現在の挑戦にもはや太刀打ちできない。これは，異文化間コミュニケーションの新しいかたちが形成されるグローバリゼーションの過程の挑戦に関してとりわけ当てはまる。そこでは，自民族中心主義(Ethnozentrismus)の論理を新しく転換することが重要である⁶⁵。この論理は，歴史意識を通して導かれた所属性(Zugehörigkeit)のイメージ（個人的アイデンティティと集合的アイデンティティ）が，常に異者との境界やその相違性の定義を意味することにある。この相違は，大抵の場合，価値の要素の取り込みがアンバランスである。自身のアイデンティティの価値体系には肯定的で，異者のそれには否定的である。異者の側も同様に振舞うので，歴史意識や集合的記憶を通して，潜在的な対立はいずれのアイデンティティ形成にも潜んでいる。万人の万人に対する心的闘争（「文明の衝突」）⁶⁶が自然発生的に効力を有し，維持し続けることがないようにするには，この潜在的な対立を決然と文明化へと導く必要がある。

　方法論的合理性という学問観は歴史的に，他の文化を越える西洋文化の優越性の自負と緊密に結びついている。西洋では学問は自身の文化の偉業と捉えられ，それによって異者に対する自身の優越性の証拠とみなした。これが，学問的合理性とそれと同時に現れる普遍妥当性への要求が，ラディカルなイデオロギー批判というポストモダンの徴候のもとに置かれる理由である。学問的客観性の理想像は，西洋文化の優越性を表現する手段であるとともに，他文化に対する支配関係

を覆い隠すベールとみなされる。方法論的合理性の普遍主義に対して，（人文科学の文化論的転回の旗印において）文化の相違とその相違からもたらされる意味を付与した解釈体系の多元性が設定される。特定の文化の粘り強さが，カルチュラル・スタディーズ的認識の妥当性を要求する普遍主義と争われる。

　このことは教科書にとり深刻な結果をもたらす。すなわち，生徒たちが自身の文化的帰属性や異者との境界を学ぶために使うはずの現象が，教科書において問題となる場合がある。そのような時は常に，その描写における学問的言及がこの現象の提示を不安定なものにする。学問との関連はすべての帰属性や境界の確定にとっての決定的な評価をうわべだけのものにとどめるか，それを覆い隠すか，その手段や表現となるかのどれかである。第1の場合には，自身のアイデンティティ形成のための文化的コンピテンシー（kulturelle Kompetenz)が問題となるまさにその場面で，学問がその意義を失う。第2の場合には学問がこの能力を歪曲し，第3の場合には学問が自己主張のための単なる手段となる。どの場合でも，教科書の作成や分析の際に，まさにそのために学問に要求する機能が失われてしまう。

　それでは何をすべきなのか。もちろん，教科書づくりにおける学問との関連を放棄することはできない。言及してきた学問批判的な本領を発揮して，学問との関連性は拡張され，豊かにされなくてはならない。その場合，文化的相違の現象学的な承認よりも，以前から学問的に把握されたこと自体が持つイデオロギー批判が，教科書づくりの視点になるであろう。（ドイツの歴史教科書の多くの一貫したヨーロッパ中心主義に目を向けるならば，これは教科書づくりに是非とも必要である。）こうした自己批判的な刺激によって，学問との関連を求める教科書の認知的次元が，他の次元に対しても生産的に開かれるかもしれない。そうすると，学問が教科書の構成要素としても，分析装置としても維持され，教科書をその独自の方法論的思考という文化の力で豊かにする総体の上位体系の一部となるであろう。

〈注〉

51) これに関しては，Jacobmeyer, Wolfgang (Ed.): Die deutsch-polnischen Schulbuchempfehlungen in der öffentlichen Diskussion der Bundesrepublik Deutschland (Anm. 47); Zwanzig Jahre Gemeinsame Deutsch-Polnische Schulbuchkommission. Reden aus Anlaß der Festveranstaltung in Braunschweig am 10. Juni 1992. Braunschweig 1993 を参照。

52) これに関しては，Apel, Karl-Otto/ Kettner, Matthias (Eds): Mythos Wertfreiheit? Neue Beiträge zur Objektivität in den Human- und Kulturwissenschaften. Frankfurt a. M. 1994 を参照。

53) Weber, Max: Wissenschaft als Beruf 1917/1919. Politik als Beruf 1919 (Studienausgabe der Max-Weber-Gesamtausgabe, Bd.I/17). Tübingen 1994: Wissenschaft als Beruf, Rüsen, Jörn: Konfigurationen des Historismus. Studien zur deutschen Wissenschaftskultur. Frankfurt a. M. 1993, S. 14 以下。

54) これに関する，とりわけ，歴史学に関する文献。Appleby, Joyce/ Hunt, Lynn/ Jacob, Margaret: Telling the truth about history. New York 1994; Rüsen, Jörn: Narrativität und Objektivität, in: Stückrath, Jorn/ Zbinden, Jürg (Eds): Metageschichte. Hayden White und Paul Ricoeur. Dargestellte Wirklichkeit in der europäischen Kultur im Kontext von Husserl, Weber, Auerbach und Gombrich. Baden-Baden 1997, S. 303-326; Miyake, Masaki: The problem of narrativity and objectivity in historical writing, in: The Bulletin of the Institute of Social Science. Meiji University, Vol. 18, No. 3, 1995; MacGill, Allan (Ed.): Rethinking objectivity I, Annales of scholarship, Vol. 8, No. 3-4, 1991; Rüsen, Jörn: Historische Vernunft. Grundzüge einer Historik I (Anm. 49); Novick, Peter: That Noble Dream. The „Objektivity Question" and the American Historical Profession. New York, Cambrige 1988.

55) これに関する詳細は，Rüsen, Jörn: Historische Orientierung (Anm.25), 116 頁以下を参照。

56) 歴史文化の構想に関しては，Rüsen, Jörn: Historische Orientierung (Anm.25), 233 頁以下を参照。

57) これに関しては，Rüsen, Jörn (Ed.): Geschichtsbewußtsein. Psychologische Grundlagen, Entwicklungskonzepte, empirische Befunde. (Beiträge zur Geschichtskultur, Bd. 21). Köln 2001 を参照。

58) これに関しては，Haskell, Thomas L.: Objectivity is not Neutrality. Explanatory Schemes in History. Baltimore 1998 を参照。

59) これは，ノヴィックによって歴史のすべての客観性要求に対する明晰な方法で強調される。That Noble Dream (Anm. 54).

60) Jeismann, Karl-Ernst/ Schönemann, Bernd (Eds.): Geschichte amtlich: Lehrpläne und Richtlinien der Bundesländer. Analyse, Vergleich, Kritik. Frankfurt a. M. 1989.

61) これは議論の的であり，歴史描写のテキストの特性に（適切に）関連づけられるので，とりわけ歴史的意味形成の美的次元に関して目下，不可欠である。例えば，Fulda, Daniel: Die Texte der Geschichte. Zur Poetik modernen historischen Denkens, in: Poetica. Zeitschrift für Sprach- und Literaturwissenschaft 31 (1999), S. 27-60 が，これについての典型である。

62) Ricoeur, Paul: Gedächtnis – Vergessen – Geschichte, in: Müller, Klaus E./ Rüsen, Jörn (Eds): Historische Sinnbildung. Problemstellungen, Zeitkonzepte, Wahrnehmungshorizonte, Darstellungsstrategien. Reinbek 1997, S. 433-454 を参照。

63) 少しだけ選択して挙げる。Assmann, Aleida: Erinnerungsräume. Formen und Wandlungen des Kulturellen Gedächtnisses. München 1999; Assmann, Aleida/ Harth, Dietrich (Eds): Mnemosyne. Formen und Funktionen der Kulturellen Erinnerung. Frankfurt a. M. 1991: Assmann, Jan: Das kulturelle Gedächtnis. Schrift, Erinnerung und politische Identität in frühen Hochkulturen. München 1992; Assmann, Jan/ Hölscher, Tonio (Eds): Kultur und Gedächtnis. Frankfurt a. M. 1988; Hartman, Geoffrey: Der längste Schatten. Erinnern und Vergessen nach dem Holocaust. Berlin 1999; Le Goff, Jacques: Geschichte und Gedächtnis. Frankfurt a. M. 1992; Platt, Kristin/ Dabag,

Mihran (Eds.): Generation und Gedächtnis. Erinnerungen und kollektive Identitäten. Opladen 1995; Wischermann, Clemens (Ed.): Die Legitimität der Erinnerung und die Geschichtswissenschaft. Stuttgart 1996; Assmann, Aleida/ Frevert, Ute: Geschichtsvergessenheit – Geschichtsversessenheit. Vom Umgang mit deutschen Vergangenheit nach 1945. Stuttgart 1999; Assmann, Aleida: Der lange Schatten der Vergangenheit. Erinnerungskultur und Geschichtspolitik. München 2006; Assmann, Aleida: Geschichte im Gedächtnis. Von der individuellen Erfahrung zur öffentlichen Inszenierung. München 2007.

64) Nora, Pierre: Zwischen Geschichte und Gedächtnis. Berlin 1990.

65) Rüsen, Jörn: Für eine interkulturelle Kommunikation in der Geschichte. Die Herausforderungen des Ethnozentrismus in der Moderne und die Antwort der Kulturwissenschaften, in: Rüsen, Jörn/ Gottlob, Michael/ Mittag, Achim (Eds.): Die Vielfalt der Kulturen (Erinnerung, Geschichte, Identität, Bd. 4) Frankfurt a. M. 1998, S. 12-36.

66) Rüsen, Jörn: How to Overcome Ethnocentrism: Approaches to a Culture of Recognition by History in the 21st Century, in: Taiwan Journal of East Asian Studies, vol. 1, no. 1, June 2004, S. 59-74; auch in: History and Theory 43 (2004) Theme Issue "Historians and Ethics", S. 118-129.

第5章　歴史教授学とは何か，そして，私たちは何のために今日（なおも）歴史教授学にいそしむのか

　なぜシラーゆかりの副題なのか[67]。（シラーがイェーナ大学教授に就任した際の講演のタイトル"Was heißt und zu welchem Ende studiert man Universalgeschichte"［「普遍史とは何か，そして何のためにこれを学ぶのか」］をなぞらえている：訳者注）古典主義者の引用は，暗闇の森の中で口笛を吹く，つまり，勇気を奮い立たせ，不安を打ち消すための私の手法である。なぜなら，歴史教授学の今日の状況をよく鑑みると[68]，私のテーマは実際にはこう述べているからである。歴史教授学はもはや何物でもないのか，なぜもはや実践されなくなったのか。そうであるとしたら，活発なコミュニケーションを関連づける歴史の教授と学習に真剣に打ち込む専門家は，世代の交代を越えて今なお存在しているのか。これに対して，多くの指標はこう述べる。学術界の若い世代はほとんど育っておらず，刺激的な新しい議論や論争はもはやない。（そして，それは再統一後でさえも！）墓場の静けさのように静まり返っている。ほとんど何も展開しておらず，既に熱狂的な高揚がなく，少なくとも円滑な発展や実証されたことの継続を歴史教授学に保証するような積み上げられた研究や学説のルーティンですら未だに存在しないという感触を得ている。

　1960年代後半から70年代前半の熱狂は，長く続く幻滅や失望へと変わった[69]。当時の議論の多くの主唱者やその議論で主張された多大な努力を要する歴史教授学の構想は別の活動領域に向かい，新しく前とは違う理念や要求を掲げる新しい集団の姿は見られない。

　イェーナ大学での歴史学の教授として行ったシラーの就任講演は，啓蒙によって人は自らに課した未熟さから抜け出し，自由で人間らしい生活秩序をつくり上げることができるという，教養市民層の誇り高い自己意識を核心的に表現した。今日では，控えめな語調にする必要がある。歴史教授学は今日でも，その欠陥をシラーの名声でごまかすことなく，飾り立てることが許されるであろうか。

　今日私たちが歴史教授学と呼ぶものは，シラーの時代には複数の名称（ヒストリオマティ［歴史の教授と学習］，方法論，修辞学）のもとでの歴史描写の確固

たる熟考であった ⁷⁰。古代以来，歴史家は，歴史描写の技術に関して熟慮してき
たが，その熟慮では，とりわけ，歴史描写が聞き手や読み手に及ぼす影響に主眼
が置かれていた。歴史を描写する者は，自分たちの描写を通して，人生の実践的
な問題を適切に操作する能力に何らかの改善を受け手にもたらす可能性を規則的
かつ方法論的に確認していた。このような学問以前の段階では，教授学は，今日
でいう（歴史学研究法の理論としての）方法論の立ち位置にあった。今日では，
方法論は歴史を学問と定義するルールを説明し，一方で，修辞学（レトリック）
は歴史を芸術（ラテン語の ars）と定義するルールを説明する ⁷¹。歴史描写者が信
じるよう義務づけられなくてはならないルールのメカニズムがあったとしたら，
それは，その作品の実践的な作用に関わるルールのメカニズムであった。差し当
たり，ヒストリオグラフィーが学問となる過程において，その作用との関連をめ
ざす考察が続けられている。とはいえ，長期的には，歴史学が専門的な学問とし
て制度化されるにつれて，こうした考察はどんどん衰退していき，プロの歴史家
によってかろうじて例外的に表現されるにすぎない自明とされる教育的主張へと
向かった。歴史教授学は，歴史学の日常的な実践の外へと，二重の追放で追いや
られた。1つは，歴史授業の技術において，もう1つは，それとはほぼ結びつか
ない，歴史主義の文化的名声に活力を見出す一般的で教育学的な陶冶論に移行し
ていった。歴史教授学が歴史学という専門分野への精力的なアプローチで新たに
構成されるまでには長い時間がかかった ⁷²。

　周知の通り，これは 1960〜70 年代に起きたことであるが，専門的に生み出さ
れた歴史的知識に対し，教育の伝統的な要求が不要とされ，それまでの一般的な歴
史授業の方法では，若者を責任ある国家市民へと政治的に教育するにはまったく
不十分であるとみなされた時期であった。歴史の教授と学習の形式，内容，目標
に関して全般的に不確かな状況において，歴史教授学は歴史教育の正当性の危機
を克服し，学校教育制度における歴史の現代的アプローチに必須の視点を熟考・
発展させるための学術の場として新たに構成されたのである。

　通常，危機的な状況は，原理の転換に目を向けることで乗り越えられる。それ
故，歴史教授学は，原理的考察や理論構築に膨大な労力を投じる課題に取り組ん
だ。最盛期の原理の調査は，3つの目標の方向性を持った。1つは，歴史教授学
が学問的地位やその文化的機能をより現実的に根拠づけるために，歴史学の歴史

理論や歴史方法論の努力と結びついた。歴史教授学はメタヒストリー（Historik）の大部分を引き受けた。同時に，歴史教授学は授業実践の基本的な問題に目を向け，歴史授業を目標管理と一定のルールに従った経過の厳密な基準に従わせた。カリキュラムという魔法の言葉のもとで，実践の理論構築が重ねられた[73]。最後に3つめに，歴史教授学は歴史授業を機能的に正当化する要件を採用し，歴史授業の指針として，歴史的記憶を通した政治的方向性が持つ社会的な要件を検討し，教授学的に純粋に生徒の学習の機会とニーズを描いた。これらすべては知的高揚の中でなされ，さらに，戦後期に生み出された市民的な生活様式が持つ変化への要請と伝統を維持する力を巡る激しい政治的論争によって駆り立てられた。多くの対立項がぶつかり合った。政治的コミットメントと学問的な客観性の要求，よりよい未来へのユートピア的な願望と教科固有の合理性の基準による秩序化，よりよい世界への生徒の関心，安定した生活状況の正当化と学問の潜在的な理性，蓄積され体系化された生徒の実用的な経験と計画的に構想された学習過程との対立である。これらすべての対立や相違，それらが争われたすべての論争において，専門分野としての歴史教授学の一貫性のようなものや合意された立場のようなものが形成された。一連の確かな指標がそれを代弁する。大学での歴史教授学の教授職の設置[74]，独自の専門雑誌の創刊[75]，ハンドブック[76]，または，総括的な描写[77]の形での包括的で総合的な出版物，最後に（恐らく最も重要なことが）中等学校段階の教職課程に教科教授学が組み込まれたことである。

　ハンドブックは第3版において投げ売りされ[78]，雑誌はもはや存在せず，歴史授業の意義や目的，形式や内容に関する刺激的な議論の主唱者たちの多くは，もはや歴史教授学の問題にまったく取り組まないか，片手間でしか取り組まなくなった[79]。かつての論争は，新たな疑問を抱く新しい世代の主人公たちにその生産力を継続させることはできなかった。

　この衰退の理由は何か。外的理由と内的理由がある。恐らく最も重要なことであるが，その外的理由は，落ち込む出生率のために，ほぼ全世代の教職をめざす学生が学んだ職業を追求する機会を失ってしまったことである。歴史教授学がその新たな学問的主張で地位を確立し，勉学や試験の体系に入り込もうとしたちょうどその時に，歴史教授学に刺激されて教師になろうとしていた顧客や若い歴史家を失うことで，歴史教授学は社会の底なし沼にはまり込んでしまったのである。

　外的な底なし沼とは対照的な，内的理由もある。すなわち，歴史教授学は実践と並行して，むしろ，実践を越えて学問的な地位を獲得し，実践を越えた理論を形成したのである。歴史教授学は，制度化された実践と関連することなく構築された。それにより，わが国の教員養成教育は専門的・学術的な領域と実践的・学校的な領域という2つの養成領域の制度的な分離と隔絶に対抗する術がないために，教科教授学を通して架橋できないこれら2つの養成領域に分かれるという単なる事実以上のことが，私たちには意味される。この隔絶は，多くの教育大学が大学に吸収統合されることを通してさらに強められた。教科教授学の基礎になる実践と関連づけられたよいところも，教育大学とともに失われた。この実践との関連の不足は，理論形成のレベルにも見られる。歴史授業の教授学原理に関する広範な考察作業に対応した，根拠づけられ，洗練された授業方法論がなかったのは偶然ではない。授業方法論は歴史教授学の理論から単純に演繹できるのではなく，授業実践の調整役として授業方法論そのものからしか得られないので，歴史教授学ハンドブックを歴史授業の方法論ハンドブックで補足するという試みは完全に失敗に終わる。

　現在も歴史教授学の状況は芳しくはない。しかし恐らく，歴史教授学とは何か，どのような使命を持つのかについて改めて問うために，こうした興ざめした懐疑的な状況はとりわけ好都合である。これらの問いを根本的に提起し，なぜ歴史教授学が歴史に関する思考の独自の方法として，未来においても存在しなくてはならないのかについて問いたい。その理由は単純で，説得力のあるものである。基本的に，歴史教授学の実践的または機能的な要件が存在する。歴史家が，教育制度や，例えば博物館，展覧会事業，記念碑保護のような公共の歴史文化の広範な領域において，その学術的な専門的知識や専門的コンピテンシーを実践的に発揮させなくてはならないとしたら，一定のコンピテンシーを獲得しなくてはならない。学術的な専門的知識や専門的コンピテンシーとは，学問的に生み出された歴史的知識を扱う能力であり，場合によってはそうした知識を自ら生み出すことができ，必要とされるところではそれらを利用することができる能力と理解される。学問としての歴史学にとり決定的な認知的原理を使いこなし，少なくとも1つの専門領域において，つまり，研究の道筋に沿って模範的に議論できると証明できるならば，歴史学の専門的な資格としての学士号が付与される。しかし，この専

門的知識には限界もある。それは，知識が活用され，その活用の基準自体が問題となるところにある。

　この限界と，それを乗り越え，歴史の実践活用において固有のコンピテンシーを獲得することが不可欠であるのは，歴史授業にとり明白である。結局それは，歴史教授学が制度として一部をなす教師教育の不可欠性である。歴史的知識を活用した子どもの教育が，学問における歴史的知識の研究とは原理的にどこかが異なる限り，プロの歴史家の専門的知識とは同一ではないコンピテンシーがこの固有のコンピテンシーには含まれている。これと同じことは，学校外で歴史を専門的に扱う場合にも当てはまる。教科の専門的知識と学問と合致する知識習得のコンピテンシーを従来通りに同一視するとしたら，その教科の専門的知識はコンピテンシーにとりなおさら不十分である。この主要な認知的コンピテンシーは，文化的な行為コンピテンシーによって補完されなくてはならない。公共の利益のために専門的知識の実践活用が問題となる場面で，歴史の専門的な取り扱いが保証されるからである。そして，この世論の関心は，共通の歴史的記憶，世代の交代を越えた持続性，社会生活のあらゆる分断を越えたその波及が，社会生活において文化的に不可欠であるという事実に基づいて，繰り返しかきたてられるのである。

　この機能的な要件は，歴史教授学に対して確かな社会的基盤を与える。しかし，問題はこの基盤の上にどのような体系を打ち立てるかということである。なぜなら，歴史学研究に方向づけられた専門化された歴史家の専門的コンピテンシーでは足りない文化的な要件を客観的に規定することは，多様な方法で実現できるからである。この相違の余地は主として，シラーが普遍史を追究する目的で説明した論証の図式で見事に描き出すことができる。

　シラーはパン学者（ある職業に就くためだけに学問をする人のこと：訳者注）と哲学的頭脳という区別で [80]，専門的コンピテンシーに関する実践的な要件を実現するための2つの典型的な可能性を概略した。パン学者は，実践の機能的基準の範囲内にとどまり，その専門的コンピテンシーを専門外で予め設定された目的のための単なる手段とみなす。このパンのための学問は，歴史教授学では，教育学的に定義された状況への歴史的知識の「応用」と「転用」といった想定では疑わしくない言葉で表現される。歴史的知識は，教育の市場で取引する商品のよう

　な，または，特定の教育的な産物を生産するための道具のような学問の産物と考えられる。完成された知識は完成された活用目的に関連づけられ，この目的に即して，つまり，目的合理的に利用される。

　「応用」や「転用」といった名称や，それらに内在する実践活用についての理解は，名称が与える印象以上に問題を孕んでおり，歴史教授学での日ごろからの説明（Beschreibung）に広く使われていることには容易に納得がいく。そうすると，学問の文脈において歴史的知識を際立たせる内的ダイナミズムが，応用や転用の中で恐らく失われてしまう。私は，マックス・ウェーバーが「永遠の若々しさ」[81] と呼ぶ歴史認識のダイナミズムを，問題設定を現在から取り上げ，認識の成長において変容させるための能力と捉える。この歴史認識の内的ダイナミズムや，そこに組み込まれた同時代性の着想や，研究やそれと結びつけられた論証的立論の方法論的調整を通して保証された潜在的な理性は，「応用」と「転用」という目的合理性において失われる。このパン学者の教授学での調整のもとでは，役に立たない授業資料や学校用に例示されたものを嫌気がさすまで話し合わせることがないようにするには，社会生活の文化的栄養である歴史のパンを，博物館の展示ケースに正確に並べておくだけの資料とするしかない。両者，つまり，授業資料と展示ケースの中身には，それを前にして観察する人に感動を与えるような火種はない。

　教授学的なパンのための学問は，教育学で定義された状況において専門的に行動するためのコンピテンシーを歴史学がその認識発達のダイナミズムにおいて保証する認知レベル以下のところにとどめてしまう。少なくとも，歴史学の認識の進歩において構想していた歴史的記憶の文化形成力は，教授学では失われる。教授学は，歴史認識が実践的な方向性の問題の克服に必要とされる状況から，この力を独自の方法で生み出すことはできない。（教科書研究においても，こうしたパンのための学問はある。教科書が純粋に教育学的活用からではなく，主として，もしくは，専ら歴史学研究の認識方略から開発された視点のもとで分析されるとしたら [82]，その時に採用される教科の専門的知識は本当に適切なものだろうか。）

　他方で，哲学的頭脳は，シラーによると，その専門的コンピテンシーを機能的な合目的性の範囲にとどめず，この合目的性自体をさらに専門的に見極めるための能力を使って高めることによって説明される。当然これは，教授学を不可欠な

ものとする実践的な要件を通して，教授学を理論化すべきであるという意味ではなく，それらの要件に実際に対処するために，教授学がそれらの要件を見極め，徹底して理論化すべきであるとともに，理論化できることを意味する。

　それでは，哲学的頭脳の持ち主はどのように歴史教授学に取り組むのか。その「目的」，つまり，最上位の目標である学校や公共の場での歴史的記憶の文化的課題の実践的な要件に対応しうる事象コンピテンシーを生み出すことにどのように対処しえるのだろうか。

　抽象的な理論化によって底なし沼にはまり込む失敗を回避するために，歴史教授学は行為に関連づけることから出発しなくてはならない。その克服には，まさにその発達のために欠かせないコンピテンシーが必要である。歴史教授学に実際に根拠を与えるこのような行為との関連性と，それが必要とする方向づけの要求は，歴史が生活実践的に応用される制度や状況が異なるため，一言で言い表すことはできない。最重要であるが，唯一というわけではない制度や状況が学校である。ここでの有力な行為との関連性が教育学的な用語で説明されている。それは歴史学習についてである。例えば，博物館，記憶の場での活動，または，記念碑保護のような歴史家の職業上の業務に属する公共の記憶活動の領域においても同様なのだろうか。学校との重要な相違を曖昧にせず，包括的な学習概念を用いることによって，私はこの問いに賛同したい。

　歴史教授学の出発点と関連は，歴史が扱われる生活実践に不可欠な学習過程であり，その中で歴史が扱われることである。より詳細にはこうである。この過程において人間の過去を伴う経験が，現在の生活実践を方向づける枠組みに決定要因として入り込むように形成され，意味を付与して解釈されることである。過去は，現在の課題を克服する能力に転換されるか，または意味を付与して解釈しながら処理されるように意識化される。学習とは，経験の処理を通してコンピテンシーを獲得することであり，当然これはとりわけ学校での歴史授業に当てはまるが，博物館や，過去が意識的に存在し続けるか，または，形成されるすべての場所に基本的に当てはまる。それは常に，多かれ少なかれ専門的知識に導かれた視覚化のプロセスであり，受け手，公衆，共同体に向けられ，そこで何かをもたらすことを意図している。過去は理解されるべきメッセージとして表現され，意味を付与して解釈されるべき経験として提供される。そして習得され，方向づけの

目的のために意味を付与して活用されるべき解釈として表明される。それは常に，受け手の主観性（Subjektivität）での変容の問題であり，習得されたり，主体を動かし変容させたりすることを意図した内化の問題である。

　学校を例に取り上げてみよう。なぜ子どもたちは歴史を学ぶべきなのか。周知の回答はこうである。子どもたちは歴史的記憶なしに自身の現在や自分自身を理解できないし，自身の生活実践を方向づける未来の展望を見通せないからである。歴史授業は，歴史的知識の伝達を自己目的とするのではなく，それらを使って歴史的記憶能力や方向づける能力を訓練すべきである。青年期の若者の現在や未来の生活において，文化的方向性の不可欠な要素として作用する集合的記憶（kollektive Gedächtnis）を育成すべきである。歴史的記憶力の発達，訓練，育成も重要である。これらの力は，過去を経験し，認識するための能力，この認識・経験された過去を，過去と現在や未来との意義深いつながりに関する包括的なイメージを活用して意味を付与して解釈するための能力，最後に，そのように意味を付与して解釈された過去，そのようにして獲得された経験に裏打ちされた歴史のイメージを文化的方向性の指標として生活実践に活用するための能力で構成される。

　歴史教授学が求める歴史の専門に根ざした実践的な取り扱いは，根本的にこれらの能力を促進し，呼び起こし，発達させ，高め，訓練し，育成するという意図によって特徴づけられる。これは範疇としては学習概念で括ることができる。歴史教授学という言葉は，学校で組織された学習，制度化された教授や訓育の過程のみならず，より一般的に，歴史文化の領域における専門に根ざした活動を対象とする場合でも，的を射ている。歴史教授学は，これらの活動にとって不可欠な専門的知識を生み出す学問である。歴史教授学は学問として認識を生み出すが，その認識は，成功するためにこの認識を必要とする実践を通して，その内的論理が決定づけられるものである。

　これは具体的には何を意味するのか。歴史教授学はどのような認識や知識を生み出さなくてはならないのか，そしてこの知識の産出はどのような論理に委ねられるのか。歴史教授学は歴史学習の学問である。歴史学習には，外的側面と内的側面とがある。その制度や組織，学習を実施する行為の形式，学習に作用する多種多様な条件が外的な側面に該当する。学校，文化に関する官僚機構，学習指導要領，教科書，博物館，展覧会，歴史に関わるすべての文化的営み，国家的に組

織された記念式典，マスメディアやそれに類するものが，外的条件に属する。こ
れらすべては，「歴史文化」というカテゴリーでまとめられる [83]。歴史教授学は，
この歴史文化を事細かく，社会生活の全関連において探究する使命を担っている。
この使命によって，時間経過の中で歴史に関する思考やその思考の社会的機能が
どのように変化してきたのかという歴史的知識の通時的次元が問題となる時に，
歴史教授学は，例えば知識社会学，歴史学といった多くの別の学問と交わり合う。
しかし，歴史文化を歴史学習のための条件枠組みとしてテーマとすることにおい
て，歴史教授学は独自の論理を持つ。歴史教授学は多くのカルチュラル・スタ
ディーズとともに，歴史文化という現象領域を理論的に解明し，実証的に探究す
る使命を共有する。しかし，その固有で特別な構想と探究の使命は，歴史文化を
客観的な学習過程として視野に入れることにある。歴史授業ではこの研究課題が
視野にとどまり続ける。なぜなら，歴史授業は歴史文化の最も重要な制度の一つ
であり，そのようなものとして特別な方法で学習を通して決定的な役割を果たす。
しかし同時に，歴史教授学はさらに広い，より深い注意を向けた。そして，その
新しく，まだほとんど解明されていない研究領域が増えてきている。その一例を
挙げると，歴史博物館学である。これに関する実践・理論レベルでの専門的知識
があるが，体系的で継続的に取り組まれた研究はなく，さらには，関心を持つ者
や担当者による単なる試みを越えて構築された関連する議論の片鱗すら存在しな
い [84]。同様のことは，マスメディアや，大抵の学校外の歴史文化の領域における
歴史にも当てはまる。

　歴史学習の主観的側面は，固有の歴史的な時間経験が処理されることによって
人間の主観性が構成される知的過程に関係している。学習されるのは，表明され
た「私」自身や「私たち」に関する共通の記憶について主張し，その際に方向づ
ける時間イメージのもとで自身の生活実践を組織するための能力である。歴史的
アイデンティティも問題とされる。より学術的に表現するとこうである。主観性
の通時的一貫性，自身の生活の範囲を越え，自身の主観を過去にまで延長し，行
為を決定づける意図を有する自身の生活を過去の他者の行為や苦悩と結びつけ，
他者の行為や苦悩に即して構想するための能力が問題とされる。だから，例えば，
まったく関与していない過去の悪業を心に刻みつけることで，自身の道徳性を刺
激してかきたてることもできるし，その起源や，既にかなり以前のことであると

しても意味をもたらす出来事についての記憶を通して，自身の生活の規範的視点の妥当性や有効性を活気づけることができる。これらすべての経過，記憶の知的手続きにおける過去の生活は，「歴史意識」（Geschichtsbewußtsein）というカテゴリーでまとめることができる[85]。歴史意識をその知的拡張や遂行の無限の多様性において，同時にあらゆる主観的手続きの関連として探究することが，歴史教授学の課題である。

　歴史教授学は，この課題を多くの別の学問（残念ながらこの課題について何も自覚していない心理学[86]）と共有するとともに，歴史文化の場合のように，歴史教授学だけの，他にはどの学問ももたらすことのできない特有の研究成果，すなわち，歴史意識を学習過程としてテーマ化することもその課題に付け加わる。これが意味することは既に示唆した通りである。認知し，経験し，意味を付与して解釈し，方向づけ，最終的には動機づけをして過去を扱う能力の獲得である。包括的で多種多様な理論形成には未だ至らない「歴史文化」という現象状態を解明する機能的な要件とは異なり，歴史意識に関しては理論的な解明で徹底的に把握し，少し以前からは予め下準備された理論構想を検証し，修正する実証研究も，歴史教授学では既に始まっている。もっとも，知識不足は著しい。歴史意識の特性や構造，機能や実証的な具現化についてのこれまでの研究を統合し，さらにその先に導いてくれるような洗練された歴史学習の理論は未だにない。歴史意識の全領域，その前認知的・情意的次元は，その意義が歴史学習にとって明白であるにもかかわらず，ほぼ探究されていないも同然である[87]。私たちは，歴史を認知したり，歴史を経験したりするような基礎的現象についてほとんど知らない。結局，私はそこに学習過程としての歴史意識に取り組む歴史教授学の最大の挑戦を見て取る。歴史意識の発生的発達に関する研究はほとんどない[88]。

　私は，歴史文化として客観的に現れる歴史学習と，歴史意識として主観的に現れる歴史学習という現象状態を念頭におき，歴史教授学の対象領域の輪郭を定め，それによって理論に基づいて一定の明瞭な解釈を与える構成要素（Interpretations-konstrukte）を精緻化することによって，その対象領域を解明し，その構成要素の助けを借りて実証的に探究するという課題を示唆した。歴史学習の研究アプローチの第3のタイプが実用（Pragmatik）であり，理論や実証と対等の立場で登場した。これは概念的には「技法学として」，歴史学習を対象とする行為を規定する

研究方法として特徴づけることができるかもしれない。こうした学習をテーマと
する最も周知の事例が授業方法論である。授業方法論は歴史家の専門的職務と最
も近い関係にあるとともに，歴史教授学を固有の学問分野として説明し，必要と
なる固有の要求と直接関連づけられるにもかかわらず，私はここにも大きな欠陥
を認める。これは学校の歴史授業だけでなく，公共の記憶活動の領域における歴
史的な専門的知識の実用化にますます当てはまる。最も分かりやすい事例では，
その原理がせいぜい，時代をさかのぼった分だけ増大する歴史的オーラで魅了す
る隔世の感（Alterität）がある展示された対象物の美的な素朴さにすぎず，もしか
すると未だに，展示物の保険金額の高額さを伝えるマスメディアの発表を通して，
観覧者への魅力を高めようとする展覧会企画者の骨の折れる努力で支えられてい
るような展覧会が，歴史に関心を寄せる観覧者に受け入れられるに違いないとい
うことを，他にどのように説明できるであろうか。相当な資金の流入を享受する
展覧会企画者の歴史教授学に対する無知さをそのインパクトのある作品の解釈
（Hermeneutik）に読み取ることができ，その解釈によって，提示された歴史は，
魅了された訪問者の歴史への理解を遠ざけてしまうのである[89]。

　歴史授業も，歴史学習の固有性に対応する方法論の欠如に悩まされる。よくあ
る歴史の方法論とは，一般的な授業の実用的知識を歴史に適用することである。
それは大抵，技法的で，授業計画に焦点化される特性を有する。しかし，この技
法面での適用により，その固有の文化的機能において歴史授業に不可欠な学習の
要件が見えなくなる可能性がある。これは，学習の要件が授業に実用的に調整・
定式化されていない時に起きる。実用的には，関連する基盤研究がありさえすれ
ば，調整することは可能である。しかし，どこで体系的に研究され，子どもや若
者の歴史意識が授業の行為やコミュニケーションと結びついてどのように形成さ
れるのか，それはどのように呼び起こされ，促進され，発達され，変化されるの
か（補注：国際的に主導的立場にある教科書研究所であるゲオルク・エッカート
国際教科書研究所においても，教科書が授業において実際に果たす役割，実践的
な活用方法，教科書は何のために書かれるのかについての詳細を誰も書いていな
い）。

　私が歴史教授学の課題領域を書き改めるとしたら，歴史教授学がこれまでなし
てきたことから距離を置いたりしない。むしろ，これまでの研究を組み入れるこ

とができる問題の概要を描くことを試みるので，その成果や，依然としてある欠陥が明らかになる。歴史意識をテーマとすることで，歴史授業を越えた歴史学習の基盤と主観的条件との関連に向けた歴史教授学の新しい進展とともに，歴史文化の幅広い領域への歴史教授学の開放が達成された。さらに，カリキュラム論的論証とそれに対応する多様な授業計画を活用した授業実践の経験が的確に解明され，体系化がなされた。

　歴史教授学がその根底にある実践的な要件にこれまで対処しえずにいる欠陥はどこにあるのか。ここ10年では，子どもの数により歴史教師の需要も劇的に減少していることの責任を，歴史教授学に負わせることは当然できない。さらに，人口統計学者が生殖行動と呼び，それに文学が美しい言葉を提供する心的・肉体的な出来事に関しては，歴史意識はなおさら管轄外である。しかし，既に強調しているように，歴史教授学が理論的洞察や論争的議論に多大な労力を費やして展開した示唆や理念，提案や構想，方略に対し，学校内外における日常的実践が驚くべき抵抗を示したことについて，歴史教授学がまったく責任がないわけではないであろう。歴史教授学が歴史学習の機能的な特性にこれまで以上に徹底して対処し，極めて明確に実用化の問題に取り組むことによって，その影響の限界を越えることができるし，そうなるであろう。歴史教授学が持続的な基盤研究のかたちでその増大する問題設定を受け入れると，それだけますます確かになし遂げることができるし，そうなるであろう。

　大学での教育領域における長期にわたる実証研究によって正当化されうるのが専門分野である。これについて歴史教授学には欠陥がつきまとっている[90]。私はこの欠陥の理由を，ごく少数の専門的な歴史教授学者集団という数の面での設置の惨めさよりも，とりわけ，歴史教授学がその対象領域を理論的に一貫して解明することに今日まで未だ成功していないために，そのつどの構想での実証的な具体化，多様化，修正に関する問題がまさに不可避的に生じてしまうところにみる。学習目標の規定に関する少なからぬ文献をみると，研究から乖離した論証が意味することについて私たちは容易に悟ることができる。これと同じことが，歴史教授学の学習論的転換に当てはまる。学習心理学，発達心理学，教育心理学における歴史学習への個別の詳細な問いによって，研究に方向づけられた分野として定着させることが，いったいどこで試みられたというのか。1960・70年代に歴史教

授学で生じた新しい問題設定とこうした研究とを関連づけることの不可欠性は，しばしば十分に強調されていた。これが本質的に要求のままでとどまったことは，これらの問題設定が理論的にどのように表現されたかという方法のせいであった。

　もっとも，研究を通した歴史教授学の分野的主張の正当化を，根本的前提の説得力の乏しさに帰結させた，さらに重大な別の理由がある。すなわち，既に言及した歴史教授学の制度的状況である。歴史教授学は，歴史意識や歴史文化の現象を担う，数多くの学問間にある専門性の境界線を体系的に乗り越えるか崩すかし，その際，同時に学術的な制度体系において確かな立ち位置を形成するという困難な課題を引き受けるだけではない。歴史教授学は歴史学との制度的結合において最もよく止揚されるであろうという専門家の長期にわたるコンセンサスが賢明であったかどうかに，私は大きな疑いを持っている。少なくとも，この間私たちは，専門的な信頼性とそれと結びつけられた威信を歴史学研究の成果と結びつけ，歴史教授学的な問題設定が有する基本的特性の主張を，専門的基準からの逸脱またはその無効化とはっきりと解釈することを歴史家が強いる適応へのプレッシャーに対し，うまく抵抗することが極めて困難であったことに対して，もっと賢明でなくてはならなかった。歴史教授学的な研究活動で学術的なキャリアの資格を得るという決意が才能ある若い歴史家にはどれほど不適切であるのかを，私たちは皆知っている。

　したがって，歴史教授学にとり，教育大学内におけるその固有の課題設定を守り通すことにはかなりの無理がある。しかし，制度的保障にはさらに多くのより重大な問題がある。歴史教授学の分野的立場に対する固有の研究成果の根本的な意義について，私の論証が正しいとしたら，そして，その固有性を実際に立証するために（歴史意識の歴史的発達に関する研究はほぼ精神史であり，未だ歴史教授学固有ではない），この研究が主として実際の歴史学習の過程を引き合いに出さなくてはならないとしたら，まさに制度的に単科大学から除外される研究領域が問題となってくる。私は試補教員養成教育，歴史文化の異なる領域における漠然としたアプローチを思い起こす。（ひとたびアーキビスト[公文書館専門職員]の専門的な養成教育をやめると，歴史家のための研究ゼミナールでの実践的な養成教育に類似する養成教育は学校外に存在しなくなる。その結果は，少なからぬ数

の実践者の衝撃的な教授学的無知である。これを至る所で見なければならなくなるだろう。）私は，第一段階の教員養成教育の挫折した試みを繰り返すことを支持しない。それは，とりわけ，これまで出された大学での勉学における教員養成教育の段階の増大が，その勉学のどのような構造的変化ももたらしていないことで挫折した。体系的な実践との関連の移植は，歴史学の免疫システムに敗れている。よい歴史家を育成しさえすれば，僅かばかりしか授業方法を所持していなくてもよい教師になるであろうという専門家の誤った意識が，歴史学の専門性にはびこっている。歴史学の自己理解，歴史の専門家の偏狭さ，それとほぼ不可避的に結びつけられた歴史的な記憶活動における固有の教育学的な潜在的意義の枯渇や排除を，歴史教授学は激しく批判すべきであったが，もう長い間ずっとそれをしていない。歴史教授学は，ほとんど存在しない教育学的なこだわりに対する共感を失いたくなのである。

　教育大学と学校内外の歴史文化の実践を隔てる溝は，ますます大きくなっている。それを橋渡しすることが歴史教授学にとり生命線になる。そのための可能性はある。教職をめざす学生のための多くの学修規程は学校実践的な勉学を必修で組み入れている。歴史授業の枠組み条件に関して（例えば，学習指導要領や教科書委員会に関して）論じる機関や委員会の多くは，教科教授学的な専門的知識に頼らざるをえない。これは，教師の継続教育，歴史博物館審議会，世論での展覧会批判，マスメディアによる歴史的産物の学問的協議，教科書の分析と批判にも当てはまる。こうした架橋のさらに多くの異なる機会を確かに見出すことができる。結局，こうした架橋が活用されるかどうか，その活用方法は，文化的活動の実践のための専門的知識を構想しうる者，つまり，歴史教授学者が，フリードリヒ・シラーが区別した哲学的頭脳とパン学者の特性を意のままにできるかどうか，できるとしたらどのようにかにかかっている。パン学者は制度的基準を拠り所とし，それを越えることで不安定さがもたらされる専門領域と思考方法の境界線を守ろうとする。哲学的頭脳は，文化的創造性を推進する力のためにこの不安定さを好み，始動させ，動かし続けるのである。

〈注〉
67) Schiller, Friedrich: Was heißt und zu welchem Ende studiert man Universalgeschichte?, in:

Schillers Werke. Nationalausgabe, Bd. 17, Weimar 1970, S. 359-376. Vgl. Rüsen, Jörn: Bürgerliche Identität zwischen Geschichtsbewußtsein und Utopie: Friedrich Schiller, in: ders.: Konfigurationen des Historismus Studien zur deutschen Wissenschaftskultur, Frankfurt a. M. 1993.

68) この論考は 1990 年に書かれたものである。この間に私の悲観論は消え失せている。

69) ボド・フォン・ボリースの一考に値する論述を参照。私はそれに強く同意する。Krise und Perspektive der Geschichtsdidaktik – Eine persönliche Bemerkung, in: Geschichte lernen, Heft 15, Mai 1990, S. 2-5.

70) これに関してはとりわけ，Pandel, Hans-Jürgen: Historik und Didaktik. Das Problem der Distribution historiographisch erzeugten Wissens in der deutschen Geschichtswissenschaft von der Spätaufklärung zum Frühhistorismus (1765–1830) (Fundamenta Historia, Bd. 2) Stuttgart–Bad Cannstatt 1990 を参照。

71) Vgl. Rüsen, Jörn/ Schulze, Winfried: Historische Methode, in: Ritter, Joachim/ Gründer, Karlfried (Eds): Historisches Wörterbuch der Philosophie. Bd. 5, Basel 1980, Sp. 1345-1355, さらに，Rüsen, Jörn: Historische Methode, in: ders.: Historische Orientierung (Anm. 25).

72) 西ドイツにおける歴史教授学の発展と位置づけに関しては，以下を参照。Vgl. Rüsen, Jörn: The Didactics of History in West Germany: Towards a New Self-Awareness of Historical Studies, in: ders.: Studies in Metahistory. Pretoria 1993; Hoffmann, Eugen: Öffentliche Geschichtskultur und Entwicklung der Geschichtsdidaktik in der Bundesrepublik Deutschland, in: Pellens, Karl/ Quandt, Siegfried/ Süssmuth, Hans (Eds): Geschichtskultur – Geschichtsdidaktik. Internationale Bibliographie. Paderborn 1984, S. 91-121; ベルクマンとシュナイダーの論集における関連論文も参照。Bergmann, Klaus/ Schneider, Gerhard (Eds.): Gesellschaft, Staat, Geschichtsunterricht. Beiträge zu einer Geschichte der Geschichtsdidaktik und des Geschichtsunterrichts von 1500-1980 Düsseldorf 1982; Leidinger, Paul (Ed.): Geschichtsunterricht und Geschichtsdidaktik vom Kaiserreich bis zur Gegenwart. Stuttgart 1988; さらに，立場の規定については，以下を参照。Süssmuth, Hans (Ed.): Geschichtsdidaktische Positionen. Bestandsaufnahme und Neuorientierung. Paderborn 1980; Pingel, Falk: Geschichte unserer Zeit – Zeit für Geschichte? Geschichtsdidaktik und Geschichtswissenschaft in ihrem Verhältnis zur Zeitgeschichte in den Westzonen und in der Bundesrepublik, in: Tel Aviver Jahrbuch für Deutsche Geschichte 19 (1990), S. 233-258; Hasberg, Wolfgang: Didaktik der Geschichte. Eine Einführung. Köln 2006; Schönemann, Bernd: Geschichtsdidaktik in erweiterten Perspektiven. Versuch einer Bilanz nach drei Jahrzehnten, in: Handro, Saskia/ Jacobmeyer, Wolfgang (Eds): Geschichtsdidaktik. Identität – Bildungsgeschichte – Politik. Münster 2007, S. 9-30.

73) Vgl. Schörken, Rolf: Der lange Weg zum Geschichtscurriculum. Curriculmverfahren unter der Lupe, in: Geschichtsdidaktik 2 (1977), S. 335-353.

74) 例えば，ボッフム大学では 1973 年である。

75) 1976 年以降，"Geschichtsdidaktik – Problem, Projekte und Perspektiven"が発行され，1987 年に廃刊された。

76) Bergmann u.a. (Eds): Handbuch der Geschichtsdidaktik (Anm. 25)

77) Rohlfes, Joachim: Umrisse einer Didaktik der Geschichte. Göttingen 1971; ders: Geschichte und ihre Didaktik. Göttingen 1986; これに関する私の書評を参照。Juste milieu – geschichtsdidaktisch,

in: Geschichte lernen, Heft 2 (1988), S. 6-7.

78) その間，増刷され，そして，改訂された新版が準備中である。

79) Rüsen, Jörn: Historisches Lernen (Anm. 13)の注 111（本書の第 7 章の注 120 に該当する：訳者注）で言及するボッフムの講座はこの間に，教科教授学的な重点を失った（さらに，聞くところによると，それについて議論する必要があるということもなかった）。

80) 注 67, S. 360-363 にあるように。

81) Weber, Max: Die 'Objektivität' sozialwissenschaftlicher und sozialpolitischer Erkenntnis, in: ders.: Gesammelte Aufsätze zur Wissenschaftslehre (Anm. 10), S. 146-214, 引用は，S. 206.

82) いつもはかなり賞賛されるゲオルク・エッカート国際教科書研究所における研究がその例である。まさに，探究的に獲得された教科書の実用主義的な活用や，受容と影響を探究する研究が不足している。

83) Vgl. Rüsen, Jörn: Was ist Geschichtskultur? Überlegungen zu einer neuen Art, über die Geschichte nachzudenken, in: ders.: Historische Orientierung (Anm. 25). Vgl. Fröhlich, Klaus/ Grütter, Theodor Heinrich/ Rüsen, Jörn (Eds): Geschichtskultur (Jahrbuch für Geschichtsdidaktik 3 (1991/92). Pfaffenweiler 1992.

84) セオドア・ハインリヒ・グリュッターの概論を参照。Grütter, Theodor Heinrich: Geschichte im Museum, in: Geschichte lernen, Heft 14, 3 (1990), S. 14-19; Fehr, Michael/ Grohé, Stefan (Eds): Geschichte, Bild, Museum. Zur Darstellung von Geschichte im Museum, Köln 1989; Korff, Gottfried/ Roth, Martin (Eds): Das historische Museum. Labor, Schaubühne, Identitätsfabrik. Frankfurt a. M. 1990.

85) これに関しては，Rüsen, Jörn: Historische Orientierung (Anm.25)の注 75, 83, 109, 161 にある参考文献を参照。

86) 例外がある。Reulecke, Wolfram: Lernpsychologische Anmerkungen zum 'historischen Lernen', in: Geschichtsdidaktik 10 (1985), S. 267-271; Straub, Jürgen: Historisch – psychologische Biographieforschung. Theoretische, methodologische und methodische Argumentationen in systematischer Absicht. Heildelberg 1989; ders.: Denken mit den Opfern. Nationalsozialismus und Zweiter Weltkrieg in autobiographischen Erzählungen: Psychologische Analysen, in: Psychologie und Geschichte 2 (1991), S. 115-129; ders: Kultureller Wandel als konstruktive Transformation des kollektiven Gedächtnisses. Zur Theorie der Kulturpsychologie, in: Allesch, C. G. u.a. (Eds): Psychologische Aspekte des Kulturellen Wandels. Wien 1992, S. 42-54; ders: Geschichte, Biographie und Friedenspolitisches Handeln. Biographieanalytische und sozialpsychologische Studien auf der Basis von narrativen Interviews mit Naturwissenschaftlern und Naturwissenschaftlerinnen. Opladen 1993; ders: Collective Memory and Collective Past as Constituens of Culture: An Action-Theoretical and Culture-Psychological Perspective, in: Schweizerische Zeitschrift für Psychologie 52 (1993), S. 114-121; Rüsen: Geschichtsbewußtsein. Psychologische Grundlagen (Anm, 57) .

87) まれな（私の知るところではほとんど議論されたり，取り上げられたりすることのない）例外が，Knigge, Volkhard: „Triviales" Geschichtsbewußtsein und verstehender Geschichtsunterricht, Pfaffenweiler 1988 である。Erdheim, Mario: Die gesellschaftliche Produktion von Unbewußtheit. Eine Einführung in den ethnopsychoanalytischen Prozeß. Frankfurt a. M. 3. Aufl. 1990 による極めて成果の高い示唆も参照。さらに，Mütter, Bernd/ Uffelmann, Uwe (Eds.): Emotionen und

historisches Lernen. Forschung – Vermittlung – Rezeption. Frankfurt a. M. 1992 も参照。

88)「私たちは直観的に，8歳，18歳，28歳間での歴史への興味と理解の著しい相違を認識する。私たちは今のところ，これらすべての多様な過去への関与を，「歴史」の学習と呼び，「これらすべてに対して1つの言葉を使うこと」で，これらの相違を軽視する傾向にある。また，私たちは，歴史的理解の発達と，これらの相違が示唆することを認識し，改良し，洗練する歴史教授の理論を決して持っていない。」Egan, Kieran: Teaching the Varieties of History, in: Teaching History 21 (1978), S. 20-23, 引用は，S.20。

89) 私は，ヴィラ・ヒューゲルでの多くの展覧会や，印象的な事例として，1990年8～11月のドルトムントのオストヴァル博物館の展覧会「中国の最初の皇帝と兵馬俑」を思い起こす。

90) これに関して，Fürnrohr, Walter/ Kirchhoff, Hans Georg (Eds.): Ansätze empirischer Forschung im Bereich der Geschichtsdidaktik, Stuttgart 1976 による古い概論がある。"Zeitschrift für Geschichtsdidaktik" Schwalbach/ Ts. の 2007 年の年鑑がごく最近の発展の様子を述べている。

第2部

歴史教授学と歴史学習

第6章　経験，解釈，方向性：歴史学習の3つの次元

教師：私はみなさんが歴史を習得することをめざします。

生徒：歴史。それは，人間をより賢明に，より有用にする
ために，どのような最終目的を持つのですか。

教師：辛抱強く待っていなさい。私はあなたたちを少しず
つ歴史で成長させなくてはなりません。そうすれ
ば，この学問から得られる有益性をもっともっと理
解できるようになり，この学問がいかに多くの価値
ある目的に役立つかを十分に理解できるようにな
るでしょう。

　　　　　　　　　ヨハン・マティアス・シュレック[91]

　歴史学習とは何か。それは，意味を付与して解釈しながら一定の時間経験が獲
得されるとともに，この解釈に関するコンピテンシーが育まれ，発展し続ける人
間の意識の過程である。この定義は極めて大雑把であり，歴史意識(Geschichtsbewußtsein)
の活動にとり決定的な時間の扱いに関する幅広い領域に及ぶ。歴史意識によって，
3つすべての時間的次元がテーマとして扱われる。過去が記憶されてありありと
思い描かれるので，現在の生活状況が理解され，生活実践についての未来の展望
が構想される。いうまでもなく，歴史意識は記憶活動であり，過去との関連が最
も重要であるが，記憶が未来への期待と密接に結びつくことによって，過去との
関連が確定的に決定づけられる。この過去の記憶と未来への期待の内的関連にお
いて，自身の現在が時間の過程として認知されたり，一定の明瞭な解釈が与えら
れたりすることで，自身の現在の位置を知ることができるのである。

　まとめると，歴史意識の記憶活動は，**時間経験についての意味形成**と特徴づけ
ることができる。記憶活動は，記憶を介してなされ，3つの時間次元を意味の内
的な文脈に関連づけ，方向づけるという実践的な機能を果たす。歴史意識は多様
に歴史を語ることで生じる。歴史意識はコミュニケーションの文脈で生じる。そ
こでは，時間的な見地での当事者の自己理解，生活実践の方向づけ，歴史的アイ

デンティティが扱われる。各自で異なる多様な歴史は精神による形成物であり，主体はそれを活用して，時間の流れに自身を組み込み，そこで自らの主張をすることができる。

　現在や未来を切り抜けるために，歴史意識の記憶活動は，過去を好き勝手に扱う主体の自己主張や自己貫徹を図る意志によって決定づけられる。その際に，そのつど意味が付与される過去の解釈 (Deutung) は，語られる多様な歴史に直接的・間接的に登場する，その影響を受けた人々にとって受け入れられるものでなくてはならない。それゆえ，（同意することができるという意味での）真実の要素がなければ，多様な歴史は，その語りの目的である方向づけの機能を果たすことはできない。この真実は自己主張や自己貫徹への単なる関心を越えるものであり，他者の関心との葛藤の中でそのつどもたらされた関心に沿ってコミュニケーションを取れるようにしてくれる。真実は関心の根拠づけを義務づけるとともに，（原則的には）合意可能な過去の解釈を導く。この過去に意味を付与する解釈によって，現在の生活状況の理解や未来の展望の解明に折り合いをつけるか，もしくは，少なくともそれを試みることができる。

　人間の歴史意識の経過，記憶を介した時間経験についての意味形成の操作を学習の一環とみなすならば，どのような見識が獲得されるだろうか。あらゆる歴史的記憶，つまり，あらゆる経験，意味を付与する解釈，方向づけに向けられた人間の過去の活用を歴史学習とみなすべきであるとまでは言わないにしても，（多様な）歴史を問題とする意識操作の固有の特性が見えてくるに違いない。

　どのような区別を問題とすべきかを明らかにするために，（恐らく，極めて）シンプルな事例を選択したい。泳ぎを学ぶ際には泳がなくてはならず，泳ぎを学ぶという目的からなされているわけではない泳ぎの際にも必ず何かが学ばれうる。つまり，泳ぎを学ぶことと泳ぐこと自体は，2つの異なる出来事として明確に区別することができる。さて，歴史では，これが泳ぎよりも幾分複雑になる。歴史が学ばれている時に，まさにその学んでいる能力を正確に述べることはそれほど簡単なことではない（誰かが成熟した歴史意識を有していることを，どのような振舞いから読み取ることができるだろう）[92]。初めてそれまでよりも長時間，泳ぎながら水に浮かび続けている時に生じるような，「今私はできている」といった感覚が歴史学習にあるだろうか。学習過程でないのは，どのような過去の取り組み

なのか。既に知っていることの単なる反復は学習過程ではないのに対し，新しい知識の獲得は学習を意味するので，歴史的な題材と何らかの関わりがあり，新しい（事実と合致した）情報を含む受け身的なテレビの視聴は学習とみなすことができる。歴史意識の操作，または，歴史に取り組むための様々な方法は学習への焦点化の程度で区別され，判断され，分類されうる。どのような学習の特性に対する基準が，こうした区別や判断や分類の根底にあるのか。

　この問いは歴史教授学の鍵となる問いである。歴史意識の人間的な経過において，何が学習に特有なものなのか。どのような視点を持てば，その学習の質を判断できるのか。2つの基準，その基準間，歴史学習が生じる3つのレベルや次元を区別することによって，これらの問いに回答したい。

　学習とは，学習する主体が変化するダイナミックな過程である。主体は，洞察，能力，またはこれら両者をまとめたものといった何かを獲得し，何かを習得する。歴史学習では，「歴史」が習得される。客観的な現実，時間に関わる出来事が意識の対象となり，主観的なものになる。それは主体のありふれた知的なやり取りの中で役割を果たし始める。歴史学習は2つの基準の間を揺れ動く意識過程でもある。一方では過去における人間や人間が暮らす世界の時間的変動の客観的な指標であり，他方では時間上での主観的な自己存在や自己理解や生活を方向づけることである。意識の過程はこの二通りの動向として特徴づけられる。時間的な経過での経験内容の習得（概念的に言えば，客観的な何かの主観化として）と，経験での主観の排除（主観の客観化として）である。これは，学習すべき歴史は不動で完全な状況として経験的に予め設定され，意識に即してのみ再生産され（客観主義的に表され）なくてはならず，主体も学習で学ぶべき歴史によってもっぱら方向づけられなくてはならないと言っているわけではない。こうした学習過程の理解では，主体の生産的な役割は不十分にしか現れないし，「歴史」は誤った方法で学習内容として具体化されてしまう。

　歴史は2つの方法で「客観的に」予め設定されている。1つめは，現在の生活状況に至る時間的発展の蓄積として（だから，誰もが歴史の中で，つまり，現在において取り上げられる歴史という過去に生まれた存在である）。そして当然，2つめは，何が，いつ，どこで，どのように，なぜそんなことになったのかについて知らせる記録において，である。「歴史」の1つめの客観的状況や条件（自らが

形成したのではなく，過去に由来して現在にも影響を及ぼし，その中で生活して
いかなくてはならない生まれついたところの状況や条件を意味する：訳者注）が
持つ経験のプレッシャー（強い印象や影響を及ぼす経験，例えば，ユダヤ人やド
イツ人にとってのホロコーストといった負の経験がとりわけ相当するが,例えば,
パウロによるキリスト教の発展といった宗教上の正の経験も該当する：訳者注）
は，2つめよりも質的により強力である。しかし，自身の現在を歴史的に習得す
るためには，ある経験から別の経験へのステップを踏まなくてはならない。この
ことは，実際の生活状況において常に事実その通りである。歴史は，学習のあら
ゆる意識的な努力以前に既に定められている。しかも，それは，単に現在の生活
状況は今あるようにこうしてなったということによってではない（この状況の所
与性だけが重要であるとしたら，その時間的な発達を見失ってしまうかもしれな
い）。（意識された記憶と意味を付与して解釈された過去という意味での）多様な
歴史自体が実際の生活状況の一部である（例えば，政治文化や国家的ないしは性
別的なアイデンティティの要素といった非常に影響力のある歴史的アイデンティ
ティの絡み合い）ということによってである。自身の現実としての人間の生活世
界において（つまり，「客観的」に）蓄積された多様な歴史は，自身の生活状況に
おける歴史的な客観的状況や条件から記録に基づいた歴史的経験の客観的状況や
条件へと，そしてすべての記憶に先だって生活実践の時間的な状況の調和のとれ
た全体として作用する歴史から学習を経て意識内容として生じる歴史へと橋渡し
する。

　歴史学習を通して「客観的な」歴史を習得することは，目下の生活状況の時間
的条件を（語り的に）流動化することでもある。流動化は，この状況自体の社会
的現実に不可欠な文化的な部分として多様な歴史を引き継ぐ。主体は客観的な歴
史に向き合わない。つまり，主体はきまって客観的な歴史に優先的に方向づけら
れている（具体的には，客観的な歴史の中に生まれついている）ので，方向づけ
られる必要がまったくないのである。そうではなくむしろ，客観的な歴史におい
て，言い換えれば，客観的な歴史それ自体から，その主観性（Subjektivität）が獲
得され，多かれ少なかれ意識的な習得を通して，（歴史的アイデンティティの形式
のために）構築されなくてはならない。

　その際，自身の関心や望みや期待，憧れや不安に応じて，自身の存在の歴史的

な客観的状況や条件を，然るべく整えるようにすることはそれほど簡単ではない。こうした目論見は当然有効ではあるが，客観的な歴史の真の習得や歴史的な自己理解の方向づけを強める鍛錬を十分に支えるものではない。むしろ，関心や期待や要求が客観的な歴史の経験状態に向けられ，それに即して模倣され，それによって修正されたり，実証的に具体化されたりして，そのことを経て実り多いものにならなくてはならない。

　この歴史的経験の内化と自己の獲得という二重の学習過程は，本質的に，経験，意味を付与する解釈，方向性として（意図的に）区分され，それに応じて歴史学習の異なるレベルまたは次元としても分析される3つの操作を通して実行される。歴史意識の活動が，人間の過去の経験，この経験を歴史的な意味を付与して解釈するためのコンピテンシー，歴史的な意味を付与した解釈を自身の生活実践を方向づける枠組みに組み入れ，効力あるものにするための能力を向上させるとすれば，それは歴史学習とみなすことができる[93]。これら3つのレベルまたは次元の区分は，しばしば見過ごされる歴史意識の活動領域を可視化する利点を有する。とりわけ，この区分は歴史学習において肝心なことを明らかにする。それは，ただ一つの能力だけではなく，より多くの能力，そして，それら能力間のバランスの取れた，調整された関係である。分析的できめ細やかな歴史学習への視線は，教授学的論議における構造的な欠陥を回避する。意味を付与して解釈し方向づけるコンピテンシーは，実証的な知識に関するコンピテンシーに比してあまりにもなおざりにされており，しばしば，3つの構成要素の関係において，アンバランスを生じさせている。例えば，幅広い歴史的知識が単なる記憶すべき成果として学ばれ，方向づける力を持たないとしたら，何の役に立つというのか。別の面からみると，歴史的に熟考するための能力や実践的な構想に対する批判への経験に乏しいとしたら，何の役に立つというのか。

　以下で，歴史学習の3つの構成要素をそれぞれ概略し，そして，これらの重要な関連を特徴づける。

　(a)歴史学習は，人間の過去についての**経験と経験に関するコンピテンシー**を向上させるものである。歴史意識の（語り的な）操作において，過去に事実その通りであったことについての知識の蓄積を増やす取り扱いをするとしたら，その操作は学習過程とみなすことができる。そのためには，新しい経験に意識が開かれ

ている必要がある。歴史学習は，固有の歴史的特性を持つ経験に身をさらす心構えにかかっている。それはどのような経験なのか。経験を受け入れるには，どのようなきっかけが必要なのか。過去における何かが事実そうであったという単なる認知が重要なのではない。その何かが過ぎ去ったというだけで，歴史的であるわけではない。その歴史的特性は，一定の時代の特質にある。扱うべき経験は，人間の生命の営みにおいて，過去と現在の間で質的に相違するものである。過去は現在とは何かが質的に異なっていて，異なる時代であるというところが重要なのである。歴史的経験は，時代ごとに異なる経験である。この質的な時代の相違（現代風の銀行の建物の横にある古い教会，平屋式高級住宅の横にある木骨家屋）は，歴史の際立った魅力，歴史学習の最も重要なきっかけに欠かせない魅惑である。

　こうした経験に意識的・積極的に目を向けること，つまり，意味を付与して解釈しようとする自身の力を通して経験を習得しようとする目論見は，こうした経験の対象物から醸し出される魅力だけではなかなか出てこないだろう。それに加えて，自身の現在を方向づける際の問題から生じる更なるきっかけを必要とする。それは，とりわけ，現在の経験である。この現在の経験は，伝統的に教え込まれて効力を持つ文化的な方向づけを疑問視したり，完全に台無しにしたり，新しくて意図的な視線を過去に向けさせたりする。そして，過去から，過去に蓄積された諸経験から，時代の断絶がどのように橋渡しされるかといったような現実的なイメージが開発されなくてはならない。見聞きした過去の事柄について隔世の感を抱くこと(Alterität)は，自身の現在が持つ未来への潜在的な可能性を拓く。そのためにはもちろん，この隔世の感は意味を付与して解釈されながら現在と関連づけられ，自身の生活実践を方向づける枠組みに知的に組み込まれていくものでなくてはならない。

　(b)歴史学習は，**意味を付与する解釈と意味を付与して解釈するコンピテンシー**（Deutungskompetenz）を向上させることである。この歴史学習の次元では，意味を付与して解釈する型（Deutungsmuster）が生産的に変化することで，経験や知識が拡大基調に変わる。こうした意味を付与する解釈の型は，人間の過去に関連する様々な知識状態（既に知っている客観的な所与の知識の状況を意味する：訳者注）や経験内容を，広範囲にわたる関連の中で，いわゆる「歴史像」（Geschichtsbild）

に統合する。これが経験内容や知識状態に歴史的な「意義」を与え，意味を確定し，重要性の観点に従った区分や区別を可能にする。意味を付与する解釈の型は，実証的に知られていることに歴史的な経過のイメージにおける価値を与え，見方や展望として現れ，歴史意識においては理論のような立場にある。この意味を付与する解釈の型が，常に必然的に，理論，つまり，歴史的知識の実証的な要素からは明白に区別される形式で存在しなくてはならないと言っているわけではない。むしろ，意味を付与する解釈の型は，大抵の場合，意識されていない認知の型や経験から始めて知識（この解釈の型において複雑に関連づけられた諸経験）を形成する暗黙の秩序パターンとして作用する。結局，こうした意味を付与する解釈の型は，経験されたことや知ったことについて，何が特に「歴史的」であるのか，多様な歴史の内容となるその特有の時代状況がどこにあるのかを決定するものである。歴史学習の過程における意味を付与して解釈するコンピテンシーの向上が意味するのは以下のことである。そのつどの経験の取り扱いや知識の組織化の際に，効果的に意味を付与する解釈の型が作動する。それらは可変的であり，拡張され，分化され，最終的には再帰的に意識され，論証的に活用できるようになる。意味を付与する解釈の型は，より複雑なものへと向かう動きの中で質的に変化する。伝統的な解釈の型は範例的な解釈の型へ，範例的な解釈の型は批判的な解釈の型へ，批判的な解釈の型は発生的な解釈の型へと変化する[94]。この歴史的意味形成の基本的な型の内部でも，意味を付与して解釈することの可能性の質的増大を指摘することができる。したがって，例えば，H.-G.シュミットは，範例的な解釈の型を3段階に区分する[95]。それはとりわけ，時間経験と歴史的な意味を付与する解釈の型との間の認知的・情意的不一致であり，意味を付与して解釈するコンピテンシーを向上させる学習を可能にし，歴史的知識の新しいかたちと内容を導くことができる。学習過程そのものは，歴史的立場のいわば必然の教条主義（私の歴史，または，その教師が唱える歴史，唯一ありえる真実の歴史）から，見方自体を論証的に変えることができる歴史的知識の新しい展望への移行として描くことができる。

　(c)歴史学習は，**方向性と方向づけコンピテンシー**（Orientierungskompetenz）を向上させるものである。このコンピテンシーは，意味を付与して解釈された歴史的経験の実践的な機能，歴史的知識の活用に関わる。自身の生活実践を,人間と世

界が変動する時間の流れにおいて有意義に方向づけるために，この歴史的知識は多岐にわたる解釈の型に分類される。人間の世界解釈と自己理解は，常に特有の歴史的要素を持つ。この要素は，生活実践の通時的な内面や外面と関連する。

　外面とは，人間生活の状況，条件，境遇における過去・現在・未来に及ぶ時間的変動の意味を決定づけることである。それは，意図，行為の意図的な操作，その動機における本質的な構成要素として，経験に裏づけられた未来展望として理解される。内面とは，主体が時間変動の中で自ら主張し，その自我を長く維持したり，世界の変動において承認したりする主体の時間的な自己理解のことである。「歴史的アイデンティティ」とは，時間変動の中での主体の通時的な一貫性の言い慣らされた呼称である。このアイデンティティにとり決定的な時間次元が自身の生涯の範囲を越え，個人の有限性が記憶や期待において永続的な主体性に超越される時に，歴史特有のアイデンティティとなる。

　自身の存在を内的・外的な時間に方向づける方法が学ばれなくてはならない。この方法は，意味を付与して解釈するコンピテンシーの獲得において既に想定されている。なぜなら，そのつどの学習で身につけるべき解釈の型に含まれる時間経過のカテゴリー的な（意義の）確定は，過去・現在・未来に及ぶからである。歴史的な方向づけコンピテンシーは，現在の生活との関連で自身の立ち位置を確認し，意識的に熟考するために，知識と経験に満たされた（自身の現在関連と結びついた）解釈の型を自身の生活状況に関連づけ，それを応用するための能力である。この能力によって，（性別，年齢，社会的立場などによる）生まれつき，常に「客観的」に存在する立ち位置は，主体性や意図を帯びた時間的な方向づけを含んでいる。この立ち位置は時間的に調整され，その主体的な特性で変えることもでき，（少なくとも部分的には）当該者の行為コンピテンシーとなる。生活状況や自身のアイデンティティに関する疑似自然的な仕様は，経験に裏打ちされた歴史的な意味を付与して解釈する力を備えることになる。これは，歴史的論証を介して有効に発揮され，その際に変動することもある立ち位置へと姿を変える。

　生活実践を決定的に方向づける枠組みは，歴史学習を通して変化する。これはその歴史的な性格が明らかにされ，それによって「現実にとっての意味（Sinn für die Wirklichkeit）」（ヴィルヘルム・フォン・フンボルト）[96]を伴って強化される。ここでいう意味とは，自己の世界や自分自身の歴史性を認知する能力として，そ

して行為や（自己）形成の機会として認識する能力としてより詳細に規定されるものである。この変化も質的な特徴を有する。それは，権威的に予め与えられた立ち位置が持つ客観的状況や条件，生活の展望の強制から，歴史に根拠づけられた柔軟な立ち位置を熟考したり，展望を選択したりする自由へと導く。

　（d）　概略された歴史意識の３つの操作と歴史学習の次元は，当然，最も緊密に交差し合う。意味を付与する解釈を免れる歴史的経験も経験に左右されない歴史的方向づけも存在しえず，同時に，どの解釈の型も経験や方向づけと関連する。これらの操作や次元はその内的関連で，歴史学習の複雑性とともに，歴史意識の精神的動向における経験の習得と自己の獲得という二極性を表現する。

　これらすべての多面性によって他の学習過程と明確に区別することができる**歴史学習の総体**を，対象の側から，つまり，文化的に効力を持つ経験状態として，学習で習得され，意味を付与して解釈する過程を経て方向づけるという目的のために使用される歴史から定義することは誤りであるかもしれない。こうした見方は，とりわけ歴史的対象に対して予め設定された規範へと学習主体の目を向けさせることを重視する歴史教授学をもたらすかもしれない。主体性のダイナミズムが歴史的な知識状態のために硬直化してしまう。ただ受け身的に習得された広範囲に及ぶ歴史的知識は，歴史的経験を解釈したり，方向づけに活用したりするための能力を促進するというより，むしろ妨げになるであろう。そこに積み重ねられた解釈は，能力を促進するものとして認知されたり，知識を組織化する基本的な機能において概観されたりすることもなく，学んでいる主体性を新しい問いの源泉や新しい歴史的経験への下準備として活気づけることもできないであろう。習得された歴史的知識を，生活実践を方向づける際の問題に効果的に関連づけることは，なおさらできない。歴史的知識は，文化的に方向づける機能を実現するために生み出されているのに，推定上の客観性の意味において，その機能を失うであろう。

　しかし逆に，歴史学習の過程を教授学的に完全に学習者の主観的関心から構想し，その結果，歴史意識の経験や知識の要素が学習者の主観性になじんだ単なる引き立て役になってしまうとしたら，まさに見当はずれである。歴史的経験と，経験に満たされた歴史的知識は，考えや願望，期待や不安といった内面を投影したエネルギーに対して抵抗できなくなるかもしれない。これでは，学習者がその

主観性を経験に即して働かせる機会が奪われてしまうので，学習者が「事実」を
放棄することで主観性を取り戻すことになる。歴史意識が苛立たせる経験や知識
内容に対して抵抗し続けることができるように，主観的なめざすべき方向性の
ニーズや方向づけの視点が教授学的に発揮される（そして，学習がそれに応じて
組織される）。こうした学習過程では，主観的な関心は歴史的アイデンティティに
応じてドグマのかたちを伴ったイデオロギー的な方向づけを定着させるだけかも
しれない。歴史的経験に意味を付与する解釈活動が学習者に解き明かしてくれる
「現実にとっての意味」が，学習者には分からなくなるかもしれない。学習者の
解釈や方向づけは経験に乏しくなるであろう。

　この両者の一面性は，学習者が経験関連と主観関連との間で論証的なバランス
を取るための能力を獲得する過程として歴史学習をみなすことによって，回避す
ることができる。歴史的経験は，論証を介して意味を付与する解釈や方向づけに
は効力の弱い知識状態へと不適切に固定化することもありえるし，同時に論証と
いう手段は，解釈の型や方向づけの枠組みを経験に開かれた，柔軟なものにもす
る。まず，経験または知識，意味を付与する解釈，方向性という3つすべての次
元がその交差において考慮される論証コンピテンシー（Argumentationskompetenz）
の獲得が重要であるという視点のもとで，歴史意識の操作が歴史学習とみなされ，
組織され，影響を及ぼさなくてはならない。現在の生活状況における客観的に予
め設定された状況や条件としての歴史と，関心に導かれて実践的に方向づける主
観を構成する要素としての歴史にバランスをもたらし，維持するという2つの関
連し合う状態が重要なのである。

〈注〉

91) Dodsley, Robert: Der Lehrmeister oder allgemeines System der Erziehung, 2. Aufl. Leipzig 1765,
S. 642f. (Pandel: Historik und Didaktik (Anm. 70), S. 50 より引用).
92) これに関連する調査結果は，Rüsen, Jörn u.a.: Untersuchungen zum Geschichtsbewußtsein
vom Abiturienten im Ruhrgebiet, in: von Borries, Bodo/ Pandel, Hans-Jürgen/ Rüsen, Jörn (Eds.):
Geschichtsbewußtsein empirisch. Pfaffenweiler 1991, S. 221-344; ders. u. a.: Geschichts-
bewußtsein von Schülern und Studenten im internationalen und interkulturellen Vergleich, in: von
Borries, Bodo/ Rüsen, Jörn (Eds.): Geschichtsbewußtsein im interkulturellen Vergleich. Zwei
empirische Pilotstudien, Pfaffenweiler 1994, S. 79-206; von Borries, Bodo: Geschichtsbewußtsein
als Identitätsgewinn? Fachdidaktische Programmatik und Tatsachenforschung. (Beiträge zur

Geschichtskultur, Bd. 3). Hagen 1990 を参照。

93) この相違は，周知となっている K. -E. ヤイスマンが提案する歴史意識の操作の分類である分析，事実判断，評価に対応する。もっとも，私は，「経験，解釈，方向づけ」がより網羅的で基本的であり，歴史意識の狭義の認知領域のみを論じるものではないと考える。

94) これに関しては，80 頁以下（本書では，第 7 章の 107 頁以下：訳者注）を参照せよ。

95) Schmidt, Hans-Günter: Eine Geschichte zum Nachdenken. Erzähltypologie, narrative Kompetenz und Geschichtsbewußtsein: Bericht über einen Versuch der empirischen Erforschung des Geschichtsbewußtseins von Schülern der Sekundarstufe I (Unter- und Mittelstufe), in: Geschichtsdidaktik 12 (1987), S. 28-35.

96) Humbolt: Über die Aufgabe des Geschichtsschreibers (Anm. 41), S. 585- 606, 引用は S. 589。

第7章 歴史学習：理論の概要

> **教師**：そこにかつて歴史があったと気づいたのはどこでしょ
> う。今，職員室で時間割を見たところですが，社会科
> と書いてあって，歴史とは書かれていなかったです。
> そうですね。
>
> **生徒**：はい。つまり，私たちはこの場所（教室）について話
> していますし，私たちはこの場所ですら多様な歴史を
> 得ることができます。多様な歴史やネアンデルタール
> 人に関するプリントをもらって，その歴史について話
> したこともありました。
>
> **教師**：ああそうですね。ふむ。
>
> **生徒**：そういうわけで，このように多様な歴史がありました
> し，だから，どの場所も歴史と関わりがありますね。
>
> **教師**：ふむ。よろしいでしょう。あなたたちはまだ言いたい
> ことがありますか。

1．歴史教授学の課題に関して

歴史教授学は専門分野として，実用（Pragmatik）的な視点と学術的な視点によって特徴づけられ，それらは互いに奇妙な緊張関係にある。実用的には，プロの歴史家が学校での歴史授業のためのコンピテンシーを伝達することができると広く主張されている。歴史のための教師教育の必要性がなければ，歴史学の学問分野として確立された歴史教授学は存在しなかったであろう。

しかし，学問的には，歴史教授学は歴史授業の技術を教えるという役割に閉じこもることは許されず，授業方法論や歴史的知識の伝達技術について問いかけるとともに，歴史的知識の実践的な扱いという根源的な次元へとさらに進んだ[98]。

歴史教授学は教育学のカリキュラム論的転換を取り入れ，歴史を教えることを学習過程の包括的な文脈に位置づけ，その学習過程を計画し，学校をはるかに越えたところにあるこの過程の本質的な要因を分析してきた[99]。歴史教授学は，学

習者の主観，歴史を受容する経過，生徒の関心を教授学的考察の重要なテーマとして強調する。そして，最終的に，歴史意識(Geschichtsbewußtsein)と人間の生活実践におけるその役割を，本来の対象として決定づける[100]。歴史の教授から歴史意識のあらゆる現象形態や機能の包括的分析へとその対象範囲を拡張することで，歴史教授学は独自の研究領域や教授領域，独自の方法や独自の機能を持つ歴史学の比較的自律的な下位分野と表現されて自己理解を深めてきた[101]。歴史教授学は，歴史的知識が人間の生活実践を方向づける働きを調査し，その調査を通してこの機能の取り扱いに寄与することで成り立っている。教育体系，とりわけ，学校の歴史授業において歴史的知識に与えられる実践的機能が問題となる場合には，この要請は誰もが認めるところである。教師の教育学的なコンピテンシーが歴史家の専門的コンピテンシーとともに求められる限り，両者を相互に仲介する専門化を図る場がなくてはならない。

　歴史教授学が歴史意識という広範で拡散的な領域を対象にするとしたら，歴史教授学が主張する担当領域に対する要求の妥当性やその学問的構造が違ってくる。もっとも，現象的には統一体としての歴史意識は，現在を理解し，未来を期待するために，過去に意味を付与して解釈される人間の意識活動の総体として説明することができる。しかし，この統一体は歴史学の下位領域を他の下位領域と区別し，他の下位領域との結びつきの中で分業的に組織できるといった特別な機能を叶えはしない。歴史教授学の調査対象としての歴史意識は，歴史学の領域的な分類や時代順での分類に歴史教授学を組み込むことができるような視点を提供しない。だから，歴史教授学の自己理解，下位領域的な構造，実践的機能は未だ十分明確ではないし，認められてもいない。少なくとも，それらの関係性はばらばらで一貫していない。歴史教授学は，学問体系や教育体系における明確な立ち位置を犠牲にしてしか，その担当領域を拡張しないように思われる。歴史意識の学問としての分野的威信を高めることは，歴史的な専門分野のネットワークにおいて，歴史学や社会学，教育学や心理学との相互依存領域において，その分野的に固有な立場を根拠づけうる歴史教授学の対象領域の定義に対応していない。

　歴史授業の技術を教える学問，カリキュラムによって組織された歴史の教授と学習の（教育の）学問，そのつどの認識関心の重要な目標の方向性としての歴史意識の学問といった多様な歴史教授学の現れ方の共通性を問うならば，この欠陥

を取り除くことができる。第1のケースでは教授，第2のケースでは歴史の教授と学習が重要であり，第3の学問のケースでは，目標の方向性があまり明確ではない。歴史意識はまったく異なる視点を組み入れることができるし，既に述べたように，定義可能な対象領域として，それに特化した専門分野を確立するだけでは十分ではない。今や歴史意識は歴史教授学の「中心的カテゴリー」（ヤイスマン）として恣意的に選ばれたわけではなく，この対象領域に対する学問的な焦点は，歴史はいかに教えられ，学べるか，学ばれるべきかという問いに一貫して基づいている。「歴史意識」というテーマで，その「歴史的なもの」の特性を確認する，組織された教授と学習の構成要素がまさに論じられる。しかも，2つの観点においてである。まずは，すべての歴史の教授と学習において単純に客観的な知識内容が持ち込まれたり，「伝達」されたりするだけではなく，常に同時に，選択的・規範的に扱われた歴史的経験の習得を通して，該当する主体の歴史的な自己理解やその歴史的アイデンティティが形成されるという一定の個人化と社会化の過程が生じるという意味で，すべての歴史を教え学ぶときに主体的側面を視野に入れることが重要となる。同時に，組織された（少なくとも学校の）歴史の教授と学習を人間の生活実践の引き立て役で登場させる，つまり，個人や社会の文化的または心的な営みに重要な役割を果たす非組織的な歴史的記憶によって歴史を教え学ぶときの制約や，その歴史的記憶への依存や目標志向性を認識することが重要である。歴史意識は，歴史の教授と学習を視野から失わないで，まさに教授学的視野を鋭敏にしようとする歴史教授学の対象となる。このように考えると，歴史意識とは，結局のところ，基礎的・初歩的な生活実践に不可欠な記憶活動のレベルでの歴史学習ということになる。

　その場合，授業実践的（方法論的），または，よりカリキュラム的・理論的に構想された歴史教授学の枠組みにおいて現象領域として論じられるすべてのことを，このレベルに位置づけることができる。すべての教授は，究極的には学習のために行われ，その組織された形式は常に非組織的な展開に取り囲まれ，影響を受ける（つまり，授業としての「組織」は，それ自体だけでは十分に調査されえない個別の事例に過ぎない）ので [102]，歴史意識が学習過程とみなされるとしたら，歴史教授学の決定的な固有のテーマであるかもしれない。つまり，歴史教授学という名称を真摯に受け止めれば，**歴史教授学は歴史学習の学問である**と定義するこ

とができる。

　「歴史教授学の多様な（下位）分野的構想は，「歴史学習」というテーマに収斂される。これらの構想から，歴史教授学の相互に関連して，一貫した細分化も可能になる。この細分化で，困難さや無理強いなく，多様な目標設定のもとでなされてきて，現在までなされている歴史教授学の活動を分類し，生産的に相互に関連づけることができる。歴史学習は，実証的，規範的，実用的に調査される。

- **実証的**には，歴史教授学は，歴史学習とは何かという問いを設定し，多様な条件や形式や成果やその役割が人間の個人化と社会化の過程で明らかになるリアルな移り変わりを調査する。その際，歴史学習をその具体的な多様性において説明し，その一定の構成要素を確認し，その体系的な関連を突き止めるというねらいが追究される。ここで未解決である具体的で実証的な研究活動の課題は，（驚くほど）わずかしか実現されていない。

- **規範的**には，歴史教授学は，歴史学習はどうあるべきかという問いを設定し，歴史学習が意図的に（教授を通して）影響され，計画され，形づくられ，導かれ，制御されるべき視点を調査する。その際，歴史教授学は，こうした視点を組織された歴史の教授と学習の合意可能な目標規定として確認し，根拠づけるというねらいを追究する。ここには，学習目標に関する豊かでかなり論争的な議論がある。歴史の特性や歴史学習の規範的な規定の合意可能性に関する調査が明らかに欠如している。

- 最後に，**実用的**には，歴史教授学は，どのように歴史学習は計画に従って，目標を定めて組織されうるのかという問いを設定し，歴史学習の方略を調査する。ここではとりわけ，教師の経験や体系的な授業分析を実践的なルールの形式に取り込む内容豊かな授業実践に関する文献が欠かせない。

２．学習過程としての歴史意識

　歴史教授学が専門分野として説明され，明確で検証可能な理論的基盤から，その実証研究，規範的省察，実用的な方略を開発し，調整するために，明確で内容豊かな歴史学習の概念も必要である。以下の考察では，歴史教授学の対象領域の基本となる理論の構想に寄与したい。まずは，「歴史学習」を人間の生活実践の根本的・基本的な過程として詳述することを試みたい。私はこの試みを，これまで

旧西ドイツ圏の歴史教授学において支配的であったアプローチの継続と統合と理解している。カリキュラムや学習論に方向づけられた歴史教授学をいわば言葉通りに受け取り，論証を提起したい。この論証によって，想定された歴史学習の特性を説明することができるはずなので，歴史学習は心的・認知的操作と発展の一貫した過程として可視化できるようになり，そしてカリキュラム上で決定することも可能になる。学習論のないカリキュラムはない。特に歴史が重要とされる学習をカリキュラムとして組織することが問題とされるならば，この当たり前のことがそうなっていない。他方で，歴史意識による歴史教授学のアプローチと，組織された歴史の教授と学習の重要な構成要素についての根源的な問いとを遡って厳密に結び付けたい。歴史意識の一貫性や過程性をその生活世界のレベルで論じ，歴史教授学の対象として歴史学習の主観化と原理化を生活世界のレベルに導くとともに，このレベル特有の教授学の次元を視野に入れ続ける論証を提案したい。学習過程のない歴史意識はない。人間の生活実践を基本的に方向づける経過において歴史意識が構成される場面で学習過程を確認することが問題とされるならば，この当たり前のことがそうなっていない。

　それでは歴史学習とは何であるのか。この問いに答えなくてはならないので，組織された（学校や授業，さらに学校外の）学習にとり重要な観点だけではなく，まさに組織された学習の根底にあり，その特性や可能性や限界を明示する基本的で根本的な学習の経過も視野に入れる。歴史のあらゆる教授と学習の基礎としての歴史意識への歴史教授学の転換は，こうした熟考へと導く。この転換に結びつけ，歴史意識を学習論的に説明することができる。そのためには，歴史意識を知的な過程として，意識操作（情意的，認知的，実用的な形態）の組み合わせとして熟慮することが不可欠である。これは歴史に関連した固有の組み合わせとして，その他の組み合わせと概念的に厳密に区別され，その特性において説明することもできる。こうした区別と説明を，歴史的な意識の成果の**語り論的な**再構築という枠組みの中で試みたい。

　ここは，こうした基本的特性における再構築を展開する場ではない。これについては，別の場で別の方法を用いて行っている [103]。歴史的語り（historische Erzählen）を，基本的で一般的な（生活世界的な）方向づけの成果として，歴史意識を構成する意識操作の組み合わせとして描き出すことで十分である。「歴史的語

り」によって，歴史的知識の描写形式（Darstellungsform）ではない，何かずっとより原理的なことが意味される。歴史的知識がその本来の（論理的）構造において，他の学問形式とは異なって，どのようにナラティブ（narrative）に把握されているのかに応じて，（歴史）特有の説明のナラティブな形式がどのように存在するのかに応じて[104]，人間の意識行為や言語行為のレベルでも固有の歴史的な言語行為が存在する。私は，過去の記憶を介して現在の時間経験が処理され，未来の展望が拓かれ，人間的なアイデンティティが時間を経て（通時的に）形づくられるような言語行為について考える。「歴史的語り」はこの言語行為のことを指す[105]。

　歴史的語りは，時間経験に関する意味形成のコミュニケーション的行為である[106]。人間の生活実践は，当該者によってコミュニケーション的に更なる再検討がなされなくてはならない時間的変動での経験のプレッシャーに永続的にさらされることから，そして，人間の生活実践はこの変動の中で，社会的な相互作用がなされるまさにその場面でその行為を意味あるように方向づけられることから，歴史的語りの不可欠性が明らかになる。つまり，人間の歴史意識の根源には，現在の経験がある。すなわち，行為者によって直接には意図されなかった方法で，状況が変化するという現在の経験である。この状況のもとで，そのつど行為しなくてはならなかったり，行為したりすることができる。この現在の経験は当該者によって意味を付与して解釈されなくてはならない。当該者は，現在の経験が行為を導く意味の基準を満たすように，その生活実践を方向づける枠組みに現在の経験を意義深く組み込まなくてはならない。過去の記憶を動員することによって，それがなされる。すなわち，当該者は意味を付与して解釈すべき自身の世界と自分自身の時間的変動に直接巻き込まれるので，変動をそのまま，解釈しながら習得したり，生活実践を方向づける枠組みへ統合したりする対象とすることはできないのである。その代わりに，その記憶は当該者に経験の素材を提供し，それによってこの解釈を共通に身につけることができる。現在を理解し，未来を期待することができるようになるために，過去がテーマとなる。歴史意識は「意味を付与した過去の解釈と現在の理解，未来への期待の内的関連」であるとヤイスマンが強調するのは至極当然である[107]。歴史的語りはコミュニケーション的になされた知的経過に他ならない。この経過において関連が実際に形成され，つまり，現在の意味を付与した解釈や未来への期待のために過去の経験が想起され，ありありと

思い浮かべられる。

　生活実践を刺激し，問題視する時間から，歴史的語りは生活実践を方向づける意味を形成する。それは，記憶に保存されている経験的な時間を頼りに，人間の生活状況の時間的な変化に関する現在の経験に意味を与えて解釈することによって理解できるようにし，人間の生活状況がこの現在の時間的な変化の中で行動を可能にし，導くように方向づけることができるようにする。それによって，歴史的語りは，時間経験を通して刺激された人間の行為，時間経験を通して保証された未来の展望を拓く。したがって，方向性を決定づける形式や時間特有の方向性の形式で人間の生活実践の（意図的な）構成要素となる有力な意味のイメージにおいて，３つの時間次元を統合する。「継続性」は，この一貫した基本的な意味規定をカテゴリーの上で規定するものである（「時間経過のイメージ」についても，あまり誤解を招くことなく論じることができる）[108]。

　この継続性や時間経過という考え方は，時間経験による歴史的な意味形成の過程における３つの時間次元を，一貫した意味関連という統一性に結びつけるものであり，社会的コミュニケーションや人間の自己理解において重要な社会化や個人化の機能を果たしている。それは，歴史的アイデンティティの形成に役立つ。このアイデンティティの形成により，（個人的，集合的）主体は，自身の生涯の境界を越え，いわば自分がさらされている時間の変化の中に身をおき，同時に時間を超越した主体性を（例えば，国家の構成員として，または，期待される未来の先駆者として）獲得することができる。この時間経験に関して歴史意識の意味を付与して解釈する活動が成功するかどうかの決定的な要因は，この解釈活動の結果，すなわち過去の経験や未来への期待に満たされ，具体化された連続性のイメージが，それを作り出したり，または，それに向けられたりする人々の歴史的アイデンティティに対して持つ機能である。歴史的アイデンティティとは，人間が時間経過の中で変化すること，そしてどのように変化するのかという経験を，通時的に一貫した自己理解や，その生活の遂行を支える時間を越えた主体性のイメージに組み込むための人間の能力に他ならない[109]。

　前述した歴史意識の意味形成を実行する意識操作の組み合わせは，学習過程として論じたり，説明したりすることができる。「学習」は，「歴史的語り」のように生活実践の基本的で根本的な経過をテーマにすることができる。これは，一般

に用いられている学習の定義の場合には，たいていそうである。「学習」とは，通常，本能的ではない，つまり，生産的で能動的な経験の処理を通して，行為の性質や能力を獲得する，人間にとって生きるのに不可欠な過程（リューゼンは，Prozeß oder Vorgang という2つの単語で過程を表現し，Prozeß は常に Vorgang であるが，一定の方向づけられたダイナミズムを持つ場合は Prozeß であるとして両者を区別する。ここではまとめて過程と訳している：訳者注）として理解されている。学習は，経験の自発的な習得（意味を付与して解釈すること）を通したコンピテンシーの獲得である。人間の場合は，自分を客観視して環境から距離をおき，生活を営む中で自己を省察したり客観視したりするといったユニークな能力に特徴がある。

　この学習概念を根底に置くと，歴史的語りのどの過程も，時間経験についてのどの意味形成も基本的に学習過程である。しかも，その学習過程が単に既に獲得された意味形成のコンピテンシーを活性化させるだけでなく，拡張させ，質的に変化させる（発展させる）なら，なおさらそうである。

　歴史的語り自体も学習過程として詳述することができる。この過程は，2つの方法で引き起こされるか，生み出される。第一に，時間的な経験と時間に関連づけられた意図との間の（永続的な）齟齬から生じる人間の生活実践における方向づけの要求によってである。時間的発展への期待が時間的発展の経験を上回った場合，もしくは，時間的な変化という経験のプレッシャーが，これまでの時間経験の意味を付与して解釈する型に対応しない場合，学習過程が始動し，内的な時間と外的な時間，期待と経験との間の不一致が新しい意味を付与して解釈する型を鍛え上げる。ルーティン化された時間的な経験の扱いを越えて，歴史的に語る時が訪れる。（歴史学習は構成的な現在との関連づけなしには不可能である。）しかし，歴史学習にはもう一つの入り口もある。過去との隔世の感（Alterität）の魅力によってである。自身の生活世界の一場面（例えば，古い家屋の正面，町の中心にある中世の大聖堂）は，異なる時代や異なる生活状況を示しており，その隔世の感に注意が向けられる。この隔世の感は，ある種の方向性の不一致を生じさせ，それは生活実践の文化的方向性において認知されたことを歴史的に組み入れることで取り除くことができる。

　刺激的な時間経験が，意味を付与して時間を解釈する新たなコンピテンシーへ

と鍛え上げられる歴史意識の学習過程は，以下のように模式的に詳述することができる。新しい時間的な経験と，行為の意図を情意的，心的，認知的に組織する時間固有の意味の基準との対峙から，記憶が有する経験の潜在的な可能性に関する視点が，現在の経験に意味を付与して解釈し，それを理解し，「扱うことができる」ようにすることを意図して形成される。そして，この視点の枠組みにおいて，関連する（重要な）過去の経験が再検討され，習得される。そして，この習得され，知識に即して獲得された経験は間主観的に扱うことができるよう整形され，文化的なコミュニケーションの手段に組み込むことができる。その中で，人間は，時間が変動する過程において生活実践を意図的に組織する。過去は現在の「継続する所有物（dauernder Besitz）」（トゥキディデス）となる。過去は多様な歴史のかたちにおいて，その固有の歴史的な「ありありと思い浮かべること（Vergegen-wärtigung）」を経験し，知的な意味を与えて解釈された時間的な経験のかたちで現在の生活実践を方向づける要因として役立つ。現在の時間的な経験がもたらすプレッシャーは，過去に意味を付与して解釈しながらありありと思い浮かべることを経て取り除かれる。当該の主体はその現在の経験を意味を付与して解釈するための能力を獲得するので，現在の経験の中で生活したり，それを有効に活用したりすることができる。

　これによって，歴史意識が学習論的に意味しうることが示唆されているかもしれない。歴史意識は，一貫性のある過程を形成する学習操作の順序づけられたシーケンスに分解することができる。この過程は他の学習過程とは明確に区別され，個別に説明され，分析される。歴史学習は，内的で動的な関連において整理された順序に従う学習操作として，歴史意識の基本的で一般的な操作の（語り論的な）レベルで説明することができる。表現されためざすべき方向性は，時間的な経験がもたらすプレッシャーと時間への過剰な期待，現在経験している過去の魅力から生み出される。このめざすべき方向性は，生活実践を導く意味の基準に応じて，意味の推測というかたちで，過去の記憶が有する潜在的な経験に向けられる。過去の経験はこの意味の推測に組み込まれ，それによって有意性が担保される。有意義だと考えられた過去は，コミュニケーションが可能な多様な歴史へと具体化される。この多様な歴史は，人間の生活実践の文化的な操作において不可欠な時間の方向づけを実現する。

　歴史教授学的には，この説明では不十分である。すべての歴史的な認識過程は学習過程でもあるということしか述べていない。この認識過程がとりわけ学習として論じられ，組織されるべきならば，この基本的で一般的な歴史学習では何が重要であるのかについて未だほとんど語っていない。歴史学習が学習として極めて特別に組織された特殊な行為の文脈の問題であるとするならば，時間解釈コンピテンシー（Zeitdeutungskompetenz）における時間経験の生産的な処理の単なる遂行以上のものが視野に入ってくる。だとしたら，学習過程としての歴史的語りではなく，この学習自体が学ばれ，学ばれることができ，学ばれるべきであること，そしてどのように学ばれるのかが重要である。さらに，歴史意識の学習過程は，時間経験自体についてのナラティブな意味形成に関する能力が学ばれるべき過程として，学習の学習として，自己省察的な過程として現れる。

　「自己省察的（selbstreflexiv）」な学習とは，ここでは例えば，「普通の」または「専門的で学問的」で「教授学的」な学習とはまったく別の学習が論じられることではなく，歴史学習自体の内的な教授学的ダイナミズム，その遂行中の発展が問題となることを意味する。ここでは，歴史意識の学習過程は発生的な展望に向かう。この過程は主体の発達としてテーマとされ，その発達において，主体は時間経験についてのナラティブな意味形成に関するコンピテンシーを獲得し，そこで歴史学習を習得するのである。

　歴史学習は，この自己省察的で，教授学に特化された形式において，歴史学習の連続性を逐次展開させる過程である。歴史意識の学習過程が，それ自体とどのように関連し，遂行の中で自らを構成したり形成したりしているのか，そしてそれがどのようになされるのか，学習過程にとり決定的な学習操作がコンピテンシーとして獲得されることや，それがどのように獲得されるのか，歴史意識の学習過程を考察することが目下の問題となっている。

　再度，強調するとこうである。ここでは2つの異なる学習過程ではなく，歴史意識の潜在的な学習可能性での学習展開を問題にしているのである。主体がその歴史意識の意味形成の成果において歴史的に学ぶ時に活用する能力の獲得が重要である。この学習の学習は，コンピテンシーを獲得する中で生産的に経験を処理することでもある。歴史意識は自ら学習能力を増強することで，経験をつくりかえる。歴史意識は，学習しながら処理すべき経験としての自己に関連しており，

この（自己）経験の処理を通して，拡張された学習可能性のかたちで高められた
コンピテンシーとともに獲得される。歴史学習とは，この自己省察的な過程に関
する教授学的集大成において，時間経験を時間に意味を付与する解釈へと生産的
に処理するのに伴い，問題とされる意識操作においてこの処理に関する新しいコ
ンピテンシーが獲得されることを意味する。歴史学習の過程は，学習主体の発達
の展望，学習を通して学習に関する能力が高まる発達において現れる。それとと
もに，発達の経過は，例えば，歴史意識といったものが発達する学習の経過とし
て論じられる。さらに，固有の学習成果を収める中で可能となる（初期の形式か
ら高度に発達した形式への）歴史意識の質的な変動が視野に入ってくる。これら
２つの発達の道筋の間に明確な境界を引くことはできない。これらは人間の社会
化と個人化という単一のプロセスとは異なる側面である。

　ここでは，歴史意識は学習でどのように生じるのかというとりわけ困難な問題
に詳細に立ち入るつもりはなく[110]，単に歴史学習の構造化に視線を向けたい。こ
の構造化において，歴史学習は学習として学ばれうる。歴史意識の発達過程は，
構造化の過程として学習論的に説明できるとともに，詳細な探究もできるはずで
ある。歴史意識の発達過程を学習過程として詳述し，分析することが重要である。
それによって，根本的で一般的な歴史意識の意味形成の成果の学習論的定式化が
もたらす抽象的な一般化が克服され，「歴史学習」は異なる形式や発達の要因で細
分されるであろう。

3．学習形式

　歴史意識の過程としての歴史学習の固有性に関する抽象的な想定から，その具
体的な実行に関する洞察へと，どのように移行するのだろうか。抽象から具体へ
の道程として，歴史学習の異なる形式をリスト化することが適切である。それを
活用して，歴史意識の領域における実際の学習過程の多様性が整理され，典型的
な工程に基づいて明らかにできる。

　これまでの論証において，歴史学習を，歴史意識の一貫性と連続性を構成する
歴史的語りの意味形成過程として確認し，詳述することが妥当であると証明され
たならば，今でも疑わしい歴史学習の諸形式は，歴史的語りの類型に関する教授
学の説明として，同じように，語り論からも得ることができる[111]。これを以下で

試みたい。その際，以下のリストは，具体的な学習プロセスをシームレスに割り振ることができる分類であるという想定される誤解を予め取り除いておきたい。そうであれば，個々の学習の形式が理論上，明快に区分できるのと同じように，現実においても明らかに見出すことができるであろう。当然，これは事実その通りではない。むしろ，実際の歴史意識の学習過程は，典型的な学習形式の区分を使って，その最も重要な構成要素を際立たせ，その絡み合った関係において分析できる複雑な過程を描き出す。いずれの類型の学習形式も，傾向としてあらゆる学習プロセスにおいて生じる。学習形式の本質にある，いわば混じり合った関係，とりわけその階層的構造が，そのつどどのように学ばれるかにとり決定的である。なぜなら，大抵は，ある学習形式は他の学習形式より優勢で，それがいわば音頭を取って，他の学習形式が伴奏するからである。

　（これに対応する歴史的語りの類型論に基づいて）歴史学習を4つの典型的な形式に区分することができる。それは，伝統的な形式，範例的な形式，批判的な形式，発生的な形式である。

a) 時間経験についての伝統的な意味形成の学習形式

　この形式では，方向づけを求めようとする気持ちを伝統によって満たすことが重要である。ここでは歴史学習は，伝統の習得を意味する。予め定められた時間的な経験に意味を付与して解釈する型とそれに関連する人間の自己理解の方略が内面化され，自身の時間的な経験の処理を通して実現される。（そして，その際，自身の生活環境に適応され，修正され，さらに形成される。）生活環境の持続的な秩序のイメージにおいて時間的な乖離が解消されるよう，方向づけの問題として現われ，知覚された時間変化の経験が扱われる。方向づけの問題は予め設定された秩序の型の継承を通して解消される。その際，同時にこの秩序の型が習得される。つまり，秩序の型が生活実践の時間的な組織化における絶え間のない経験のプレッシャーや過剰な期待からどのように生じるのかといった，さらなる方向づけの問題を解決するための能力として，秩序の型は獲得される。ここでは，「歴史」を学習することは，時間の変動の中での生活秩序の持続性を確認し，この持続性を自身の生活秩序の安定性を保証するものとみなし，自身の生活の遂行を通して意図的に肯定することを意味する。この形式の学習過程では，歴史的アイデンティ

ティは予め設定され，そのつどの生活環境において心的に深く根ざした人間の自己理解の型の内面化（本質的な役割）を通して形成される。

　伝統的な歴史学習は，（少なくとも人生の最初の段階の）大半で無意識に進行するであろう。ここで獲得された歴史的経験に意味を付与して解釈する型は，それに対応する深い心的レベルに根を下ろす。共通の生活様式に欠かせない過去の扱いにおける自明性の多くはこの形式に依拠する。ここでは，基本的に「歴史」として，人間の記憶活動というコミュニケーションに関連づけられて入り込むことができるものが文化的基盤として選択されてきた。（そして，常に学習で繰り返される。）学びでの伝統の習得は，歴史的な方向づけの問題に関するどのようなコミュニケーションにとっても不可欠な前提である。それは，自明性に関するコミュニケーションを可能にし，それなしには合意（議論の余地があることについての合意も）はありえない。当然，伝統的な歴史学習は意識的にもなされ，とりわけ支配の正当化の重要な要素としての伝統が問題とされるならば，意図的，計画的に影響を及ぼす。

b) 時間経験についての範例的な意味形成の学習形式

　この形式では，個々の時間経験を一般的な行為のルールに包摂し，一般的なルールが個別の事例に応用されることによって，方向づけることへのニーズが満たされる。時間経験は，伝統の経験という比較的狭い視野を越えて行為を導くルールとして処理される。個々の時間的変動の経験は別の経験に関連づけられるので，実際の自身の生活経験の視野や未来への期待の範囲に現れる類似の事例に関連づけることができるという個別事例にとどまらない，一般的なルールが認識できるようになる。「歴史は人生の師である（historia vitae magistra）」が，この学習形式の原理である。この学習形式では，歴史的な判断力に関する能力，人間の行為の一般的なルールを具体的な時間的状況や関係性に関連づけたり，逆に，人間の生活実践の具体的な時間的経過を，その経過において有効な人間の行動の一般的なルールに基づいて明らかにしたりするための能力が獲得される。ここでは学習者は，歴史的経験の処理を通して「永遠に賢明」に，つまり，歴史的に生み出されたルールコンピテンシー（Regelkompetenz）によって実践できるようになる。歴史的経験の幅広い領域が学習しながら習得されるので，自身の生活経験の狭い視野

を広げるとともに，それによって，時間を越えて一般的に有効な人間の行動のルールを手に入れ，このルールが多様な異なる事例に応用されることが見通せるようになる。

　歴史学習は，経験に支えられ，経験に関連づけられたルールに関する知識を解明する。その知識で，（刺激的な）現在の経験が克服され，未来の展望（期待）が現実的に構想されうる。歴史学習は，歴史的アイデンティティをルールコンピテンシーとして，満ち溢れた歴史的経験の吟味を通して単なる伝統的な価値を越えて行為を決定づける規範の射程と拘束力を評価するための判断力に関する能力として育成する。主体は，伝統的に継承された生活実践の秩序の型の実例を使って，時間的に一般化する能力を検討することを学習する。ここでは，「継続性（Kontinuität）」（もしくは，有意味な時間経過）という歴史意識の根本的な方向づけは，長期にわたる時間経験を通したその堅持から読み取れる時間を越えた生活秩序の価値として表現される。

　この学習形式は，伝統的な意味形成の認識力よりも明らかにより高い認識力を要求し，抽象化や具体化の能力を求め，時間的変動における一般と個別を論理的に結びつけるための能力を意識的に訓練する。この学習形式は，（あらゆるより高度な文化において一貫して）常にとりわけ教授学において注目されてきたが，この学習形式では原理やルールに導かれた行為のための能力が重要である。この学習形式は，実証的に確かめられたルール知を通して，人間の行為コンピテンシーへの認識を高め，人間の生活実践の文化的基準の獲得に向けて，判断力の言説（Diskurs）の形式を取り入れる。この学習形式では，関与者のもとで，一般化の可能性と満ち溢れた経験の視点に応じて，原理によって実践的な決定が話し合われる。範例的な学習（exemplarisches Lernen）は，過去の経験を現在の時間経験や未来の課題に応用できるルール知という実践的な知恵に凝縮される。

c）時間経験についての批判的な意味形成の学習形式

　この学習形式では，時間経験は一定の明瞭な解釈がなされながら（interpretierend）習得されるので，予め設定された（社会的に有効な）時間の方向づけの効力が失われる。主体は，過去をありありと思い浮かべることで，その生活を世界と自身の時間的変動に位置づけ，その行為を意図的に導き，自己理解を組織することで，

歴史的な意味を付与して解釈する型に対してノーと言うことを学ぶ。矛盾する現在の経験は歴史的に再検討される（記憶を介して言語化される）ので，異議や予め設定された歴史的な思考方法や自己理解が否認されていく。この学習により，歴史的経験の重みで必然とされた自身の生活実践に意味を与えて解釈する型にノーと言う力が増す。主体は，その時代の文化に蓄積された歴史的な意味を付与する解釈をブラッシュアップすることを学び，実践的に有効な継続性のイメージを壊し，歴史的アイデンティティ形成を結晶化する核としてのそれを弱めることを学ぶ。それによって主体は，歴史的な意味を付与する自己解釈や時間解釈について新しくて異なる形式を構想し，それに従って自身の生活を方向づける機会を開く。この学習形式は，期待され，そうなるべきと思われている人物とは違う自分になりたいと思い，そうなれる能力を主体に与えることで，人間のアイデンティティの形成に寄与する。

　この学習形式が差し当たり，人間の社会化の過程において個人化していく自己の境界線への自然発生的な関心と一致するものであり，特別な行動や学習に努めなくても，例えば反抗を通して実行できるものであるが，記憶という認知的活動がなくてはほとんど実行できない。最終的にこの学習形式は，既に記憶に蓄積された知識状態や受容の型から大きく逸脱した過去の経験に対して自らを開かなくてはならない。現在の疎外経験は歴史的に転換されなくてはならず，主体は（自分の文化的環境という慣れ親しんだ領域との関係において）根拠を失う勇気を奮い起こさなければならない。つまり，主体は自らを歴史的に強化できるようにするために，自身の状況に対して新たに歴史的に明瞭な解釈を与えるための基盤を固めることができるよう，その勇気を奮い起さなくてはならない。現在の負の経験からの少なからぬプレッシャー，こうありたいとか，こうありえると信じることが文化的に妨げられる経験もこれに属する。こうした経験のプレッシャーと，世界や他者に対して自己主張する能力があってはじめて，（現在と対をなす）過去の新たな経験領域を切り拓くことができる。これは，意図的な距離の取り方，大胆な逸脱，組織された抵抗といった認知的・情意的方略なしには不可能である。この時間経験についての歴史的意味形成の学習過程は，「否定的なものの真剣さや苦悩」（ヘーゲル）によって決定づけられ，これなくして，人間という主体は，自己を強くする（集合名詞の場合には私たちを強くする）ことはできない。

d) 時間経験についての発生的な意味形成の学習形式

　この学習形式では，現代の歴史的思考でかなり強調される能力の獲得が問題となる。この能力は，（実証的な調査[112]が示すところでは，学校の歴史授業では二の次の扱いがなされているにもかかわらず，）「真に歴史的なるもの」という名称で敬意が表される。ここでは，時間的な経験が歴史的記憶を経て処理されるので，時間的変動の要素自体が実践の方向性や自己理解の（歴史的な）安定性を保証するものとなる。変動や変動能力は，持続性や継続性の不可欠な条件として了解される。時間的な経験は柔軟な方向づけの型で学習しながら組み込まれていく。ここでは，歴史を学ぶということは，時間的変動の経験の流れを自身の生活実践に意味を付与して解釈する型に組み込むことを意味する。この自分自身の生活実践の解釈自体が，時間的に推進され，つまり，伝統的な秩序の持続や時間を越えたルール知から外れ，現在の生活状況で時間的変動の方向性を認識させ，その方向性に応じて未来を期待させ，実際に可能にさせる歴史的思考方法を考慮して，予め設定された歴史的な方向づけの曖昧な否定が克服される。この形式において，歴史学習は，自身や世界の変化を時間的変動の安定性を脅かすものとして排除するのではなく，自己や世界のためになる機会として，その内的な動力として有効に発揮させるための能力を主体に与える。人間的なアイデンティティは，歴史的には発展や変動の能力として，学習しながら安定したものになる。そのために認知的に不可欠な継続性のイメージが，変動の方向性（例えば，進歩）として歴史的経験から生じる。

　ここでもたらすべき学習成果は，批判的学習のような高いレベルで区別したり，距離を置いたりする能力だけではなく，それ以上に同時に，発展や変化の過程に関する時間の相違を（まさに生活に方向づける）基本的な意義によって調整し，統合する能力を要求したり，生み出したりする。歴史的思考の意味形成的な継続性のイメージは変動の瞬間を肯定的に含み，そのイメージで形成すべき歴史的アイデンティティは時間的推移における継続性の問題にそれ自体で答える時間的過程のかたちをとるため，歴史的経験の複雑さと，人間の生活実践を方向づける枠組みにおけるその扱い方は非常に高度なものとなる。

　4つの学習形式は，純粋に単独で現れることはない。そのつど異なる学習状況に対応して，多様に構造化されて統合されていく。具体的な学習過程はそうした

統合されたものであるとして，しかも3つの視点において解明され，説明される。(a)歴史学習の過程の特性や固有性は，4つの学習形式の分析的で意図的な（理論的な）相違で確認される。(b)異なる歴史学習の過程は相互に比較されうる。(c)最終的に，歴史学習の質的な変化も解明されうる。第1の視点では，特別な事例において4つの形式を形成する組み合わせが指摘されなくてはならない。第2の視点では，類型が比較のパラメーターになり，第3の視点では，発達をある類型から別の類型への変質として，または，その組み合わせを代えて構想することができる。

4．発達のダイナミズムの要因

　歴史教授学にとっての中心的な問いは，主体の社会化と個人化の過程に対応する時間的次元における学習過程としての歴史意識の発達を，どのように構想できるのかである。歴史学習は，この次元で初めて，社会的な生活関連における人間の主体化の不可欠な部分として明らかになる。一生涯の学習としての主体の人生の広範にわたる歴史学習のイメージを獲得するために，人間の生活過程を学習過程として一貫して決定づける諸要因を，それも，歴史意識が生活実践において構築される場面や，時間を方向づけようとする欲求が絶え間なく生じて，生活状況や環境に応じて多様に構造化された歴史的知識を通して実践が可能となるよう満たされる場面で明らかにすることが不可欠である。

　歴史意識での学習成果を得るための持続的な刺激は，大抵の場合，現在の時間的変動の経験のプレッシャーと，行為の所与の条件や状況を越えて行為を導く意図の過剰な期待との間の構造的な相違である。過去が，その遺物や伝統を通して現在に発する魅力に起因する歴史学習のきっかけとなるかもしれない。時間は，経験として，行為する主体として世界と自身の時間の変化において，意図するよりもさらに多様で異なっており，人間がこの変化に対応する際の意図は，そのつど起きていることよりも，さらに多くの異なることに向けられる。この相違(Divergenz)は，歴史意識の操作において取り除かれ，その際に主体は，時間的な経験について歴史的な意味を形成する能力を獲得する。過去の経験に意味を付与して解釈しながら現在と関連づけることを学ぶので，それを理解し，経験を拠り所にして未来に期待することができる。

　この意味解釈コンピテンシー（Sinndeutungskompetenz）の獲得が完了すること
はありえないという意味で歴史学習は生涯にわたってなされ，その結果，このコ
ンピテンシーはある時点からは応用されるにすぎず，もはや学習でさらに獲得（変
化，拡張，向上）されることはないはずである。にもかかわらず，経験のプレッ
シャーと過剰な期待が相違する関係性は動的であり，（歴史意識コンピテンシーの
かたちにおいて）学習しながら到達された相違を埋め合わせる可能性のどの状態
からでも質的に新しく形成されるので，これは実際にはそうなっていない。歴史
的な処理コンピテンシー（Verarbeitungskompetenz）の程度によって，経験のプレッ
シャーが取り除かれるのではなく，さらなる歴史的経験，過去の支配圏（Reich）
における発見旅行のための可能性が（原則的に無限に）増大する。そして，歴史
的意味形成コンピテンシーが伸びることで，過去の魅力が増大する。このコンピ
テンシーは，過去のもので現在でも残っているものの直接的な刺激から自らを切
り離し，もはや存在しないものとして，まさに忘却されたものとして私たちを時
間の深みに誘い込む。

　その典型が，プロの歴史家の経験であろう。この経験で知識の獲得が進むにつ
れて，知らないことから，それ以上ではないにしても，少なくとも同じ程度に知
識を獲得するかもしれない。単に記憶（Gedächtnis）に呼び起こして脳に蓄積され
るのではなく，主体的に（関心に導かれて，好奇心を持って）獲得され，真実味
のある自己理解の表明のためになされる歴史学習での知識の増大は，神話のヒュ
ドラ（ギリシア神話の9つの首を持ち，首を切るとそこから2本の首が生えると
いう大蛇の形をした怪物：訳者注）的な要素を帯びる。回答された歴史的問いの
すべてが，さらなる新しい問いを生み出す。タンタロス（ギリシア神話のゼウス
の息子で，罪を犯して地獄に落ち，常に飢えと渇きに苦しめられるという永劫の
罰をうけたとされる：訳者注）も比較として援用されるかもしれない。歴史的な
認識活動での一心不乱に真実を求める努力は，真実への渇望を高めるだけである。

　この学習ダイナミズムは，何か爆発的なものを秘めている。それは，歴史的な
学習に本気で取り組んだとき，歴史的思考が次のような次元で意識的に行なわれ
るときに動き出す。自分自身の人生実践の意味を定義する次元で，つまり，自分
自身の（歴史的）アイデンティティの定義に関わる次元で，歴史的思考が意識的
に行なわれるときである。外的な理由（例えば，良い成績）から望み，（居間の

戸棚にある未読の古典のように）見栄えがよいといったものではないのである。

　しかし，ダイナミックなのは，歴史学習での経験の処理だけでなく，同時に経験に裏づけられた時間展望における過剰な期待を排除するところである。この時間展望は，時間経験に関係する客観的な側面と並び，時間における（学習する）主体の位置づけに関係する主観的な側面も持つ。というのも，ここでは主観性が，歴史意識の源泉的基盤として登場し，人間の我の飽くなき探究心が経験に意味を付与して解釈する扱いや他者とのコミュニケーションの関係において効果を発揮するからである。

　主観的なダイナミズムにとり典型なのは，歴史認識の（規範的に統制された）現在との関連の問題が重要であるとすれば，歴史的な認識活動に常に介入する（どの歴史家も十分周知の）歴史的な判断を作り出す公平性であるといってよいであろう。この公平性は，周知のように歴史家がその現在の生活関連において採る（それは無意識または意図的であるかもしれない）立場に基づく。現在との関連は歴史的展望の生産的な問いの源泉や基点として歴史的な認識過程にとり根本的なものなので，公平性はこの過程から排除することもできない。規範的に調整された現在（未来）との関連の視点に応じた公平性や歴史的知識の意図的な形成が持つ基本的な意義が一度承認され，歴史認識の原動力として担ぎ出されると，もはや止められない。そうすると，この公平性が歴史認識の方法論的ルールからどのように排除されるのかではなく，どのように方法論的に統制されるのかに応じて，歴史的思考が組織されることになる。いずれにせよ，この判断は（ドグマ的，決定論的，多元的）なものになるかもしれない。ともかく，主観性は方法論的にコントロールされた歴史的思考で厳しく規律づけられる時にまさに発揮される。

　歴史学習をダイナミックなものにする要因としての主観性は，（分けることができず，相互に結びつけられる）２つの視点においてテーマとすることができる。１つは，歴史的経験に意味を付与するよう解釈しながら習得する中での自己という学習する主体との関連として，そして２つには，歴史的視点における社会的アイデンティティにあって共通に記憶されるべきもの(Erinnerung)を経て形成される社会的な生活関連での他の主体とのコミュニケーション的関連として，である。この区分を考慮するならば，歴史学習の発達のダイナミズムは３つのパラメーターに応じて分類し，整理することができる。(a)経験，(b)（自己との関連とい

う狭義の意味での）主観性（Subjektivität），(c)人間の社会化と個人化の過程における間主観性の増大に応じて，である。この区分を，以下で簡単に概略したい。

(a)歴史学習の発達のダイナミズムは，経験の増大によって特徴づけられる。経験の内容は，過去と現在との質的な時間の相違である。（時間的動向の中での）現在の固有性を確認し，理解するために，過去との隔世の感が認識される。過去は，過去として現在と区別されて初めて，学習しながら歴史的に経験される。歴史的経験は，いわば現在を過去において消滅させ，「歴史的な」現在となる。それは，実際の現在の時間的特性との違いを際立たせる固有の時間的特性を獲得する（例えば，祖父母がその幼年時代について語る時に表現する時間は異なる時間であることを子どもが発見する時に）。歴史学習の過程において，時間の相違の経験は量的にも質的にも増大する。現在と過去との相違の輪郭がより鮮明に描かれ，相違がくっきりすればするほど，異なる，つまり，現在とは相違する時間的特性が経験される過去の時間空間がますます大きくなり，そのことによって量的に増大する。過去の時間的相違の特性自体において時間の相違が認知され，どの時代も独自の時間的個性で経験されることによって，質的に増大する。

(b)歴史学習の発達のダイナミズムは，主観性の増大によって特徴づけられる。ここでは，個人または集団の自己言及（Selbstbezug）の方法として現れる歴史学習の側面が問題となる。（この自己言及は当然それ自体単独で現れるのでは決してなく，常に他者との相互作用を通して調整される。語ることは常にコミュニケーション的な過程であり[113]，自己言及は常に経験に関連した記憶されるべきものを介して実現される。にもかかわらず，自己言及は本質的な視点として他の視点とは区別され，後により詳細に調査すべく慎重に明らかにされ，個人化として説明されうる。）主観性とは，学習者である私もしくは私たちが歴史的経験の獲得に全力を注ぐ方法であり，自身の生涯を越えた歴史的記憶における時間的な視野を獲得する方法を意味する。だから，例えば，時代順に整理された一連の異なる政治体制とその転換を通して，政治的な考え方が追究され，そのようにして歴史的に具体化され，明らかにされる。それによって，（期待された）政治的変動の中で，経験に裏づけられた未来の展望を獲得することができる。この時間的な自己理解の視野は量的にも質的にも拡張されるので，歴史学習の過程において主観性は増大する。自身の自己定義がその本質において変えられることなく（例えば，ますます

膨大になる歴史的経験の資料で確認される性別の特性），自己定義に対して役割を果たす過ぎ去った生活様式の時間的範囲が拡張されることによって，主観性は量的に増大する。自身の生活の展望と接続される変動の方向性が，自己評価にとり重要な過ぎ去った生活様式の時代順から読み取られることによって（例えば，歴史的経験を通して変化していく性別の特性），主観性は質的に増大する。

　(c)歴史学習の発達のダイナミズムは，間主観性の増大によって特徴づけられる。私はこれを，アイデンティティを形成する歴史的記憶の表明におけるコミュニケーション能力の増大と考える。人間の社会的形成物は集合的記憶(kollektive Gedächtnis)を有する。集合的記憶は，主体によるこの形成物の継続のイメージが，その継続自体を決定づける場面で，社会化の担い手としての役割を果たす。この記憶はまったく異なる方法で討議され，この言説への関与の仕方は個々の主体のコミュニケーション・コンピテンシーに依存する。（排他的ではなく，これに対して，国家の問題が非常に多くの重要な役割を果たすが，かといって特別というわけでもない。）生活実践に有意義なものにするために，時間的過程における主体の自己定義はともに社会化される他者の是認を必要とするので，個々の主体の歴史的アイデンティティを構成する個人的な歴史意識の育成も同じコミュニケーションに依存する。コミュニケーション・コンピテンシーは歴史学習を通して拡張される。その際にも，コンピテンシーの拡張の仕方は質的と量的に区別することができる。前者では，言説の形式は（比較的）一定なままで，それをレトリック的な技術におけるすべてのルールに従った歴史的アイデンティティ形成への関与を巡る格闘に組み入れるための能力のみが増大する。後者では，高いレベルの論証性（Diskursivität）を考慮して形式が変わる。歴史意識の個人的な形式を主要な歴史的アイデンティティの形成過程に持ち込む可能性，または，（それに対置された思考の道筋において）集合的な歴史意識の主要な構造を個々の主体に即して個人化する可能性がそのための基準であるので，それぞれ自身の生活史的な固有性が共通の歴史において是認されるか，肯定的に積極的に取り上げられる。

　これによって，歴史学習を人間の社会化と個人化の関連における発達過程として形成する3つの根本的傾向が論じられる。それぞれの特性とその体系的な関連がまさにより詳細に説明されなくてはならない。そうすれば，歴史特有の学習論的規定のネットワークが判明するであろう。それにより，歴史教授学は具体的な

学習経過を主要な発達過程に組み入れ，そこから詳細に分類することもできるかもしれない。

5．学習過程の段階

　これまで概略してきた，歴史学習を発達過程として形成し，調査できる理論的概念のネットワークが不足している。このことが，その質的変動自体が学習の特性を持つ場面，つまり，歴史学習を通してこの学習自体が質的に変わる場面で，論じられた歴史学習がもたらす質的な変動を曖昧にさせてしまう。歴史学習の発達過程自体を，明確に区分できる学習段階または学習レベルの連続体として，なおも構造分析的に説明することができるのか。

　この問いに肯定的に答え，**上記で開発された歴史学習の４つの形式自体について，発達論的に一定の明瞭な解釈を与えること**を提案したい。

　こうした一定の明瞭な解釈を与えることによって，仮にこの解釈を納得いくよう展開できるとしたら，歴史教授学は詳細な視点を開発できるであろう。この視点によって，発達心理学の知見を歴史学習に意義深く適用できる。これまで未解決の重要な歴史教授学の問題の１つは，別の学問が人間の個体発生や社会発生に関して獲得してきた知識を使っても，それが歴史意識に関わる学習経過を解明できないことにある。歴史教授学は，歴史学習を通して歴史意識を発生させる理論構築をしていないために，それができないのである。理論を用いると，知識が歴史学習の過程に応じて特定され修正されるかもしれない。これをしないで，歴史教授学が人間の個体発生と社会化の明確な構想を使って研究したとしたら，他分野の基準に支配されてしまうだろう。歴史意識の領域は，他の意識領域（例えば，倫理学や論理学）と異なり，その固有の発達の形式や発達段階に基づいてほとんど研究されてこなかった[114]。まさに，発達過程としての歴史意識の固有性を解明する（理論のかたちをした）問題の枠組みが欠けているのである[115]。

　前述した歴史学習の類型を使って，こうした問題の枠組みを練り上げることができると推測する。人間の個人化と社会化に関連する知識がこの類型に取り入れられると，更に続く歴史教授学研究とその熟考の基盤として役立つかもしれない歴史意識の構造的な発達の理論的概略が，歴史学習を通して判明するであろう[116]。

　こう推測する根拠は，４つの学習形式は発達論上論理的で無理なく一貫した順

序で並べられるという事実にある。伝統的，範例的，批判的，発生的な学習は，この順序でそのつど相互にとり不可欠な前提になる。それぞれこの順序における前者は，その後者にとり不可欠な前提条件になる。伝統的な学習形式は，その他すべての形式の前提になる。人間の行為を方向づけるゼロ点のようなものは存在しないので，伝統的な行為の方向性なしには他の方向性はまったく存在せず，行為を方向づけることはできない。範例的な学習形式は伝統的な学習形式を前提とするとともに，それを越えるルールの実例としての一般化した歴史的経験へのアプローチも伴う。批判的な学習形式では矛盾する歴史的経験を動員することによって，伝統やルールをその生活実践上の有効性において弱めることが重要なので，結局，伝統的で範例的な学習形式を前提とする。

　最後に，発生的な学習形式は，伝統的で範例的な行為の方向づけの積極性と，アイデンティティを形成しながら意味を付与する解釈の型（Deutungsmuster）の時間的動向というイメージにおいて，批判的な破棄という否定性を仲介するので，その他すべての3つの形式を前提とする。

　4つの学習類型の発達論的な順序性は，（ここで扱われる歴史的意味形成の論理の抽象的なレベルで）語り論的にも根拠づけることができる。より前者の形式から後者の形式への変質という傾向を持つ類型間の動的関連があることも，語り論的に示すことができる。この変質傾向は，学習論的にも意味を付与して解釈できるとともに，人間の発達過程における歴史学習の構造変動として歴史教授学的に実り豊かに説明することができる。その際，上記で概略している歴史学習の発達のダイナミズムは，学習形式の類型論で具体化される。そして，学習しながら獲得される歴史的経験や主観性，間主観性の増大は，類型特有に以下のように特徴づけられうる。

　(a)時間経験について，意味を付与する伝統的な解釈の型の経験内容は，比較的少ない。伝統は大抵経験に乏しく，通常その経験では困惑させる現在の経験しか処理できないので，現在の経験から伝統の方向性の型に合わないものすべてが弱められ，最後には消去される。その現在の経験によって，過去の豊かな経験も極めて選択的にしか受け入れることができない。継続する伝統と同等のもの，またはそれに対応するものしか記憶の貯蔵庫には蓄積されないか，もしくは，伝統と同様のものに転換されたり，融合されたりする。これがもはやできなくなるとし

たら，現在の経験のプレッシャーが伝統の選択力よりも強くなり，歴史意識の構造変動が生じる。歴史的経験の有力な解釈の型が範例的な解釈の型になり，それによって，有力な一般的な行為のルールにおいて，新しく，伝統的な意味を付与する解釈を越えた，伝統的な解釈とは相容れない歴史的経験を処理することができる。その際，歴史的経験の空間がかなりおおっぴらに開かれる。時間的発展の相違性と固有性は，一般的で概念的なルールのもとで包摂できる時にのみ受け入れることができるようになる。行為のルールの概念性は，それを実証的に納得のいくものにする多くの歴史的経験にとって不可欠な条件である。

　そして，時間的な経験についての批判的な意味を形成する学習形式は，行為を導く一般的なルールを援用する事例として，意味を与えて解釈することがもはやできないくらいに時間的な経験のプレッシャーが強くなるので，経験に合致した行為を可能にするために，有効な行為のルールを失効させなくてはならない時に不可欠である。(その際，当然，ルールの変化への関心も重要な役割を果たし，それは歴史的経験に否認する力を付与するものである。) 批判的な学習形式では，質的な (ここでは否定的な) 時間的な経験の増大は，歴史的な意味を付与する解釈活動の内的で質的な細分化へと転換される。自身の現在の時間の地平は，矛盾する歴史的経験の動員によって弱められるべき今なお有効な自身のアイデンティティの方向性や意味を付与して解釈する型か，今なお実現されていない別の方向性や解釈の型の構築かという両義に分かれる。最終的に発生的な意味を形成する学習形式は，批判的な学習形式を飛び越えて決定的な一歩を踏み出す。新しい経験は，これまでの生活実践に有効な意味を付与する解釈の型の効力を失効させるだけではもはやなく，それらを時間的に流動化する。歴史的経験は，批判的な，あれかこれかの異なる意味を付与する解釈の型においてではなく，それら解釈の型が質的な発展のイメージのために仲介される思考過程において有効に発揮される。それによって，現在の方向性や歴史的アイデンティティの形成における歴史的経験の処理が最高潮に達する。

　(b)同様に，歴史学習を通した主観性の増大も，類型別に具体化することができる。伝統的な学習形式のレベルでは，主体は意味を付与する解釈の型の伝統的な基準の枠組みにおいて自己に折り合いをつける。学習している私は，それ自体で，いわば「客観的に」予め設定されている。その生活の時間的秩序を自発的に構想

するのではなく，この予め設定された基準から，主体に予め設定された，自身が担う文化的に重要なものとして，自ら獲得する。主観性は歴史的に予め設定された役割の引き継ぎ（模倣）で構成される。それは時間を方向づける行為において，時間に結びつけられたままである。しかし，学習している私が範例的な歴史学習のレベルに到達すると，歴史的に記憶されるべきものにおける自己言及の伝統的な束縛を質的に乗り越える。ここでは，歴史的経験の扱いの中で獲得されたルールコンピテンシーを用いて初めて，学習している私は主観的になる。一般的で概念的な主観性，まさに歴史的経験から時間を越えた行為のルールへの一般化ができる主観性という形式において，歴史的な判断力とともに自己決定の権限が与えられる。主観性は自身の時間的な経験の秩序原理による時間を越えた一般性において，あらゆる時間の結びつきを超越する。個別の時間経験から一般的な行為規準へと移行し，そして，一般的な有効性の要求を自身に関連づけ，他者に向かい，固有の時間的状況に依拠することができる時間を越えた主観性として構成されることによって，学習している私は自らを獲得する。この概念的で一般的な主観性は，具体的な個別を考慮して，批判的な学習の形式で克服される。主体は歴史的な意味を付与する解釈の型を否定する力を使って自ら記憶されるべきものを担ぎ出し，そこで固有の歴史的関心の方向性を持つ特別な主観性（個々の私ないし私たち）として明らかにされる。主体は，まだ単なる否定による概念的なものであるが，独自の特性を持つ自身を獲得する。そうではないこと，ないしは，したくないことを述べることによって，歴史的な自己存在を表明する。そして，歴史学習の発生的な形式のレベルで初めて，この独自性が具体的になる。主体は，境界をつけることによって批判的に獲得された固有性を，主体に歴史的経験をもたらす時間的変動に積極的に刻み込む。主体は自身を時間的に理解し，その自己がいわば，主体に個人的傾向を付与する発達の道筋における具体的な時間の形態として出現する。時間から（伝統的）でも，時間を越えて（範例的）でも，時間に反して（批判的）でもなく，時間の中での主体性として，言い換えれば，時間として，世界と自身の時間的変動の（内的な）遂行の独自の方法として，主体が獲得される。主体は歴史的経験の時間的変動に適応し，それによって歴史的な輪郭を自身のために獲得する。

　(c)最後に，歴史学習を通した間主観性の増大も４つの学習類型を使って多様に

考察することができる。伝統的な学習形式の枠組みでは，間主観性は，事前の合意というかたちでしか実現されず，そのような合意が具体的に表明され，時間経験を共通の歴史的記憶へと処理する時に問題となるコミュニケーションに言説的に持ち込まれる。しかし，コミュニケーションの言説（Diskursivität）は，この前段階において限界に達する。この限界は，範例的な歴史学習の形式で乗り越えられる。実証的な操作と　般化は，新しいコミュニケーション方略として歴史的記憶の言説能力（Diskursfähigkeit）を豊かにする。事例と，そこから生み出されたルールから論証することができる。批判的な学習形式は，自身の立場と他者の立場を明確に区別し，有効に発揮させるための能力に関する言説の可能性を拡張する。この形式は，主体が歴史的アイデンティティを巡る争いにおいて格闘できるようにする。最後に発生的な学習形式は，相互にコミュニケーションをとる主体が共同で（そして同時に自身でも）実施する社会化に有効な時間の方向づけにおいて異なる立場の調整に関する歴史的な言説能力をさらに高める。歴史的なコミュニケーションは，自身の承認欲求を他者のそれと多展望的に関連づけ，時間の方向性の有効な意味の基準のもとで相互に調整し合うための主体の能力に関して豊かになる。

　これによって，歴史意識の発達過程が学習形式の類型でどのように細分できるのかが明らかになるだろう。さらに，この体系的な関係において3つの異なる傾向を相互に描き出すための可能性を指摘しておきたい。それによって，歴史学習の過程において示唆された要素の内的な組み合わせが明らかになるとともに，すべての学習過程の複雑さがより鮮明に視野に入ってくるであろう。しかし，これはより詳細な説明を待たなくてはならない。そのために，ともかく不可欠な実証研究が実施され，教授学的に分析されなくてはならない。

　締めくくりに，ここで提案され，試行的にのみ説明された4つの学習類型の発達論的な整理は，2つの視点から相対化されなくてはならないことをさらに強調しておきたい。まず4つの学習類型は，理念型的な抽象さを描き出している。これらは，常に複雑な混じり合いにおいて存在する。つまり，その発達論的な順序は，（非常に多様な方法で）他の形式に内在する優勢な形式にのみ該当するものである。学習レベルでの質的な移行を伴う歴史学習の実際の発達過程は，唯一の形式についてではなく，多様な階層性を持つすべての形式について常に問われる時

にのみ，方法論的にも把握できるようになる。さらに，批判的な歴史学習の形式
は，これまで見てきたように，それほど明確に位置づけることはできない。ここ
での学びで獲得される批判能力は，ある学習形式から別の学習形式への（または，
ある学習レベルから別の学習レベルへの）変質過程に欠かせない。むしろ，批判
的な学習は，固有の段階としての移行のための媒体であるかもしれない。確かに，
人間の発達過程において，とりわけ批判能力によって特徴づけられた自己発達と
自己発見の段階を強調することは，経験からも支持されている。2つの考慮すべ
きことに対して，実証研究のみが先に進ませてくれる。以下では，歴史学習の実
証的な分析，規範的な方向性，実用的な組織化の問題を論じたい。

6．実証研究の問題と可能性

　歴史教授学が歴史学習の場としての歴史意識について問いかけることは，新し
い研究の展望を拓く。これらの展望は，差し当たり構想化や理論形成のレベルに
ある。このレベルでは，歴史意識を定義し，学習過程としてテーマとし，その構
造や機能を開発し，その諸条件や原動力や成果を究明することが重要である。教
授と学習の実践に関心を持つ多くの教授学者やさらに多くの歴史教師は，こうし
た理論活動を無意味で，純粋に「学術的な」戯れとみなす。なぜなら，授業の日
常やドイツ人の歴史像やその政治的役割についての目下の議論に対するマスメ
ディアからの有無を言わせない影響力は言うまでもないが，この議論は理論家に
よってもほぼ到達されえないようにみえる「日の当たらないもの（Niederung）」と
しか思えないくらいの高度な抽象性において展開されるからである。練り上げら
れた理論で実証的な過程や結果を分析したり，または，歴史的知識の特性や人間
の生活実践におけるその機能についての理論的洞察によって世論における対立的
な論争を批判したりする機会を吟味する時に，思考が非常に難解であるために，
要求度の高い思考を行為に対する裏切りとみなす人々によって，思考と行為の対
置が好まれるほど，この対置がますます説得力がなくなるように感じられる。理
論は，実証と実践，ドイツ人の歴史意識についての世論の論争において暗黙裡に
示されていることに対して真相を知らせる。この理論のヒューリスティックな機
能やその可視化は，歴史教授学の理論形成の質を測る尺度になる。理論化の精神
的高揚が実り豊かになればなるほど，実際の意識形成の日の当たらないものを実

証の視野にますます正確に持ち込めるようになることから，それを測定でき，それによって理論と実証を架橋できるようになる。

　直接の経験や実践との関連を考慮して，学習過程としての歴史意識の構想上の区分が失われるのではなく，その区分の内的な複雑性において実証や実践が解明されるべきならば，理論から実践へと向かうこの歩みはどのように考えるべきであるのか。これに加え，理論的なアプローチ，しかもヒューリスティックで，分析的で，一定の明瞭な解釈を与えるような視点での入念な学問的な処理方法の明確化が必要である。ヒューリスティックには，歴史学習論は，理論レベルで学習成果として述べられたこと（挑戦的に「指標」についても論じることができるかもしれない）を明示し，探究できるようにする歴史意識の表明を視野に入れなくてはならない。分析的な転換では，歴史学習論によって基準が開発されなくてはならない。その基準を使い，表明されたことが事実内容に即して調査されうる。そして，一定の明瞭な解釈を与える視点においては，歴史学習論は，歴史意識の多様な要素間の実証的な相関関係，その発達や条件についての仮説の構築を導かなくてはならない。

　この間に，歴史意識の野心的な理論構想で研究する歴史教授学的な研究実践が構築されている[117]。にもかかわらず，研究のルーティンによって既に守られているであろう，言及した3つの視点で学問的な処理方法を明確にするスタンダードは未だにない[118]。

　歴史意識は，主として言葉で示される。それ故，言葉で表明されたことが，歴史教授学の実証的な研究関心の中心を占めなくてはならない。もっとも，例えば図での表象といった時間に意味を付与する解釈の根本的な意味の基準（Sinnkriterium）をふまえた高度な表出内容を有する歴史意識の非言語的な指標があることも見逃されてはならない。こうした象徴的な表象で示された意味の基準は，しばしば主体には明らかにまったく意識されていない。この意味の基準は時間的方向性についての意図的な熟考を，予め，そして，明確に根底におく。さらに，これを言葉で表現できるようにするためには，かなりの努力を必要とする。

　歴史意識を言葉で表明するレベルでは，どの実証的な研究活動に対しても，差し当たりまず，どのような言葉での表明を経て，どのような歴史意識の過程が実証的に到達可能であるのかという根本的な問いが設定される。歴史的知識の状態

を拠り所とするのが最も容易である。これは繰り返し調査されており，その大半が調査された人物やグループをまったく知らない，誤って知っている，または，半分だけ正しく知っているといったことを明示するものである。この調査結果は，歴史教授学者や教師だけに影響を及ぼすのではなく，政治に関心を持つ世論にもしばしばかなりの衝撃を与える。それは，そのつど露呈された知識不足が歴史的方向性の喪失，または，誤っているか，少なくとも問題を孕む方向性を意味し，政治文化に欠陥があることを描いているように思われるからである。しかし，（事実的）知識にねらいを定めた歴史意識の実証的な把握は極めて限定的なものであり，それ故，確認された調査結果の解釈は疑わしい。なぜなら，歴史的知識は確かに歴史意識の本質的な部分を表すことから，当然歴史学習の過程において重要な役割を果たすが，それ自体を単独でみると，主体の心的営みにおけるその機能に関して，つまり，歴史的知識の不足への関心やかき立てられた驚きを呼び起こすことや，調査された人物やグループの行為を決定づける解釈の型や方向性に関しては，まったく，もしくは，ほとんど明らかにしていないからである。知識状態は歴史学習の過程における目的それ自体ではなく，時間経験に焦点を当てて意味を付与する解釈コンピテンシー（Deutungskompetenz）の獲得の際に重要な役割を果たす。他方，この解釈コンピテンシーは，人間の生活実践の意図的な方向づけにおける重要な要因である。歴史意識の3つの次元間の関連は複雑であり，多種多様な歴史的知識の状態から，時間経過において生活実践を強く方向づける能力が逆に推測されるかもしれないということは決してない。知識は周知の通り死んだ状態にあり，これを解釈の型に統合せず，そうしたものとして意味を付与して解釈されると，実践的な生活の方向性の一部を形成しないとしたら，これは常に事実その通りである。このかたちでも，知識は効果がないわけではないので，歴史的知識をそれ自体のために学び，蓄えることが損になることはないだろう。もっとも，自身の歴史的アイデンティティの表明のための時間的な経験の習得において，例えば，経験を妨げるものとして，主体性を妨害するものとして，機能障害的に影響を及ぼすこともある。

　歴史意識を分析する多様な実証的な探究にとり，言葉で表明された歴史意識の発見的な把握において，（過去の事実に関する）知識，（歴史的関連としてのこれらの事実に）意味を付与して解釈すること，（歴史的な時間経過のイメージを使っ

た現在における）方向づけのレベルを相互に区別し，それぞれに対応する表明，
または，指標を示すことが望ましい[119]。もっとも，別の視点なしにある視点を考
えることはまったくできない。新しい認識に達するための発見的な方法による
（ヒューリスティックな）問題の枠組みは，知識，意味を付与する解釈，方向づ
けの3つの視点において，歴史意識の言葉で表出されたことも分析的に分類しな
くてはならず，知識状態を根底にある暗黙の解釈の型に応じて明らかにし，知識
を構造化するのに意味を付与する解釈の型の方向づけ機能をことさら強調しなく
てはならない。

　こうしたヒューリスティックな学問的な処理方法の明確化とはどのようなもの
であるのかを，授業の経過と生徒の自発的な意味を付与する解釈の成果とを分析
した2つの事例で説明したい。最初の事例では，発言のプロトコルに基づいた歴
史授業の調査を扱う。こうした実証的な調査は，複雑な診断的方法を必要とせず，
歴史教授学ではよく行われる。多くの出版された授業プロトコルや，歴史の教授
と学習の多様な側面に関わる数多くの関連する調査がある。正確に記録された授
業の現象から，参加者間のコミュニケーションにおけるそのつど有効な意味を付
与する解釈の型を，そのつど言及された歴史的内容の状況と並ぶ固有の状況とし
て確認し，優勢な学習形式として特徴づけることに問題はない。そのためには，
歴史的意味形成の4つの形式の類型が必要であり，対応する学習形式の類型が援
用され，授業でのコミュニケーションの「内容（Text）」についての解釈学的な問
題の枠組み（hermeneutisches Frageraster）として構想される[120]。授業における歴史
的知識の提示と扱いを根本的に決定づける解釈の型において洞察が生み出される。
この洞察が持つ意義は，歴史教授学にとって疑う余地はない。歴史授業の実証的
な探究において，授業で提示されて生徒が獲得する，もしくは，資料から自分で
身につける人間の過去に関する情報を，どのような歴史特有の根本的な意味関連
において生徒が処理するのかについてほとんど問われないことは驚くべきことで
ある。こうした意味関連が人間の過去に関する情報の処理を，歴史特有の意識の
成果として確定することに，ほとんど疑う余地はないであろう。しかし，こうし
た意味を付与する解釈の型が授業のコミュニケーションにおいてどのように存在
し，活用され，よい影響を及ぼしうるのかについては，依然としてほとんど知ら
れていない。歴史的な事実の提示が，教師によるものであろうと，資料・出典（Quelle）

によるものであろうと，生徒によって持ち込まれた意味を付与する解釈の型との関係が解明されていない既存の解釈の型を含んでいることが非常に多い。

　サンプル調査を見る限り，歴史授業はどのような校種と学年段階でも主として範例的な意味形成の学習形式で行われていることが多いようである。歴史は歴史授業においても依然として人生の師（magistra vitae）である。現代社会にとり文化的に有力な歴史的な思考形式は必ずしも範例的ではなく，発生的であるという文化史的事実と，この調査結果をどのように関連づけることができるのかは，歴史教授学にとり非常に議論を呼ぶ問題である。

　確かに，授業に現れる現象を確定する歴史的意味形成の形式をたった4つの意味形成のタイプの区分によって特徴づけることは，歴史的意味形成の型が授業過程において果たす役割を意識した考察にとって大雑把であり，それ故，十分に有益とはいえない。実際の影響，授業における歴史的意味形成の型を教授学的に修正する可能性が問題とされる研究方略にとっては，歴史学習の形式の内的な細分化が明らかに必要である。こうした細部は，歴史学習の形式の理論レベルで定められ，そこで個々の学習形式の分析的な細分化という手段でさらに検討されなくてはならない。だから，例えば，範例的な学習形式は，伝統的な意味を付与する解釈の型と（批判的な距離化の可能性の活用を含む）発生的な意味を付与する解釈の型との間の歴史意識の緊張の場としてテーマとされ，範例的な意味形成と伝統的，発生的，批判的な意味を付与する解釈の要素との距離に応じて，範例的なものは異なるタイプに細分される。こうした範例的な意味形成の類型的に精緻な枠組みを使って，生徒による歴史的関連のイメージの中での人間の過去に関する知識や経験の処理を考慮して，授業に生起する現象をより詳細に分析することができる。

　第2の事例は，生徒の歴史意識が自発的な意味形成行為に挑戦している時，つまり，歴史授業の規定によって決められたものでない時に，生徒たちの間でどのような意味形成の型が優勢になるのかを見つける試みである。こうした自発的な意味形成行為を実証的に確認する（「元来の歴史意識」についても意欲的に論じることができるかもしれない）ために，以下のような研究の整理がなされた[121]。それは，その波乱に富む内容のために注目と関心を集める歴史に基づくものであった。(当時の)現在にまで影響を及ぼし，記念碑のかたちでもはっきりと記憶に残っ

ているスコットランドのある出来事に関するサミュエル・ジョンソンの報告である[122]。この歴史は簡略化されて現在の状況に持ち込まれたので，実際の決断の根拠について語る必要があった。研究対象者（異なる校種，複数の学年の生徒，さらに学生も）は未解決の状況に身を置き，その状況において彼らは決断を下し，その決断は歴史を通して根拠づけなくてはならないというものであった。この指示では，歴史的意味形成（実際の出来事の歴史を語ること）は自身の生活実践の一部として，実際の行為を方向づける根拠としてなされた。それによって，歴史意識の歴史的意味形成行為にとり決定的な現在との関連が作り出されている。それも，歴史意識の意味を付与して解釈する行為（ここでは根拠づけ）を作動させる不一致や（下すべき決断という本事例における）刺激状態においてである。しかし，語りで扱われた知識状態（過去の事実）は予め設定されていたので，知識状態はそれ自体で既にある解釈の型を優先しているのではなく，語るべき歴史の「構成要素」のかたちで意味を付与して解釈する型を優先する。その位置づけは，研究対象者自身によって自発的に表現される必要がある。この調査の指示において，自発的に語ることが実現される。この語りにおいて，過去に関する知識状態がナラティブに組織されたので，それによって現在の行為の決断を根拠づけることができる。そのつどの根拠づけのために活用された歴史的な意味を付与する解釈の型が確認でき，歴史的意味形成の細分化された類型と歴史的論証を使って，詳細に特徴づけることができる。

　これらの事例は，歴史学習の形式の理論的構成からヒューリスティックな見取り図を開発し，学問的な処理方法を明確にすること，そして，これらをどのように実施するのかを示す。この見取り図で，歴史的な意味を付与する解釈の型の形態や活用に関する実証的な調査結果が評価されうる。もちろん，これらの事例が回答する以上に多くの問いが未解決のままである。歴史的な意味を付与する解釈の型を明確に分析的に境界づけることで，生活実践を方向づける型をどのように確認できるのかという問いは未解決のままである。ここでは，歴史意識の表出における立場表明のために新しい認識に達する発見的方法論（Heuristik）を展開することが重要であろう。

　こうした立場の表明は，歴史的展望を明示することで間接的になされうる。そのつどの歴史的な意味を付与する解釈活動を特徴づける展望（この展望において

過去が現在に関連づけられる）から，そのつどの歴史意識の意味を付与する解釈活動にとり決定的な主体の立場が逆に推測されうる。この帰納的推理は当然，その時々で主体の生活状況を方向づけて一定の明瞭な解釈を与えるために歴史的な意味を付与して解釈するという機能的な分類にも関わる。歴史的な意味を付与する解釈が拠って立ち，基づく立場を直接表明することは，歴史的状況についての断固たる価値判断，先入観や価値的態度の表出を意味する。

　これは，立場の表明について，歴史的アイデンティティを言葉で表出するという発見的方法を確認するためのほんの一歩にすぎない。同一視とその対義語である距離化に対応する言語行為は，歴史意識の特性においてそれほど多様に確認されるわけではない。当然，鍵となる指標は，第一人称の代名詞（私／私たち）である。しかし，歴史的同一視の様々な形式と歴史的アイデンティティの他の言語的表出との間には，分析的にくっきりとした類型的に完全な区別はない。歴史意識を通した方向づけの実行やアイデンティティ形成のためには，歴史意識の活動において意味を付与する解釈の型の形態や作用方法を実証的に確認することのできる歴史的意味形成の類型に類似するものが欠けている。ここでは，もはや歴史的経験や価値，判断形成といったカテゴリー化ではなく，歴史的な時間経過のイメージを活用した存在を方向づける「倫理」のようなもの，つまり，歴史的な立場や展望の類型が重要なのである。こうした類型は，歴史的経験に意味を付与して解釈する扱いにおける立場との関連づけを通して，歴史的アイデンティティ形成の余地を正確に測定し，どのカテゴリーに属するかを解明するに違いない。

　この余地は，以下の歴史のタイプで概略することができ，このタイプを使って立場は関連づけられたり，表現されたりするとともに，歴史的アイデンティティの構想が開発されたり，表出されたりする。一方では，唯一考えられる，客観的で，正しい立場の確かさを伝える歴史がある。逸脱はすべてが客観的に誤りとみなされる。それが別の立場での表現であり，そのようなものとして考慮する価値があるというのではなく，単純に間違っているのである。自身の生活実践の歴史的展望における相違は誤りなのである。他方では，同じ経験内容についての相違に対してそれをありえるとみなし，その展望に肩入れし，異なる歴史の展望に生産的，批判的に関連づける歴史がある。この相違は固有の真実を備え，それが承認され，生産的に自身の歴史に関連づけられる。前者では，立場は唯一ありえる

ものとして主張され，それに対応する歴史的アイデンティティが不変のものとして承認される。後者では，立場はコミュニケーションをとり他者と話し合われ，歴史的アイデンティティは柔軟になり，時間的相違に基づく他者との隔世の感を承認できるようになる。この両極間では，歴史的な立場の関連づけと歴史的な自己確認の形式が異なっている。それが，それに対応して異なる歴史的方向づけを伴う範例的な語りであり，発生的な語りであろう。

　基本的に，歴史学習の形式の類型は，意味を付与して解釈された歴史的知識に関する方向性や自己理解を分析的に類別し，その複雑な構造において一定の基準で分類するのに適しているかもしれない。こうした歴史的方向性とアイデンティティ形式の類型を細分化し，洗練するために，上記で提案された，歴史意識の次元化と条件要因を理論レベルで区分するのに役立つ歴史意識の主観性と間主観性との相違が採用されるかもしれない。

　歴史意識の実証的な指標に対して新たな認識に的確に達するための発見的方法（ヒューリスティック）の問題に関する概要は，それが回答する以上にはるかに多くの問題が存在することを既に示している。この概要はより高いレベルにおいて，実証的な状況の確認と記述から，これらの状況と条件要因との相関関係の調査へと導く実証的な調査への次なる一歩とみなされる。人間の年齢とその歴史的な意味を付与して解釈する型の形式はどのように相関するのか。内容を使って扱われる解釈の型は内容に依存するので，内容に応じた歴史解釈の転移が生じるのか，つまり，意味を付与して解釈すべき事実が，歴史的な意味を付与して解釈する型の構造化に影響を及ぼすのだろうか。

　その一方で，歴史的な意味を付与する解釈の型は，一般的な世界観の方向性や学習者の「倫理」に左右されないだろうか，そしてそれらが歴史的経験の事実の把握に影響を及ぼさないであろうか。意味を付与して解釈すべき歴史的経験と主体との密接さと，解釈の型の複雑さないしはレベル間という別の関係性がありえるかもしれない。幾つかの考察は，歴史的経験を扱う際の複雑で洗練された（例えば，発生的な）意味を付与して解釈する型を活用するための能力は，経験内容が主体の直接的で個人的な見地と関わったり，または，深く根ざした自己評価や立場を呼び起こしたりする程度において低下することが容易に推測される。

　歴史教授学の実証的関心が最も集中するであろう事態の場合には，成功を期待

させる研究方略の開発において殊更うまくいかないように思われる。長期にわた
る歴史学習の過程における歴史意識の構造的な変動を考えてみよう。長期の学習
過程の経過の中で時間経験を扱い，生活実践を方向づける歴史意識の意味を付与
して解釈する知的能力（Deutungskapazität）が，伝統的な意味形成のための能力か
ら，範例的，批判的な能力を経て，発生的な能力へという向上の道筋で発達する
というテーゼが魅力的に感じられるにつれて，これまでのところ，これに関して
は実証的に確認されなくなってきている。ここではどのような研究方略が先へと
進展させるのであろうか。ローレンス・コールバーグの人間の道徳意識の発達に
関する著名な調査に似せて，比較可能な歴史意識の発達が確認できる診断的な装
置が開発されなくてはならないであろう。しかし，残念ながら，測定すべき意識
構造はずっとより複雑なものである。なぜなら歴史意識は，発達心理学がこれま
でほとんど考慮していないタイプの経験が扱われる時間意識と道徳意識の特有の
混合体だからである。

7．歴史学習の過程の規範的な方向性のために

　歴史教授学の学習目標をめぐる議論はかなり前から低調である。1960・70 年代
には有益な討議がなされたが，その成果はアンビバレントである。一方では，歴
史の学習と教授の規範的次元が視野に入れられ，すべての組織された学習のため
に慎重に検討された教授目標の設定が有する実践的意義に対する意識が研ぎ澄ま
された。他方では，こうした特有の歴史学習のための目標規定とみなしたもので
も，その内容的な確定は不十分なままである。高度な政治化と政治的対極化は，
歴史教授学研究が合意可能な学習目標を説明し，根拠づけることを困難にする。
おまけに，カリキュラム的論証が持つ抽象性が問題を孕んでいた。それは，歴史
学習の組織化のための最上位の規範として必要とされる能力（Qualifikation）に関
する問題では，かなり頻繁にその歴史の固有性を見逃がしてしまい，それ故，歴
史意識の文化的機能と奇妙に分断された関係にある学習目標に即して「歴史」を
学習内容として道具化して利用する傾向に拍車がかかった。それと同時に，理論
的に根拠づけられ，実践に即して歴史学習の目標を決定する研究が，内容の側面
から距離を置くことも付け加わった。だから，最上位の学習目標が定式化された
り，根拠づけられたりする歴史教授学の論証レベルでは歴史の内容はほとんど問

われず，逆に，具体的な時間的な経験を学びながら歴史的な意味を与える解釈に組み入れ，その解釈を実践に差し向けて活用することが重要な場面では，学習内容が前面に出るという満足のいかない状況もありえた。

　歴史学習を，時間的な経験に関する歴史意識の意味形成過程としてテーマにするのが歴史教授学であるが，歴史教授学は歴史学習の規範的要素の説明と根拠づけに対してどのような展望を拓くのか。差し当たり，歴史学習を通してどのような必要とされる能力が獲得され（う）るのかについて問う学習過程として歴史意識に関する問いを立てることで，カリキュラムの論証に結びつけることができる。歴史意識の意味形成の成果に学習論的に一定の明瞭な解釈を与えることは，歴史教授学におけるカリキュラム上の論証を放棄するのではなく，それを教科固有性や，特有の歴史的な事項という重要な論点に導くことを意味する。歴史学習を通して到達されるべき最上位の必要とされる能力は，自身の生活実践の時間経過において意図的に，経験に裏づけて方向づけることができるよう，時間経験に関する意味を形成することができる歴史意識の能力である。まさにこの能力のために，歴史意識は人間の個人化と社会化の困難な過程において形成されるのである。この最上位の学習目標と，この必要とされる能力は，歴史学習が基本的に意味することに的確に特化すると，語りコンピテンシー（narative Kompetenz）と呼ぶことができる。この必要とされる能力の規定は，実践的であると同時に理論的である。これが，通時的な視点で生活実践を方向づけるために不可欠なコンピテンシーを描写する限りでは実践的である。これが，そのために人間の意のままになる認知的装置を使った時間的な経験に意味を付与する解釈的な扱いを通してのみ獲得されうる限りでは理論的である。後者は，「語りコンピテンシー」という必要とされる能力を認知的に考えていることを意味するのではない。なぜなら，歴史意識の意味形成活動は当然，認知的・情意的・実用主義的な領域に及ぶので，学習しながら獲得されるべきそれに対応する能力はこれら3つの学習レベルの相違をなおも前提とするとともに，根底に置くからである。

　しかし，「語りコンピテンシー」という最上位の学習目標で，（古い言葉「エマンシペーション（解放）」が政治的アイデンティティの意味論的な前線での闘いにおいてとっくに消耗され，新しい言葉「アイデンティティ」がまさに同じ前線で消耗されなくてはならなくなった後に）新しい美しい単語という以上のものを得

ているであろうか。根本的な学習目標規定である「語りコンピテンシー」は，歴史学習のカテゴリーの規範的な内容で本質をなすことができるくらい価値がある。それは差し当たり根本的な必要とされる能力のレベルで，歴史的な事項の固有性を明白に示す。歴史意識の活動を通してのみ獲得が可能であり，その生活実践における不可欠性を十分納得するにたるコンピテンシーに関わる問題である。歴史的アイデンティティが人間の自己理解の形式に欠かせないように，語りコンピテンシーは人間の行為を通時的に方向づけるために不可欠である。これなしに，行為能力のある主体を考えることはできず，両者は歴史意識の同じ過程において学びながら形成される。

　語りコンピテンシーは，その根本的な歴史的性格を示す学習に必要とされる能力を規定するものでもある。同時にそれは，学習論的に一定の明瞭な解釈を与える語りの類型を使って内容的に細分化する，つまり，複雑な規範的内容で満たすことができる。これを明らかにするために，歴史意識の発達過程を始動し，維持し続ける（ことを可能にする）3つの原動力の区分を援用したい。歴史学習は，経験のプレッシャー，主観性のプレッシャー，間主観性のプレッシャーのもとでなされる。歴史意識は，語りコンピテンシーにおいて，この三重のプレッシャーを仕立て直す。経験，主観性，間主観性を，歴史学習の過程を規定する状況として規範的に表現し，それによって「語りコンピテンシー」という必要とされる能力をテーマとして学習目標規定の3つの領域に分類する可能性を拓くことができる。それは，経験への開放性，主観的な自発性または自由，間主観的な承認または理解という学習目標領域である。

　a）一見すると経験と規範との間には越えがたい論理的対立があるように思われるにもかかわらず，時間的な経験に関するどのような意味形成も学習過程として際立たせる経験との関連性は，規範的に的確に表現することができる。とはいえ，歴史学習での経験の処理は，常に歴史意識の規範的要素に対して首尾一貫していることが重要である。人間の生活実践を方向づける通時的な視点に入り込み，学習する主体の自己の状況やアイデンティティを決定する時間経験に意味を与える解釈の型は，主体によって扱われた時間経験の特性や範囲によって影響される。その限りで，学習しながら扱われた時間的な経験は，歴史意識の規範的機能を決定づける。例えば，伝統的な意味を付与する解釈の型はむしろ経験に乏しく，経

験の増大によって範例的な意味を付与する解釈の型に変質する。歴史学習の目標
規定としての歴史意識の意味を付与する解釈の型は，学習で扱われる時間的な経
験を考慮して，実践の方向性や主観的な自己の状況の決定因子としての機能にお
いて，学習で歴史的経験に対して開かれていなければならないか，または，開か
れ続けていなくてはならないという原理を立てることができる。学習しながら習
得すべき歴史的経験は，単に予め設定された意味を付与する解釈の型や方向づけ
の型を確認するだけではないところが重要であり，もしそうでなければ，実際に
はまったく学ばれなくなる。つまり，意味を付与して新しく解釈する知的能力
（Deutungskapazität）は獲得されないであろう。そうではなく，自明の意味を付与
する解釈や方向づけが歴史的知識により問題視され，有効な意味を付与する解釈
の型と方向づけが，たとえそれが自明の様式を失い，正当化の可能な範囲内での
み根拠づける秩序のつもりであったとしても（つまり，常に正当化によって修正
可能なものであったとしても），経験を通して変更可能となるように，歴史的経験
は時間的差異の経験として学びを通じて習得されるべきである。時間経験の意味
を付与する解釈の型と実践の方向性や自己の状況の規範的な規定は，文化的な営
みにおける不動の重点として，個人や社会によって組織され，その差違を意味し
うる経験に即して容易に相対化できるものではない。しかし，歴史学習が経験を
開くという目標に方向づけられるならば，まさにこの相対化が意味される。人間
の生活実践の通時的な方向づけが，時間経験で満たされることが重要である。そ
して，これは，歴史的変動での規範的原理の刺激的な相対化なしにはありえない。
もっともこの相対化は，規範的な力を弱めるためではなく，逆に，それを「現実
のための意味」で強めるためのものである [123]。

　学習内容は，この学習目標レベルで視野に入ってくる。なぜなら，それは，実
践の方向づけと自明性の要因としての意味を付与する解釈の型を経て，学びなが
ら習得されうる任意の時間的な経験（または歴史の内容）ではないからである。
学びながらの習得よりも前に，既に経験として現在の生活環境に表出するような
歴史的状況のみが問題になりうる。歴史的なテーマとして明確に取り上げられる
前に，現在の生活の客観的・主観的な状況において，既に有効な歴史の内容が学
ばれるべきである。

　歴史的アイデンティティは，自由な意見の形成や選択の問題ではなく，主体が

その渦中に生まれる歴史的発展を通して不可避的に決まるものである。歴史的アイデンティティは，学びながらもたらされるのではなく，身につけていくものである。しかし，その習得方法は，歴史的アイデンティティの形態そのものに影響を及ぼす。だから，例えば，歴史的アイデンティティの一部としての国家的アイデンティティは，生活環境（親がドイツ人またはフランス人であるならば，ドイツ人またはフランス人として生まれる）を通して常に既に予め決まっているが，他方で，個人が国家的アイデンティティに対して態度をとるために何をどのように学ぶかに応じて，個人の発達過程において多様な現れ方をする。

　b)歴史学習の主観性との関連は，「生徒との関連」または「生徒の関心」といったカテゴリーで規範的にテーマとされる。だからといって，歴史教授学が精緻な価値規準のかたちで，歴史学習の過程の目標規定を開発できるというわけではない。そこでは，そのつどの生徒にとって有力な存在の方向性の側面のようなものが拘束力を持って明示される。これでは，歴史学習の主観性との関連に，客観主義的な転回を施してしまうことになる。客観主義的な転回では，何が問題なのかがすぐに見失われてしまう。問題となるのは，学習者の主観性，自己と自我，「我意」である。主観性とは誰のであるのか，または，何が主観性であるのかが学習者に予め設定されているということである。むしろ，学習過程での歴史的経験に意味を付与して解釈しながら習得することの自発性や，自身の生産力に関する能力を学習者に与えることが重要である。逆説的に述べるとこうである。他者の指導なしに自分たちの世界の時間の流れをナビゲートできるように，学習者を導くことである。人間の生活実践の通時的方向性に当該者の主観性を持ち込むことが重要なのは明らかであり，それによって当該者は現在の歴史的方向性を自身のものとして感じ，実行するのである。この次元における歴史学習の決定的で根本的な規範は，自由とも言える。学習者には，自身の意味を付与する解釈を導いたり，歴史的に方向づけたりするための能力が与えられるべきである。

　この根本的な規範から，一連の歴史学習の多様な目標規定を導き出すことができる。だから，例えば，そのつど学習しながら習得すべき歴史的経験は，学習主体が自身の関心や意図でもって自らの生活を時間に方向づける場面で，学習主体と関わり合うように学習過程に持ち込まれなくてはならない。

　この（規範的な）関わり合いの基準は，歴史的経験が認知レベルで意味を付与

して解釈しながら処理されうるだけではなく，常に見解や情意を介して伝えられなくてはならないことを意味する。これはもちろん，些細なことであり，しかも問題がないわけでもない。規範へと向けられた主観性の基準では，歴史学習は心情を生産するというのに等しいからである。しかし，この関わり合いの基準が単に認知的な努力を促すための授業方法論的手段として，いわば，歴史的な知識状態の摂取のための情意的な潤滑剤としてではなく，学習過程自体の最も重要な関わり合いの状態として活用されるならば，もはや些細なことではなくなる。もっと厳密に言えばこうである。主観性は歴史学習を通して，しかも，それが（認知的要素と情意的要素の独自の混合における）「態度(Einstellung)」として生活実践に有効であるところで，内面的な時間の質を獲得する。

　とはいっても，これにより問題が避けられなくなる。これは，人間の主観性の次元を歴史学習の教授学的熟考から締め出すことでなされるわけではない。心情教科(Gesinnungsfach)としての歴史授業が持つ負の歴史的経験は，歴史教授学を学習目標としての心情についてもはや論じない方に傾斜させるが，これによってこの主観性の次元を学習過程から既に締め出しているのではなく，その教授学的分析から除外しているにすぎないことがはっきりと分かる。歴史学習の過程の規範的要因の分析において，この曖昧さを覆すことは，当然，歴史学習の規範的構成要素としての心情を確定することではなく，「語りコンピテンシー」が心情の現れとして実際に何を意味するのかを検証することを意味する。心情についての問いを設定するならば，その答えは内容的に決定づけられた心情ではなく，複数の心情の関係性，もちろんそれらの心情に影響せずにはいられない心情を扱う方法であろう。語りコンピテンシーは，生活実践の通時的な方向づけにおいて心情を理解や論証能力に結びつけ，しかも，心情と結びつけられた立場を意識し，自身の主観性の事柄として理解でき，それによって同時に修正もできるよう，心情を熟考できるようにする。自身の主観的な深層にある心情との「理性的な」関係は，学びで語られる多様な物語（歴史）が「主観の強い」ものである場合，つまり，学習者自身が有力な生活経験に関して，必ずしも付随的ではない立場でその多様な物語（歴史）に登場する場合にのみ，歴史学習の過程の成果として期待することができる。

　c)歴史学習の次元としての**間主観性**に関して言えば，経験への開放性や自己活

動としての自由と，理解という基本的なコミュニケーションの規範は，類似した基本的な規範と名づけることができる。ここでは，主観が強い目標のイメージをコミュニケーションの規範的要素として一定程度明瞭に解釈し，説明することが重要である。歴史学習が基本的にコミュニケーション過程とみなされるとしたら，これは理論的な問題ではない。歴史学習の次元としての主観性と間主観性の相違は，かなり作為的である。一方が学習過程の推移において常に同時に他方に影響を与え，その逆も然りである。間主観的な側面における歴史学習の根本的な規範的規定としての「理解」とは，歴史的な経験に意味を付与しながら解釈して習得するところで，自己活動の規範が論証的に転換されなくてはならないことを意味する。自身の自己活動に関する能力は，コミュニケーション的に他者の同じような自己活動の容認と結びつけられる。この規範に照らして，学習過程は学習者相互の論証的な関係として現れる。この過程において，学習者は自身の歴史的展望や立場を熟考し，論証的に有効に発揮させるとともに，その際に他者の展望と立場を認知し，それについて話し合う。この「話し合い」は，自ずから規範的に統制される。自身の（歴史的）アイデンティティの有効性が，同時に時代や文化が異なる他者との相違が持つ効力を発揮させるという原理による最終的な根拠においてである。

　このように語りコンピテンシーは，学習過程としての歴史意識を始動させ，動かし続ける3つの要因，すなわち，経験への開放性，自由，理解という3つの次元において，歴史学習の包括的な目標を区別することができる。これら3つの次元は歴史学習の4つの形式と相関関係にあるので，歴史的な学習目標のマトリックスが判明する。このマトリックスで，実際の歴史意識の学習過程の複雑さが考慮されうる。それは，学習形式固有の歴史的経験，主観性や間主観性の形態を確認し，説明することができる。この綱領的な論考の枠組みでは，こうした学習目標の一覧を体系的に展開することは不可能である。いずれにせよ，そうした一覧でも事足りないであろう。純粋にそれ自体ではなく，常に複雑な結びつきにおいてのみ見出される4つの学習形式の内的な関連が理論的に説明され，それに対応する複雑な統合が学習目標レベルで獲得されて初めて，歴史学習の目標が説明され，根拠づけられるので，この内的関連が実際の学習過程に対応し，意図的にその過程に導入されることができるのである。それ故，私はまったく不十分な提案

に甘んじなくてはならない。

　伝統的な学習形式では，主として生活実践に影響を及ぼす伝統の確立に主眼をおいた歴史的経験が，歴史的アイデンティの多様な範囲で，すなわち，ヨーロッパの世界史という広範囲に及ぶ次元（西洋の合理主義，とりわけ西洋の人文主義の起源と一連の進化）や，歴史的な根拠づけに有効な伝統が重要である国家・地域・地方のアイデンティティという狭い領域の世界史の次元で伝達されなくてはならない。これに対応する主観性の形式は，この伝統を意識的に採用することであり，それに対する正当なコミットメントである。また，これには伝統を保護する意欲や現在やその更なる発展に向けた有益な摂取のための能力も含まれる。伝統的な学習形式では歴史的に，最も容易には「合意」として，「価値共同体」への帰属意識として特徴づけることができる間主観性が学ばれなくてはならない。この時間経験に関する伝統的な意味形成の学習形式において，歴史学習の目標の提示が，保守的な見解のための一面的な意見表明と解釈されるとしたら，それは誤解であろう。なぜなら当然，歴史的な意識のかたちとしての批判的で解放的な自己理解もまた，主体によって意識して利用される程度でのみ適用され，さらに発展されうる有効な伝統によって活気づくからである。

　範例的な学習形式では，ルールコンピテンシーの主観性の質が問題となる。これは，学習で扱うべき歴史的経験に関して，学習しなくてはならない行為のルールの実現または逸脱の範例的な事例で，単なる伝統的な有効性を越えた，特に有効な形式を理解し，取り扱うことができるようにするために，伝統の範囲が意識的に乗り越えられなくてはならないことを意味する。立場を越えて影響を及ぼす行為のルールでの論証，とりわけ，行為を方向づける歴史的価値を一般化できる視点が，間主観性の規範として有力である。

　時間経験に関する批判的な意味形成の学習形式では，とりわけ，それぞれ自身の立脚点の根拠や，予め設定された意味を付与する解釈の型や方向づけの型との境界が問題となる。歴史的方向性やアイデンティティの基準が問題視されうるようなすべての歴史的経験が教授学的に重要である。つまり，扱いにくく，対立的で，「対抗史的な」事実や事実関連を巡る問題，とりわけ，学習者が主観的な有効性の要求を歴史的経験で根拠づけるための能力を獲得し，そのために，こうした経験を作り出し，それらを問うて解明し，意味を付与して解釈しながら習得する

ための能力が不可欠であることを巡る問題である。この批判的な学習形式において，歴史学習の主観性と間主観性は，規範的なかたちでは以下のように現れる。主観性は自己批判し距離を置く能力として，間主観性は異なる歴史的展望や立脚点を区別したり，境界をつけたりする能力として発揮されなければならない。ここでの歴史学習は，過去の解釈的再評価と歴史的展望による現在の方向づけにおいて，自身の関心を認知し，他者と論争するための能力を提供しなくてはならない。

　発生的な学習形式では，歴史的経験は特別な規範性を持つ。それは，伝統的な方向性や範例的な方向性の変わりやすさをはっきりと示唆し，批判的に獲得された自身の立場は別の相違する立場と調整可能であるように思わせるものである。歴史的立場と関連づける主観的な我意と，間主観的に境界づける方略は，歴史的主観性と間主観性の時間化された形式で克服されなくてはならない。この形式は，歴史学習の目標としてこう表現することができる。主観性は自身を時間的に伸びていくものとして，変動可能で発展可能なものとして把握し，この自身の時間展望を伝達できるようにするべきである。この歴史学習による個人化と社会化の最も高度な形式では，時代や文化が異なる他者との相違を認識する能力の程度において示される主体である私もしくは私たちの強さが問題となる。

　この抽象的かつ概略的にしか示されていない歴史学習の目標の体系は，歴史学習の規範的な基準としてそれ自体が強調されなくてはならない内的ダイナミズムを持つ。歴史学習の過程は4つの異なる学習形式を通貫し，その際にそのつど有力な語りコンピテンシーが獲得されるようになされなくてはならない。発達論的な観点（伝統的，範例的，批判的，発生的な意味形成）に従った4つの学習形式の理論的な順序が人間の個人化と社会化における歴史意識の発達の方向性に対応するという推測が正しいとしたら，この方向性の規定は歴史学習の過程自体にとり規範的な意味を持つ。（そのつど，それ自体に他の学習形式を内包した優勢なものとしての）個々の学習形式は言及された方向性において混じり合って移行するように，歴史学習は組織されるべきである。そうすれば，この移行は，極めて規範的な規定として歴史的な学習目標のマトリックスに組み込まれるに違いない。

8．歴史学習の実用論への展望

　学習目標は，歴史意識の育成を意図的に重要な問題とする行為を導くことができるくらい価値がある。こうした行為の典型が，特にそのために組織された学習過程における歴史の教授である。この行為をテーマとする一般的な形式が，歴史授業の方法論である。そこでは，学校での組織的な歴史学習の過程を取り仕切るルールが重要である。それらのルールは，たいていは教え方のルールとして，歴史授業の技能教授（ラテン語の ars［技術］，実用的な能力の意味での技能）として検討され，説明される。しかし，この見解には，2つの限定が潜んでいる。まず，教師の意図的な行為が前面に押し出されるので，教師の行為と生徒とのコミュニケーション的な関連はもはや相互作用という広がりにおいてではなく，計画的な教授の帰結として現れる。学習は教えることに機能的に依存しているようにみえ，授業方法論は，教師の活動を通して，教えるという行為の制御に集中する。しかし，すべての教授は学習のために行われ，教師の行為は常に学校での学習過程の推移と成果に対して非常に影響力があるとはいえ，教師は学習者の行為とのコミュニケーション的な結びつきにおいて初めてその統制的な力を発揮し，その際には生徒の行為にも特有のしばしば見逃される統制的な機能がある。

　歴史教授学的な見解の2つめの限定は，歴史の授業という対象それ自体にある。その特有の組織形態，その制度上の強い規制は，意図的に管理された歴史学習の過程の典型的な事例となっているが，唯一の事例となるわけではない。歴史授業の方法論と比較しうる学校外の（例えば，博物館，または，成人教育での）歴史学習の方法論は，せいぜい試み程度くらいのものである。

　歴史学習の学問と解され，学校の歴史授業を（当然，とりわけ重要な領域としてではあるが）歴史学習の他の領域と並ぶ一領域とみなす歴史教授学は，これらの限定を乗り越えることを試みなくてはならない。無論，授業方法論にとり何が問題になっているのかを歴史教授学が見失ってしまうとしたら，深刻な結果を招くであろう。問題とは，それによって（予め設定された制度的形式において）学習過程が意図的に組織され，操作され（う）るような特別な行為のことである。この逆を目論んでいる。理論的に研ぎ澄まされた歴史教授学の視線が実際の学習過程における歴史意識の意味を付与する解釈活動や方向づけ機能に向けられるとしたら，より深部に至るとともに，より鋭敏になるであろう。この深みや鋭さは

どこにあるのか。

　これまでの授業方法論では，授業行為の一般的なルールを歴史授業に援用することが重要であった。その際，歴史授業は，その内的論理が総じて授業または教育の論理である一般的なルール体系の応用事例として現れた。こうした授業方法論の問題は，そのルール体系を学習過程が持つ歴史の固有性から獲得していないことにある。それによって，授業構成の教科固有でない視点のもとでなされる行為よりも，固有の歴史的な場面での歴史学習の過程の方により強い影響を及ぼす行為や行為のルールを見逃してしまうかもしれない。例えば，教師からの動機づけは，意欲的に学ぶ内容との関係で機能不全に陥っているかもしれない。メディアの選択や導入の問い等々で動機づける行為は，歴史意識自体の固有のダイナミズムから乖離させ，想定された生徒の関心状況に訴えず，歴史意識に表面的にしか影響を及ぼさないであろう。

　しかし，歴史意識を適切に動機づけて確認するとは何を意味するのか。歴史授業において意味を付与する解釈活動を始動させる歴史固有の不調和をもたらす経験とは何だろうか。こうした具体的で極めて実践的な問題は，学習で起きることが歴史意識における教授学的洞察に基づく学習過程とみなされる時にのみ解決されうる。

　こうした授業方法論の研究は，ずっと以前から始まっている[124]。それは，授業方法論の個別のテーマ領域（授業での動機づけ，方法の構想，活動形態，社会形態，メディアなど）を体系的に歴史意識の学習過程の要因として分析し，その際に上記で論じられた理論的・実証的・規範的観点を有効に発揮させることにある。これらの観点は，授業で起こることに簡単に応用できるわけではない。むしろ，これらは教授学の思考形式から方法論のそれへと転換されなくてはならない。ここではもはや学習過程としての歴史意識ではなく，独自の規則性を持つ主体間のコミュニケーションや独自の調整のメカニズムが重要である。「歴史」という事態と関わる言語行為の規則とメカニズムに関わる問題である。その固有性はそのつど特有の時間的な経験が討議されるところにあり，その意味を付与する解釈は当該者の自己理解と，生活実践を方向づける観点にとって重要である。

　歴史学習の過程が実り豊かであるかどうかは，その過程において時間経験と生徒の主観性を体系的に相互に結びつけ，相互に参照し，互いに論証的に調整する

ことができるかどうか，できるとすればどの程度成功するかにかかっている。例えば，授業計画は，教材が歴史的内容を提示するだけではなく，生徒の主観性に直接訴える場面を定めなくてはならないであろう。そして，こうした教材を使ってなされる授業過程は，生徒の関心が歴史的内容に関する活動の中で消滅しないよう，いわば，事象によって消耗され，事象を通り越して単なる意見や憶測での賑やかなやりとりが展開されるのではなく，歴史的な経験を深め，自身の立場を省察するように操作されなくてはならない。

　このささやかな提案は抽象的であり，歴史学習の学問とみなされ，歴史意識を学習過程としてテーマとする歴史教授学の枠組みにおける教授と学習の実用（Pragmatik）の場を単に示すにすぎない。学習過程で歴史意識を動かし，維持する決定要因に従って授業実践が体系的に十分研究される時にのみ，こうした実用的な知識を精緻化することができる。この学習過程の方向性に決定的な影響を与える授業でのコミュニケーションの要因が，教授と学習の実用的な知識にとり決定的である。これらの要因が，経験への開放性，自発性，理解といったそのつど展開される学習目標が実現され，歴史意識の意味を付与して解釈したり方向づけたりする能力がその進展において4つの学習形式を通して体系的に高められるかどうか，できるとしたらどの程度かを決定づけるのである。ここでも，既に有している知識を新しく有効に発揮させればよいということを越えて，さらに多くの欠陥を取り除かなくてはならない。

〈注〉

97) 歴史意識に関する対話。ボッフムの総合制学校第5学年の生徒のプロトコル（未公表）。

98) Bergmann, Klaus: Geschichtsdidaktik als Sozialwissenschaft, in: Süssmuth, Hans (Ed.): Geschichtsdidaktische Positionen (Anm. 72), S. 17-48.

99) Kuhn, Annette: Geschichtsdidaktik und Curriculumentwicklung, in: Bergmann u.a. (Eds): Handbuch der Geschichtsdidaktik (Anm.25), S. 339-348.

100) 例としてヤイスマンの論考 'Geschichtsbewußtsein' (Anm. 25), とシェルケンの論考 Geschichtsdidaktik und Geschichtsbewußtsein, in: Geschichte in Wissenschaft und Unterricht 23 (1972), S. 81-89 が挙げられよう。

101) これに関しては，Jeismann, Karl-Ernst: Geschichtsdidaktik und Forschungskommunikation, in: Behre, Göran/ Nordborg, Lars Arne (Eds): Geschichtsdidaktik, Geschichtswissenschaft, Gesellschaft. Stockholm 1985, S. 35-62 を参照。

102) これに関しては，Schörken, Rolf: Organisiertes und nicht organisiertes Lernen von Geschichte,

in: Geschichtsdidaktik 9 (1984), S. 337-342 を参照。

103) Rüsen, Jörn: Historische Vernunft (Anm. 49); ders: Die vier Typen des historischen Erzählens, in: ders.: Zeit und Sinn. Strategien historischen Denkens. Frankfurt a. M. 1990, S. 153-230; とりわけ，25 頁以下を参照 (Geschichtsdidaktische Konsequenzen aus einer erzähltheoretischen Historik)。

104) これに関する概要として，Rüsen, Jörn: Erklärung und Theorie in der Geschichtswissenschaft, in: Storia della Storiografia H. 4 (1983), S. 3-29。

105) これに関しては，Rüsen, Jörn: Historisches Erzählen, in: ders.: Zerbrechende Zeit (Anm. 9), S. 43-106。

106) Röttgers, Kurt: Geschichtserzählung als kommunikativer Text, in: Quandt, Siegfried/ Süssmuth, Hans (Eds): Historisches Erzählen (Anm. 42), S. 29-48 が歴史的語りのコミュニケーション的側面をとりわけ強調する。Ders: Der kommunikative Text und die Zeitstruktur von Geschichten. Freiburg 1982 を参照。

107) Jeismann, Karl-Ernst: Geschichtsbewußtsein, in: Bergmann u.a. (Eds): Handbuch der Geschichtsdidaktik (Anm. 25), S. 42-45, ここでは，S.42。

108) このカテゴリーに関しては，Rüsen, Jörn: Der Teil des Ganzen. Über historische Kategorien. In: ders.: Historische Orientierung (Anm. 25)を参照。

109) Rüsen, Jörn: Geschichtsbewußtsein und menschliche Identität, in: Aus Politik und Zeitgeschichte, B 41 (1984), S. 3-10.

110) これに関しては，Rüsen, Jörn (Ed.): Geschichtsbewußtsein. Psychologische Grundlagen (Anm. 57) にある関連論文を参照。

111) これに関する詳細は，Rüsen: Die vier Typen (Anm, 103)。

112) Rüsen, Jörn u.a.: Geschichtsbewußtsein von Schülern und Studenten im internationalen und interkulturellen Vergleich (Anm. 92).

113) これに関しては，とりわけ，レットガースが強く指摘する。

114) (歴史教授学においてほとんど議論されても，受け入れられてもいない) クルト・ゾンタークの論文が卓越した例外を示す。Das geschichtliche Bewußtsein des Schülers. Ein Beitrag zur Bildungspsychologie, Erfurt 1932.

115) これは，とりわけクッパースの著名な著書 (Küppers, Waltraut : Zur Psychologie des Geschichtsunterrichts. Bern 1961:訳者補足) の中で示されているゾンタークの調査で既にそうなっている。Jung, Horst-W./ von Staehr, Gerda: Historisches Lernen. Didaktik der Geschichte, Köln 1983 の論文もそうであるが，それに対応するアプローチはないと言われるかもしれないけれども，そこには明確な理論的根拠が存在する。歴史意識の問題は歴史教授学の重要な問題としての地位を否定され (Rüsen, Jörn: Historisches Lernen [Anm. 13] 32 頁以下を参照)，歴史学習は客観的な社会的条件の機能として取り扱われている。学習者の主体性はこれらの関係の重なり合いにおいて消滅する。

116) これに関しては，Noack, Christian: Stufen der Ich-Entwicklung und Geschichtsbewußtsein, in: von Borries, Bodo/ Pandel, Hans-Jürgen (Eds.): Zur Genese historischer Denkformen. Qualitative und quantitative empirische Zugänge. Pfaffenweiler 1994, S. 9-46 の示唆に富む論考を参照。

117) これに関しては, Hasberg, Wolfgang: Empirische Forschung in der Geschichtsdidaktik. Nutzen und Nachteil für den Unterricht. 2 Bände, Neuried 2001 の概要を参照。より以前の研究に関しては, とりわけ, カールーエルンスト・ヤイスマンとボド・フォン・ボリースの論文を参照。Jeismann, Karl-Ernst: Die Teilung Deutschlands als Problem des Geschichtsbewußtseins. Paderborn 1987; von Borries, Bodo: Geschichtslernen und Geschichtsbewußtsein. Empirische Erkundungen zu Erwerb und Gebrauch von Historie. Stuttgart 1988. さらに, Blanke, David W.: Observing Children Learning History, in: The History Teacher 14 (1981), S. 533-549 を参照。

118) この論考の初版以降, さらなる研究が提起されている。Borries/ Pandel/ Rüsen: Geschichtsbewußtsein empirisch (Anm. 92); von Borries, Bodo/ Rüsen, Jörn, u. a. (Eds.): Geschichtsbewusstsein im interkulturellen Vergleich. Zwei empirische Pilotstudien. Pfaffenweiler 1994; von Borries, Bodo: Vorstellungen zum Nationalsozialismus und Einstellungen zum Rechtsextremismus bei ost- und westdeutschen Jugendlichen. Einige empirische Hinweise von 1990, 1991 und 1992, in: Internationale Schulbuchforschung 15 (1993), S. 139-166. とりわけ, Angvik, Magne/ von Borries, Bodo (Eds): Youth and History. A Comparative European Survey on Historical Consciousness and Political Attitudes among Adolescents. 2 Bde. Hamburg 1997 の大規模に構想された研究を参照。さらにボリースの継続的な研究がある。Das Geschichtsbewußtsein Jugendlicher. Eine repräsentative Untersuchung über Vergangenheitsdeutungen, Gegenwartswahrnehmungen und Zukunftserwartungen von Schülerinnen und Schülern in Ost- und Westdeutschland. Weinheim 1995;子どもや若者の歴史意識の形成と発生に関する実証的な調査は, Hinrichs, Ernst/ Jacobmeyer, Wolfgang (Eds): Bildungsgeschichte und historisches Lernen. Frankfurt a. M. 1991, S. 119-156; Forschungsprobleme einer Theorie des Geschichtsbewußtseins. Am Beispiel einer Studie zum empirischen Kulturvergleich, in: Blanke, Horst-Walter/ Jaeger, Friedrich/ Sandkühler, Thomas (Eds.): Dimensionen der Historik. Geschichtstheorie, Wissenschaftsgeschichte und Geschichtskultur heute. Jörn Rüsen zum 60. Geburtstag. Köln 1998, S. 139-152; Kindlich- jugendliche Geschichtsverarbeitung in West- und Ostdeutschland 1990. Ein empirischer Vergleich. Pfaffenweiler 1992; Lebendiges Geschichtslernen. Bausteine zu Theorie und Pragmatik, Empirie und Normfrage. Schwalbach/Ts. 2004 にある。

119) これに関しては, Rüsen, Jörn: Historisches Lernen (Anm. 13), S. 61 以下（本書第6章に該当する：訳者注）を参照。

120) ハンスーペーター・アペルが具体的な事例を提示する。Möglichkeiten der erzähltheoretischen Analyse von Geschichtsunterricht. Ein Beispiel aus dem Unterricht einer 10. Hauptschulklasse, in: Geschichtsdidaktik 12 (1987), S. 177-185.

121) これに関しては, 詳細は Schmidt : "Eine Geschichte zum Nachdenken" (Anm. 95), S. 28-35. を参照。

122) Johnson, Samuel: Reisen nach den westlichen Inseln bei Schottland, Frankfurt a. M. 1982, S. 221-223.

123) Humbolt: Über die Aufgabe des Geschichtsschreibers (Anm. 41).

124) 例として, Gautschi, Peter; Geschichte lehren. Lernwege und Lernsituationen für Jugendliche. Bern (Lehrmittelverlag des Kantons Aargau) 1999; Sauer, Michael: Geschichte unterrichten. Eine Einführung in die Didaktik und Methodik. Seelze 2001 を参照。

第3部
歴史意識と歴史文化

第8章　歴史意識とは何か：理論的省察と新しい認識に達するための発見的方法論からの指摘[125]

> 人間が動物と異なるのは，明日の飢えを心配するだ
> けではなく，自分の祖父を知っていることによる。
>
> **トーマス・ニッパーダイ**[126]

　私たちの社会の歴史文化に関心を寄せる者は誰しも，「歴史意識（Geschichts-bewußtsein）」について語る。社会一般的な過去の扱いが問題となったり，「歴史」が世論の関心事となり，政治文化の「論争」[127]となり，様々な機関や組織による努力が傾注される対象となったりする言説（Diskurs）のための中心的カテゴリーとして，歴史意識が市民権を得ている。歴史教授学はこの趨勢に追従してきたし，（少なくともドイツでは）おそらく先行している。1970年代には，歴史授業の本質的な決定要因としての生徒の関心について調査がなされた。それにより，生徒が常に授業に持ち込んでくる特定の主観的な先入観や思い込み，知識状態や態度，好みや関心状況，意図が明らかにされた。生徒が歴史の授業で，その授業を通して大人が学ばなくてはならないと考える「歴史」を学ぶべきならば，それは自身が属する社会で有益な構成員になるために学んでおくべきことであり，この前提条件を考慮せずに行うことはできない。それまでほとんど論じられてこなかった，この混在した意識現象は，歴史学習の本質的な要素として注目された。当初，それは歴史の「受容」という視点のもとで考えられていた。「歴史」は，客観的に与えられるものであり，学んで習得されなくてはならない過去のものとみなされたのである[128]。しかし，歴史意識の内容そのものが意識行為の産物として認識されるようになると，その分だけ歴史学習ではそれまで優勢であった受動的な特徴は失われてゆき，生産的な特質を獲得することとなった。単刀直入に言えばこうである。歴史意識が方向づけたり，論拠づけたりするのに自由に使える歴史的な知識体系として生まれかわるために，意識はもはや「歴史」で満たされなくてはならない容器とはみなされなくなったのである。意識は，歴史的知識が人間の生活実践において，有意義な機能を果たすことを可能にする生産の場として登場する

ようになった。

　その結果，「歴史意識」は一貫して歴史教授学の鍵概念となった。これにより，この学問分野の広範にわたり混乱しがちな活動領域の輪郭が明確になり，説明できるようになった [129]。それとともに歴史教授学は，歴史学，教育学，心理学，体系的な社会科学の交錯点に位置する比較的独立した学問分野として，新たな自己意識を獲得したのである [130]。

　同時にそれにより，実証的な知識がますます必要とされるようになった。子ども，若者，大人，異なる地域や状況において，歴史意識とは具体的にどのようなものなのか。日常において，政治において，その他の生活領域において，それはどのような役割を果たしているのだろうか。そして，どのように発達させ，どのように伸ばし，どのように訓練すればよいのか。とりわけ，ピアジェとその学派によって研究されてきた，論理的，モラル的，その他の認知的なコンピテンシーの発達の規則性に対応するような歴史意識の発達の規則性はあるのだろうか。国民の関心が政治文化に不可欠な要素としての歴史意識に向けば向くほど，この実証研究の必要性が緊急性を増すことは言うまでもない [131]。

　歴史教授学にとって，歴史意識に関する実証的な調査において，通常繰り返し嘆かれるのは，この分野には実証研究が欠如しているということだけではない。むしろ長い目で見れば，この中心的なカテゴリーの有益性（と信頼性）は，結局はこれらの調査にかかっているとともに，同時にその学問的性格が危険にさらされていることにある。教授学的な観点における実証研究とは，世間一般として言えば，授業実践であった。結局のところ，教えるという行為コンピテンシーは，教員養成の紛れもない要件であり，この要件がなければ教科教授学はほぼ存在しえないだろう。それは間違いなく学校における子どもや若者，成人教育における大人の歴史意識に代表されるように，もしこのような行為コンピテンシーが歴史学習の本質的な決定要因についての知識なしには得られないのであれば，つまり，教授学がもはや授業実践の技術を伝える学問としてでは十分納得させることができないとしたら，歴史教授学はベテラン教師の見識という経験概念を（もちろん，これを放棄することはありえず）自身のものにしなくてはならない。「歴史意識」という基本カテゴリーを学問的に真に精緻化するためには，歴史教授学は経験を研究課題として認め，研究を通して経験を獲得し，一定の明瞭な解釈をしなくて

はならない。

　そうした研究はどのようなものでなくてはならないのか。この問いかけのアプローチや構想上・方法論上の方略という点では，かつてロルフ・シェルケン(Rolf Schörken)が**歴史**意識から歴史**意識**への転換として特徴づけた歴史教授学の転換を考慮に入れなければならないだろう[132]。まさにそのつど意識されたり意識されなかったりすること，つまり，歴史意識の「内容」だけではなく，その形式，その立場，価値的態度，意味の想定も研究されるべきだろう。研究は，歴史的な「内容」に，そのつど論じられた主体にとってのそもそもの意義や意味を与える精神的要因に目を向けなくてはならない。つまり，どのような歴史的内容がどのような方法で習得され，学習され，生活実践に応用されるのか，その最終的な原因となる現象を問題にするということである。

　この主張は，歴史教授学における知識の必要性に合致するものであるため，簡単に想定することができる。しかし同様に，この主張は簡単には実現されえないことも容易に理解できる。では，何に注目すればよいのか。非常に明快にルーブリック化され，最終的には容易に問うことができる事実とは対照的に，それは，事実として容易には明らかにならないか，あるいは，その事実性そのものが不明瞭であるために，問えるかどうかが問題となる精神的要因に視線が向けられる。したがって，歴史的知識の主観的な内面がもつ計り知れないほど膨大な実践的・教授学的な意味に議論の余地はないが，これらは研究でどのように解明し，確認することができるのか。

　この歴史教授学的な実証研究における基本的な問いは，何よりもまず，理論に関わる問題である。なぜなら，扱われる事実を，概念的に展開して新しい認識に達するために発見的に（ヒューリスティックに）解明する理論のかたちにすることに成功して初めて，その実態が経験の事実として方法的に確定され，調べられ，確認され，一定の明瞭な解釈が与えられうるからである。

　以下の考察は，こうした歴史意識の理論構成を対象とする。その目的は，世間一般に「歴史」または「あの歴史」と呼ばれる歴史的知識の具体的な事実を越えて過去と向き合うことで，人間の意識の活動を解明することである。この活動を通して，過去は，意義や意味に満ちた歴史という特性を初めて知り得ることになる。「歴史意識」という現象の本質的な特性，つまり，歴史意識を人間の意識の別

の形式や過程や内容と区別するものについて詳述する。歴史意識はどのように構築され，どのような構造を持ち，人間の生活においてどのような役割や機能を果たし，最終的に，どのように成立し，個々の主体の生活過程において発達するのか。

　これらの問いはすべて，非常に一般的で根本的な性質のものであり，実証的な研究目的のためにこれらは視野に入れるべきことの枠組みを定めるにすぎない。その目的は，歴史意識の一般理論を構築することである。歴史意識の出現方法，細分化，具体化，変動を概念的に把握できるようにするとともに，実証的な調査から新たな知見が得られるように，発見的に導くべきである。

　「歴史意識」として一体，何を視野に入れるべきなのか。**歴史意識とは，生活実践を方向づけるために，時間経験が記憶を介して処理される精神的な（情意的・認知的で，無意識的・意識的な）操作の縮図**（Inbegriff）である。この定義は意図的にかなり一般的なものにしてあり，歴史の特定の概念にこだわるものではない。ここでは歴史は非常に初歩的に，意味を付与して解釈された時間とみなされる。歴史意識は確かにこのままではあまりに一般的すぎる。というのも，結局のところ，自然の摂理も意味を付与して解釈された時間だからである。しかし，記憶という媒体を時間に意味を付与して解釈するための不可欠な条件と仮定するならば，人間のかかわり方の特殊な方法として，他のものと区別することができる，その基本的な独自性を論じることができるのではなかろうか[133]。何らかのかたちで現存しているか，または，視覚化することができる過去が重要なのである。理論構築を容易にするという理由から，歴史意識に不可欠な過去への言及を人間の過去に限定する。したがって，自然史は考慮に入れない。

　確かに，すべての歴史的記憶は過去を起源とするが，歴史を人間の過去の意識という特定の時間意識（まさに歴史意識）の内容としてのみ特徴づけることは誤解を招くかもしれない。すなわち，歴史意識は意味を付与して解釈されるべき時間を過去に限定するのではなく，時間を，基本的に過去の記憶を通して過去の記憶とともに検討するのである。その時間とは，原則としては，過去の次元を飛び越えている。歴史意識の記憶能力は，現在の人間の生活実践の時間的な経験と時間的な意図（未来をめざす行為の意図を意味する：訳者注）によってかき立てられる。それは，時間の中で人間の生活がどうなるのかが決定づけられるという，

固有で根本的な乖離によって引き起こされる。歴史的記憶は，時間的な経験と時間的な意図との間，人間とその世界の変化という挑戦的な経験として客観的に作用する時間と，人間の行為の意図やその意図にとり重要な行為状況の意味を付与した解釈において主観的に作用する時間との間にある根本的な乖離により決定される。これら2つの人間に及ぼす時間の作用の間には，その独自の時間性が張り巡らされている。その中で人間は，自分の世界を偶発的なものとして，そして自分自身を自由なものとして経験する。人間の歴史意識は人間が生活を送る上での初歩的な文化の成果の一つであり，その成果を通して，人間はこの時間性を自らの手で，自らのために組織するのである。歴史意識は，客観的な時間と主観的な時間，内的な時間と外的な時間にバランスをもたらし，このバランスにより意図的で経験的な方法としての行為を可能にする。

　このような考察は，歴史意識というテーマから離れてしまい，人間の時間性を哲学する深淵へと導かないだろうか。そんなことはない。なぜなら，この考察により，歴史意識によってなされる記憶という行為が，常に，そして基本的に現在と未来の展望を持っていることを明確にすることができるからである。過去の記憶によって，現在と未来は，常に現在の生活実践の次元として主題化される。K.－E. ヤイスマン（**Karl-Ernst Jeismann**）は，歴史意識とは，「意味を付与された過去の解釈，現在の理解，未来の展望の内的関連」[134] であるという有名な言葉でこれを表現している。歴史意識によって記憶された人間の過去は，人間的な経過として，現在や未来と関連している。歴史意識の内容としての歴史とは，記憶された過去の上に現れる現在と未来のつながりである。歴史意識はこのつながりに深くコミットしている。それは，「もはやない」と「まだない」との間に張り巡らされた，具体的で現実的な人間の生活が営まれる，時間という綱渡りの上でみせる人間のバランス感覚である。

　3つの時間次元が織りなすこの独特の現象が，歴史意識の活動に独自の特色を与えている。記憶の成果として，それは経験へ，しかもかつてあったことの経験や過去の経験に向けられる。しかし同時に，この経験とのつながりは，意味を付与する解釈や期待の観点も含んでいる。経験的ではない，意図的な要素もそこに持ち込まれる。つまりそれは，経験を超越した人間の意志の規範や価値主導の力である。人間の意識は常に，それぞれに与えられた条件や状況を越えている極め

て主観的な要素が，対象への関連づけ，つまり，過去において人間とその世界が実際にそうであったことに意識が思いを馳せることに介入する。歴史はこの両者を統合したものであり，歴史意識の内容として，純粋に２つの構成要素に分けることができない。むしろ，過去の事実と，現在や未来に対するその意味との調和において，独特のリアリティを持つものである。歴史はこのように内と外，「現実」と「虚構」，物質的なものと意図的なもの，経験的なものと規範的なものを統合したものである[135]。歴史意識とは，この統合の完成形であり，結果である。この統合は，過去のプロセスを通して，過去と現在と未来のつながりを明白にする時間経過という考え方にはっきりと表れている。歴史とは，過去と現在，未来の間のつながりであり，それは過去の経験のストックによって具体化される。このつながりは，人間の意識の主観的・非物質的で意図的な側面も含むので，純粋に物質的なものではなく，「客観的」なものでもなく，事実といえるものでもない。しかし，この意識は，非現実的でも，架空的でも，または，単なる「建前」でもなく，それ自体が極めて現実的なものであり，（人間は生きたければ，そうしなくてはならないのであるが，）人が自分の人生を実行に移すためにそこで行動し苦悩するのと同じくらい現実的なものである[136]。

　歴史意識が記憶のパフォーマンスにおいて行う活動は，**時間経験を通じて意味を形成すること**と要約できる。この活動は受容的であると同時に，生産的でもある。一方では経験する，認識する，観察することが含まれ，他方では思考する，意味を付与して解釈する，意図する，方向づけることが含まれる。歴史意識は，経験への期待や意図を働かせ，期待や意図において経験を手に入れる。そうすることで，人間の生活実践をその実践の時間的方向性のイメージと一致させるのである。この方向性は主観的であり，客観的でもある。時間の現実的な経過の観念を，期待され意図された未来に向けた実践の行動指針とする方向性を含んでいる。

　こうした経験の入手と期待の調整は，３つの時間次元の複雑な扱い方として表現することができる。歴史意識の活動は，意味を付与して解釈することを必要とする現在の時間経験によって突き動かされる。そのほとんどは，例えば災害のような，現実的な生活実践上の意味を伴う偶然的な経験である。この衝動は，過去への問いかけというかたちで向けられる。これは，記憶を通してありありと思い浮かべられるので，解釈をすることで現在起きていることが理解され，それによっ

て行為しながら克服されうる。そして，困難な現在の経験に直面して，記憶を通して行為を導く展望のかたちで未来が切り拓かれ，有意義であると期待されうる時に，こうした克服がなされる。

　歴史意識は現在の経験に刺激され，影響を受けるものであるため，その意味形成の成果は，本質的にそれが行われる文脈に左右される。歴史意識が生じるコンテクストに依存する。歴史意識がどのような文脈で呼び起こされるのか，どのような状況に対応するのかに応じて，同じ主体でも，意味形成の方略が異なる表現（Artikulation）になることがある。そうすると，歴史意識は危機的な状況においても，試行錯誤を繰り返したり，確かに存在する伝統を拠り所にしたり，行動しなければならないというプレッシャーから解放され，意味を付与する代替的な解釈や批判的な態度を打ち出したりすることができる。それ故，歴史的な意味を形成する特定の方法を，ある主体にとり全面的に典型であるとみなすことは誤りであろう。状況や環境が変化する中で，人間（だけでなく共同体も）が，自由に使える様々なバリエーションがあることを常に考慮しなくてはならない。習得すべき時間的な経験のタイプや，関係する主体のコミュニケーション・ネットワークにおける条件の組み合わせによって，表出される歴史意識のありようは変わりうる。このことが，典型的で明白な帰結となる歴史意識に関する調査結果を実証的に一覧にまとめ，特徴づけることを非常に難しくしている。歴史意識の現象は，それを生み出す状況における時間の流れの中で揺れ動くが，生活に有益な方法でそれに対処する（べきである）。これは，個々の主体，社会的情勢，時代状況に対する歴史意識の具体的な形態や表れが存在しないと主張するものではない。これらの表現としての表れ方は，歴史的表現の固定された既定の条件として現れるのではなく，変種や分化の複雑な広がりやルール・デザインとして現れるのである。

　歴史意識は主として，状況に応じて変化しやすい，流動的な現在の経験を通して刺激されるだけではない。このような刺激がなく，歴史意識が理解されなくなるにつれて，その一方でありありと思い浮かべられる過去の経験から意味の形成活動が直接かき立てられることがますます見過ごされてはならなくなる。過去には，現在とは異なるところからもたらされる根源的な魅力のようなものがある。過去の経験における隔世の感（Alterität）の誘惑は，歴史的記憶に希望の可能性を与える。歴史意識は，過去から現在に戻り，経験によって満たされた行動のため

の展望として未来を切り拓くことができるようにするために，現在から過去に移行する。しかし，それは過去の魅力から出発して，そこから現在や未来にまで広がっていくこともある。どちらの場合も，歴史意識は当時と現在との時間的差異の経験（隔世の感の経験）を表出させるものである。同時に，この違いは，一方の側から他方の側との食い違いに目を向けすることで橋渡しされる。歴史意識は時間次元間の緊張関係の中で活気づき，記憶のパフォーマンスの方法でそれを実行する。

　この方法は，「歴史」という事実にふさわしい意識状態において，固有の思考構造として現れる。この構造についての**専門用語**が，「ナラティヴ（narrative）」である。この専門用語は，普遍的に理解できるものではまったくないし，歴史家が自分たちの専門について了解しあうために使う専門語として採用されているわけでもない。それどころか，誤解を招きやすいうえに，評価も定まっていない[137]。なぜなら，「語ること（Erzählen）」は，当初，他の表現形式と並ぶ歴史的な表現の一つの形式を指すにすぎず，その意味で歴史的意味形成の全領域を包摂し，特徴づけるものではないからである。しかし，この専門用語は，歴史意識の意味形成のパフォーマンスを通して生み出される（主観的要素と客観的要素，そして，3次元の固有な統合における）解釈された時間的な経験の結果が，一定の形式を有するということを意味しうるし，意味するべきである。これを思考の形式とみなすならば，その「論理」とも呼べる形式，つまり，ある歴史（物語）の形式が問題なのである[138]。

　ここでいう「歴史」とは，そこでは過去の過程が一連の出来事として可視化されるので，そこで現在が意味を付与して解釈され，期待される展望として未来が構想されるような時間的コンテクストの意味形成物を意味する。それは，「意味」を伴う時間経過である。過去においてそのつど記憶された時間の系列は，現在の時間経過を理解可能にする時間系列に対する意味が付与された解釈の型（Deutungsmuster）に現れる。こうして歴史の意味は，本質的な確定として過去から記憶されたものに入り込むとともに，さらに，それを越えて，現在や未来と統合され**時間経過に関する包括的なイメージ**になる。歴史意識は，過去における時間的変動の中で記憶された移り変わりを「語る」ことによって，つまり，ナラティブに表現することによって，時間経過に関するこのようなイメージを表出する。

時間のイメージの仕方や，それを多様な歴史で表現する状況的な文脈に応じて，これは極めて多種多様な方法で行われる。ともあれいずれにせよ，歴史意識は，その内容，つまり，意義深く現在や未来と関連づけられる過去を，「歴史」として描く[139]。

　それ故，歴史意識は，常にナラティブに構成された言語的な形成物において現れる。こうした形成物は，話し言葉や他の何らかの方法で客観化された言語としてだけでなく，例えば，記念碑や歴史的象徴など多様な歴史を表す形成物としても現れる。歴史意識において表明され，それによって実証的に表現される素朴な形式が，始まり・中間・終わりという古典的な特徴を持つ歴史である。ある時期に起こったことが，なぜその時期の終わりには始まりとは異なったものになっているのかを説明するかのように，何かが変化する。しかし，歴史意識の実証的方法に取り組もうとする時に，多少なりとも詳細で多様な歴史を探すとしたら，その現象の大部分とその具体的な表現の膨大な広がりや多様性を見落としてしまうだろう。というのも，文化の世界，とりわけ，日常生活の世界には，それ自体は多様な歴史ではないが，多様な歴史を表現したり，示したりする意味形成物がちりばめられているからである。こうした言語的な象徴が至るところに現れる。それらは多様な歴史を示唆したり，象徴化したり，別の方法で描いたりすることで，多様な歴史を表現する。それらは，多様な歴史との関連の中でしか理解できないし，そう理解されることを望んでいる。だから，例えば，ドイツ帝国建国にとってのビスマルク，フランス革命にとってのバスティーユ，ナチズムの支配にとってのアウシュビッツといった個々の単語が，多様な歴史の全体を象徴することがある。これらの単語を挙げることは，これらの歴史を暗黙に語ることを意味する。これらの単語は，主に名称や象徴（例えば，キリスト教の歴史なら十字架，農民戦争ならくるぶしの上を紐で結ぶ農民靴）は，**ナラティブな略語**である。これらは，ある表現の歴史的な前提条件，背景，説明，含意について意味を素早く理解させるのに役立つ。これらは言語に埋め込まれた歴史であり，そのまま語られるのではなく，既に語られたものとして呼び起こされ，コミュニケーションに使われる。

　このようなナラティブな略語や極端に短い物語（歴史）は，日常会話から人間の生活状況の高度に洗練された解釈に至るまで，あらゆるレベルのあらゆるコ

ミュニケーションの在庫の一部である[140]。これらは，あらゆる文化圏において歴史に散見されるもので，言語コミュニケーションで考えられる，すべての状況や機能において，いつでも呼び出すことができる歴史的な方向性の参照点として役立つ。そこでは，経験，意味を付与する解釈，方向性がコミュニケーションの言語的構成要素に凝集されている。したがって，こうしたナラティブな略語は，日常生活で作用する歴史意識の重要な指標でもある。歴史的記憶を伝えるものであり，日常語に組み込まれていることから，理解されるために練り上げられた物語（歴史）として現れる必要はない。

　歴史意識は，その多様な表出方法において，ある程度の実践的な機能を果たす。現在の生活状況について了解しあうために，過去の記憶が必要とされるコミュニケーションの中で実現される[141]。現在の時間経験を処理するために，歴史意識は，多様な歴史を言語による相互作用において生み出し，人間の生活実践を文化的に方向づける枠組みにおいて意味を付与して解釈された時間の意味形成物として作用する。多様な歴史は，人間生活の与えられた条件や状況に対して意味が付与された解釈に属し，それによって，人間は，自分たちの世界や自分自身，さらには他者との関係を，時間的な展望において解明する。こうした意味を付与する解釈の範囲内で，人間は自分の世界において，他者や自己との関係の中で自分の道を見つけたり行動したりして，苦しみながらも自分自身の方向性を見出すことができる。歴史意識によってのみなされうる方向づけは，人間のあらゆる行為において有効であり，人間生活の社会的形式の形成に浸透している，その生活実践の時間的枠組みというイメージに関わるものである。

　歴史意識の実践的に方向づける機能は，このように（未来に向けた：訳者補足）行為を導く意図というかたちで時間に関わる。ここでの「意図」とは，何よりも，「見ること」，つまり，自分自身と世界の時間的次元を開くこと（ハイデガーの用語（Erschlossenheit）であり，「開示性」を意味する：訳者注）も意味する。こうした時間に関する歴史的なイメージは，物語ること（ナラティブ）の省略形として，または，定式化された物語（歴史）として，多種多様な言語形式で現れる。このようなかたちで，時間に関する歴史的なイメージは過去を反映して，希望，願い，不安，憧れを表現する。そして，自己を評価し，社会的な生活状況のイメージに他者を位置づけ，その生活状況の経過と変動についての展望を構想する。

　歴史意識は，生活実践の時間的次元を内向きと外向きという2つの方向で表出する。外向きの方向では，歴史意識が多様な歴史を通してリアルな時間経過に一定の明瞭な解釈を与えることで，その周辺に自分の道を見出し，時間的次元を「理解」することができる。理解することで，人はまた時間的次元に関与し，自身の行為や苦悩を通してそれを実行することができる。内向きの方向では，歴史意識はそれぞれの主体（個人，集団，民族，社会，文化全体，人類全体）の時間的次元を表出する。主体が自らを時間として認識し，それを意識的に実現する。その内的志向性の状況は「歴史的アイデンティティ」と呼ばれる[142]。これは，人間が有する自らの時間的な広がりに関するイメージである。生活の過程で絶えず起こる時間的変動における人間の主体性の内的一貫性に関するものである。歴史意識の実証的な調査結果では，誰かが過去の何かを自身に結びつけ，過去を語る時に，（通常は「私たち」というかたちで）自分自身について語ることになる場面で，アイデンティティが可視化されるとされている。歴史的な経験空間は，自分自身や私たちの時間的な広がりに応じて規模が定められる。この規模の確定は，ビオグラフィー的な時間空間から人類という種の成立や普遍史的な展望にまで及ぶ。

　人間のアイデンティティの歴史的特性にとり決定的なのは，当該主体の時間経過に意味を付与して解釈する際に，歴史意識が個人の寿命の枠を越えて拡張することである[143]。歴史意識は，主体の自己状況や自己存在に，波及的に広がる時間経過を引き入れる。歴史意識は主体の生物学的な時間の範囲を越え，いわば主体自身の中にある社会的または文化的な時間を主体に刻み込む。それによって主体は自身のために，彼等に生物学的に割り当てられた一生涯よりもはるかに多くの過去や未来を手に入れる。だから，例えば，古典的な救済史のパラダイムでは，キリスト教徒であるということは，少なくともナザレのイエスの代からイエスが再臨するという想像を絶する遥か未来までというように，世界の始まりから終わりにまで及ぶ神秘体としての宗教共同体の時間の本体に「入る」（より正確には，信仰に入り込む）ことを意味する。別の例を挙げると，自民族の起源をできるだけ遡って知ることは歴史の上で安定感を与え，国家的アイデンティティを明確にするための常套手段である。起源と現在との時間的間隔の幅は，自国民の自尊心の深さと強さに相当する。

　時間的な実践の方向性と歴史的アイデンティティの形成は，歴史意識の2つの

本質的な機能である。この2つの機能は常に融合し，かなり幅広い可能性の中で実現され，歴史的経験のまったく異なる様式や次元を実証的に示すことができる。このように，生活実践の時間的方向性は，静寂主義（Quietismus）へと通じる歴史意識の脱政治化した避難所的な機能から，時間経過の未来や進歩のイメージによって刺激される政治的な行動主義にまで及びうる。その際，過去は，政治的行為や文化的作品や日常生活の経験空間として，または，人間の生活状況を認知する異なる次元において解明することができ，現在を理解し，未来を期待するためにありありと思い浮かべられ，意味を付与して解釈することができる。記憶されたものは，鏡のように，自らの時代に対する関心状況や考え方を示す。表出された歴史的記憶においては，自身の生活実践のありようは経験と期待の多様な統合というかたちで反映されている。歴史的アイデンティティを実現する可能性の幅は，人間の主体性のすべての次元に及び，社会的な所属性とその境界のすべての形式や方向性を含む。

　これまでの歴史意識についての説明は，一般的で基本的な特質，過程，構造，機能を指摘したものであった。この説明は，歴史意識のあらゆる表現や現れにも適用すべきである。そのためこうした説明は，必然的に抽象的で見えづらいものになる。しかし，歴史意識とみなされうる領域を定義し，視野に入ってくるものを実証的に確定することが重要であるならば，こうした抽象化は避けられない。このような多様性を思考の上で処理するためには，理論的概念の統一性から経験的現実化の多様性へと導く論証のステップ，つまり，区分の手続きが必要である。この区分は何を論拠とすることができるのか。

　そのために，歴史意識の内容，つまり，それぞれのケースで人間の過去に関して課題とされているものを見れば一目瞭然である。しかし，この手続きは誤解を招きやすい。つまり，内容はそれ自体で成り立っているものではなく，歴史意識は方向づけの機能を果たすことで，過去を現在と未来に関連づけるための意味の担い手になる。意味を付与する多様な解釈は，歴史的記憶の内容に凝縮され，その中で時間は歴史意識にとり本質的に重要な意味として明らかになる。歴史意識の発達の中心にあるのは，過去に意味を付与する解釈である。これらの解釈は，内向きと外向きという時間的方向性に役立つ生活実践のコミュニケーション過程においてその意義を発揮する。歴史意識の内容は，常に意味を付与して解釈され

たものとして現れる。意味を付与する解釈をもたらすものとしてのみ，歴史意識
においてしかるべき価値を持つ。歴史意識の実践的機能もまた，意味を付与する
解釈を通して遂行される。歴史意識は，歴史的な意味を付与する解釈を応用する
時にのみ方向づけの機能を達成することができる。

　歴史意識の一般理論から，具体的で実証的な実態のレベルを解明することを問
題とすべきならば，これまで論じてきたことに従うと，これらの実態の多様性を
象徴化の行為（少なくとも，言語行為）とみなすことは筋が通っているかもしれ
ない。この象徴化で，歴史意識の意味を付与する解釈の成果とともに，コミュニ
ケーションの成果も生じる。歴史意識の様々な意味を付与する解釈方法というイ
メージは，歴史意識の個別の出現形態とその意味形成活動の一般的特性とを取り
持つ。特有の歴史的な時間の意味を付与する解釈やコミュニケーションの成果の
まとまりを多くの異なる意味を付与する解釈の様式から細分し，それに即したコ
ミュニケーションの多様なタイプや方法をテーマとするならば，歴史意識の理論
は新しい認識に達するための発見的方法論（Heuristik）で実証研究に転じることに
なる。

　歴史的な意味を付与する解釈の様式（Modi）という概念は，歴史意識の実証的
な表出や表現のすべてに共通し，本質的なものを定式化した歴史意識の一般理論
と，これらの表出・表現の間に位置する中間レベルを意味する。それは，歴史意
識の意味を付与して解釈する型の有効性において自らを表現するレベルであり，
内容によって決定される意味を付与する解釈（例えば，ドイツ人の負の伝統とし
ての，または，モラル的な挑戦としてのナチズム）には現れない。ここでは，歴
史的意味形成は，実用的に方向づけるために，歴史的経験を獲得したり，一定の
明瞭な解釈を与えたり，歴史的知識を活用したりする複数の方略によって決定づ
けられたものとして出現する。同時に，これらの方向づけ自体の方略（例えば，
歴史的経験から得た行為のルールによる方向づけとは対照的に，歴史的経験につ
いての思索による方向づけ）によって決定づけられたものとしても出現する。こ
れらの方略は未だ一般的であり，歴史意識のほぼすべての実証的な現れ方を包含
しており，特定して歴史意識の中に埋没させるのではなく，個々の具体的な現象
をそれらを作り上げる歴史的意味形成の内的法則性，または，規則性に応じて分
析的に明らかにする。

　こうした方略は，一般的な**歴史的意味形成の類型論**のかたちで示され，説明される。その類型とは，歴史意識の記憶活動が従う明確に区別できる一般的な形式，または，「論理」である。傾向として歴史意識のすべての活動領域に関わり，基本的で一般的な基準や機能に応じて，この領域を解明する。

　歴史意識の意味形成活動は，**意識の層**に応じて，抽象的で一般的な理論と具体的で固有の実証的な成果間の中間レベルで分類される。この分類は，実証的な成果を意識の特性または程度に応じて特徴づけるものである。それは，歴史的意味形成の類型とは相反するものである。なぜなら，そこで説明されている類型は，まったく異なる意識の度合いにおいてなされうるからである。この「相反する状況」は，意識の度合いと意識の類型との間に親和性や乖離が現れる興味深い発見的な展望を可能にする。

　歴史意識の表現は，異なる**次元とその連関性**に応じて，同じような中間の抽象レベルで区分することができる。この区分は，歴史意識が及ぶ文化（特に，政治的，認知的，美的な領域）の様々な領域と歴史意識が作用する領域に関するものである。さらに，歴史意識はこれらの領域において決定的な意味を持つ首尾一貫した意味形成の基準を包含している。この区分は，それによって実証的方法の理論的な分類と新しい認識に達するための発見的方法論を貫徹することで，更なる複雑性が生じるように，最初に挙げた両者（理論と実証：訳者注）と交錯する。

　これと同様のことが，歴史意識の意味形成活動を通して，現在と未来に対処するために人間の過去を知るという意味の判定に応じた区分にも当てはまる。こうした意味の付与は象徴的なもの（多くは言語的なもの）であり，歴史的知識が実践によって決定されるコミュニケーションの中で占めるべき場（トポス）（何かを論じる際の基本的な論述形式：訳者注）を示すものであるため，**歴史のトポス**と呼ばれる。

　歴史意識の内容は，歴史意識によって記憶された人間の過去の状況を，これら様々な区分やそれによって考えられる理論的に導かれた実証研究の展望の複雑さに引き入れることができる。そして，これは，中間レベルの抽象度に応じて，一般的な**歴史的内容の判定**のかたちで行われなくてはならない。こうした判定（例えば，時代，政治や日常生活のような歴史的経験の領域など）は，（類型，層，次元，トポスに応じて）他の区分と発見的に関連づけることができ，そうすること

で，様々な内容に関わる観点の潜在的な意味が特定されうる。

　以下では，中間レベルの区分について簡潔に説明する。それらは，歴史意識の文化的意味と，その実証的な出現形態の相違性と多様性とを正当に評価しうる実証研究に関する問いと観点の複雑性を発見論的に示している。

　中間の理論レベルにみられる差異を，歴史意識の特性として実証的に直接確認できるわけではない。このことは，直接データを収集する方法がまだ開発されていないということが主な原因ではなく，理論的に区分された特性の大半が実証的に純粋に出現することはまったくなく，測定することが極めて困難で複雑な合成物となっていることが原因である。これは，歴史的内容の特性についてはまったくその通りというわけではないが，歴史意識の中心的活動である，歴史的に意味を付与する解釈と歴史的知識の方向づけのための活用が問題となる際には常に起こることである。

歴史的意味形成の類型に応じた区分

　以下に述べる歴史的意味形成の類型は，人間の歴史意識のナラティブな形式の異なる実現形態である。これらは歴史的意味形成のナラティブな構成スキームと呼ぶことができよう。これらは，多様な歴史が，時間に意味を付与する解釈の意味形成物として記憶を通して把握され，作用する時に，歴史意識でなされる知的操作の基本的で一般的な形式であり，その相違性や矛盾，相互の関係性において，考えられる歴史的意味形成の全領域に及ぶ[144]。この類型論は実証研究と歩調を合わせて，歴史意識論の分類的操作と特徴づけることができる。これらの類型は，その多様性と思考的関連において，歴史的意味形成の根本的で基本的な原理を実証的に特定し，事実内容の階層として説明することができる概念のネットワークを提示する。このような分類的な意味を持つ歴史的意味形成は，4つの基本型に分けることができる。これらは人類の過去に関する歴史的な意味を付与する解釈の伝統的，範例的，批判的，発生的な形式である。これらの形式では，人間の過去がまったく異なる方法で想起され，過去・現在・未来の間には包括的なつながりが想定され，人間のコミュニケーションが調整され，実践の中で方向づけられ，歴史的アイデンティティが形成される。

　伝統的な歴史的意味形成のモードでは，歴史意識は主として現在の生活様式の

起源を想起する。それは，３つの時間次元を，元来の生活様式を継続するイメージと結びつけ，記憶に満ちた共通する生き方の根本的な規範への合意によってコミュニケーションをもたらす。実践は，受け継がれてきた生活秩序を守る文化的な視点を志向し，アイデンティティは与えられた生活様式の文化的定義に肯定的に適応し，模倣的な反復をすることで形成される。この歴史意識の形式では，時間は意味として「永遠のもの」となる。

　歴史的に顕著な例は，起源神話である。現代社会における日常生活の事例としては，記念祭の際に行われる祝辞スピーチが挙げられる。伝統的な意味形成の類型の立場を採る歴史意識は，未来に対する責任としての起源をありありと想起させる。それは，当時から今日を経て明日へと通じる時間的過程の中で記憶された出来事を，不屈で有効に展開する人間の生き方の動力と認定する。

　範例的な歴史的意味形成のモードでは，歴史意識は一般的な行為のルールの有効性と適用可能性を説明する多くの異なるケースや事例として，過去をありありと視覚化する。過去と現在と未来の内的なつながりは，こうした一般的なルールの時間を越えた有効性により成り立っている。現在を理解し，未来を形成しようとするなら，過去は準拠しうる事例を教えてくれる。この歴史意識によって，ケースをルールに関連づけ，ケースからルールを導き出す判断力を通したコミュニケーションが可能になる。異なる視点や関心は，包括的なルールや原理を共同で模索することで決着がつけられ，克服される。実践は，これらのルールや原理に方向づけられる。その際，歴史的アイデンティティは，ルールコンピテンシー（Regelkompetenz）のかたちをとる。

　この意味形成のモードでは，歴史意識は大きな経験空間を獲得する。歴史意識は，歴史が伝統として息づく狭い境界を越えて，異なる伝統やまったく縛られない伝統が組み込まれうる時間経過の幅広い領域に広がる。時間は，いわば意味として，抽象的でルールめいた生き方の原理に統合できる歴史的経験の広がりへといわば空間化される。経験の幅は抽象の程度に対応し，それに応じて歴史的経験から導き出された行為を導くルールの適用可能性は多様になる。このような思考形式では，歴史は「永遠に賢く（Klug für immer）」してくれるものである（トゥキディデス）。ギリシアから18世紀前半までの西洋の偉大な政治史学や，異文化の古典的なヒストリオグラフィー（歴史学）も，このような歴史意識に傾倒してい

た [145]。これらは，過去の事例を用いて，現在や未来のための政治的に賢明なルールを教えた。

　批判的な歴史的意味形成のモードでは，歴史意識は，新しくて異なる歴史的展望の余地を作り出すために，歴史的な意味を付与して支配的な現在の生活実践を解釈する型を排除することを扱う。歴史は，現在の規範構造を揺るがしうる対抗史として構想される。歴史的記憶は，伝統との断絶と矛盾に向けられるものであり，その結果，3つの時間次元の優勢なつながりを破壊することを目指す。歴史意識は，新たな組み合わせで関連づけられるようにするため，これらを互いに対抗させる。このような意識の形式では，他者と一線を画すものとして，批判的に他者から自己を区別するものとしてコミュニケーションが行われる。批判的に表出される歴史意識は，自身の関心を定めたり貫徹したりするように実践を方向づける。受け入れられている自己理解や生き方の模範に対してノーと言うことができる能力として形成されるのが，アイデンティティである。このような歴史意識の形態では，時間は人間の判断に従わせることができるという感覚を得る。それは，人間が他者にノーと言うことで自身の強さを獲得・表現する意識の我意に委ねられる。このような意識の形式は，支配的な歴史文化を弱体化させようとする対抗史に現れる。最近では，例えば，これまで有効であったジェンダー・アイデンティティの形式を断固として否定することにより，歴史的展望から女性のアイデンティティを新たに獲得しようとしたフェミニズムによって培われてきた [146]。

　発生的な歴史的意味形成のモードでは，人間生活の時間経過の中での変動という視点が前面に出てくる [147]。未知の生活様式から自身の生活様式への変化が記憶される。歴史意識は，経過的な出来事というかたちで過去を視覚的にとらえ，そこでは，変化が決定的であり，本来的に意味のあるもの，意義に満ちたものとなる。したがって，3つの次元の統一性もまた，時間的なダイナミズムのかたちで提示される。歴史は，生活様式を変化させる能力が，未来にわたり存続するための必要条件になる展開として理解される。この意識の形式では，コミュニケーションは，異なる時間的展望で描写される立場の多様性を通して特徴づけられる。そうすることで，互いを認識し，包括的な展望に統合することができる。実践は，過去の生活の好機を未来の好機として凌駕するという意味で，生活条件や生活環境の変化を志向する。歴史的アイデンティティとは，変動を貫く固有の自己の継

続として構想されるものであり，様々な発展を包括的な過程に統合する歴史的展
望において，時代や文化が異なる他者との相違を認識することから力を得るもの
である。この展望に立てば，それぞれ固有の時間的動向が，他者への帰属性，他
者との差別化と同様に，その人物の決定要因になる。この歴史的アイデンティティ
の発生的な形式を表す古典的な名称が，「人間形成（Bildung）」である。

　この意識形態では，多様な歴史に関する意味が形成される中で，時間が時間化
される。時間的な差異は，もはや一貫して不変のものや，抽象的で時間を越えた
一般的なものの方向に固定化されることはもはやない。それは，単にイエスとノー
を対置するものでもない。むしろ，内的な意味を獲得するのであって，転換と変
化が意味を作り出すのである。これが歴史意識にとてつもない深みとダイナミズ
ムを与える。このような歴史的意味形成の方法は，現代社会において支配的であ
る。それは，古典的なヒストリオグラフィー的な現れとして 19 世紀の歴史叙述に
見出される。今日，この方法にとり進歩というその特徴的な歴史カテゴリーは，
包括的な歴史的発展としての近代化というこれまで有効であった考え方が既に伝
統となり，継続することはできないという経験に直面して試されている[148]。

　表出された歴史意識の実証的な調査結果において，歴史意識の表出の全領域を
カバーする 4 つの類型が互いに明確に一線を画して見出されるとしたら，それは
素晴らしいことであろう。それができれば，その出現頻度に応じて相互に比較す
ることができ，その頻度と歴史意識の表出のための枠組み条件が相関するであろ
う。これは，歴史意識の発達を考慮すると，とりわけ興味深い。4 つの類型はそ
の記載の順に複雑さが増すので，歴史意識の段階として発達論的に一定の明瞭な
解釈を与えることは論理的である。

　しかし，概説された類型論では，「理想的な」類型で，つまり，歴史意識の実証
的な現象（その発生論的な発達も）[149] を，その現象に有効な歴史的意味形成の論
理で明らかにすることができる思考上の構成要素が問題となる。この論理は常に，
異なる類型の要素が（多かれ少なかれ複雑に）混ざり合ったものである。これら
の類型は実証的に純粋なかたちで現れることはほとんどなく，複雑な実証的状況
を思考の上で再構築するための概念的な装置である。こうした現れ方に，いつも
類型的に明瞭な解釈が与えられるとは限らない。概説された類型論は，歴史意識
が原理的にどのように機能するのか，極めて明確に文化的に方向づける経過とし

て，歴史意識がどのように描かれるのかを明らかにすることで，理解させること
ができる。しかし，歴史意識が，明確に識別できるナラティブな意味形成の方略
に従った詳細な歴史において表現されるのではなく，歴史的意味形成の様々な類
型に分類されうるナラティブな略語において表現されるならば，体系的な類型は
実証的状況を解明するための分析的な効力を失ってしまう。

階層に応じた区分

　歴史意識は，理論と経験知（Empirie）の中間レベルに位置し，意識の程度に応
じて特徴づけられる。それは，意味形成の空想に近いところで操作的に解釈が行
われ，事実と虚構の区別がまだついていないような，時間の潜在意識的解釈の層
から，それに応じて分化していく経験と対応する言語で表出される明瞭な意識に
まで及ぶ。この区分は，歴史教授学の「歴史意識」というカテゴリーで，当初は
はっきりと認知的な意味を付与する解釈的な操作が論じられていた一方で[150]，前
意識や無意識での意味の産出という領域全体が考慮されないままであった，とい
う点で重要である。しかし，過去の経験状況を扱う際の子どもの意識による意味
の生成に率直に目を向けるだけですぐに，まったく違うことが分かる。時間の深
みには，童話や神話に似た意味を付与する解釈（象徴，絵画）が効果的に配置さ
れており，歴史的な想像力は経験に関連づけられた概念を通して何とか使いこな
せるだろう。さらにいえば，童話と歴史小説の間には幅広い余地があり，そこに
位置する文学での意味産出は，非認知と認知以前の要因が歴史的記憶を決定づけ
ることや，どのように決定づけるのかを教えてくれる。とりわけ，活発な主体性
という感情が織りなす空間において，文学での意味産出に積極的な役割が付与さ
れる場面では事実その通りである。

　歴史意識の情意的な要素は，古いかたちの歴史学習では政治的に望ましい心情
を獲得させるために，意図的に扱われてきた。こうした心情形成は不適切な政治
的経験になりかねないゆえに，近年の教授学では，むしろ軽蔑の目で見られたり，
無視されたりしてきた。しかし，その一方で情意性は，歴史意識の教育における
その有効性から，再び徐々に注目されるようになっている[151]。時間経験の扱いや，
歴史意識の文化的に有効な形式や内容に対する，意識における前意識的・無意識
的な意味形成活動の重要性はためらいがちではあるが，ようやく認められ，強調

されるようになってきた[152]。しかし，意図的な歴史的記憶活動に根ざす場面，または，少なくともそれに強い影響を受けている場面で，半意識や無意識の深層を徹底して照らし出すような歴史意識の理論的な構想は存在しない。このような深層において，ナラティブな意味形成を伴う操作が行われること，つまり，当該主体の人生に影響を与えるかたちで多様な歴史が語られることに，議論の余地はないであろう。夢について考えてみればよい。しかし，これらの歴史を，歴史意識の特異性という意味でのヒストリー（Historien）とみなすことができるのか，またどのようにみなすことができるのかは，まだ研究されていない。

　この事実には，一方の現在の深層心理学と，他方の歴史学研究の方法論的手法との間に深い溝があるという，今日まで広められたイメージが少なからず起因しているかもしれない[153]。確かに，深層心理学の理論や実証的な知見から歴史化は時折試みられてきたが，歴史学の歴史的思考の特性や機能を有効に発揮させるような歴史理論からの論拠はほとんど役割を果たせなかった[154]。歴史意識の一般理論というレベルにおけるこの欠陥は，実証的な調査レベルにおいても少なくとも同じくらい大きな欠陥に相当する。とはいえ，それでも歴史意識における前意識と無意識の要因の影響の指標に対しては注目すべき示唆はあり[155]，また，そのような認知以前の主体性のそうした要因を歴史学習の過程にどのように組み入れることができるのかについての教授学や授業方法論の考察も既に存在する[156]。

次元と連関性に応じた区分

　次元と連関性に応じた区分は，意識の程度による区分とは相容れない。これは，歴史的意味の性質，歴史的意味にとっての本質的な重要性が持つ特性や文化的特色に関わる。ここでは，現代的な歴史意識の表出を視野に入れ，美的，政治的，（概念的，思考的，認識論的な意味での）認知的次元は，非常に複雑で相互に手段として活用しあう関係，前提関係や条件関係にある幅広い領域として区分することができる[157]。この区分は，歴史意識が異質な文化領域が互いに干渉しあう領域にあることに注意を向けさせる。そこでは歴史意識は，固有で独自の文化の要素として識別されなくてはならない。権力の政治的な方略，認識の理性的な方略，修辞的・詩的な形成方略は，歴史意識における意味形成の過程において争われ，それが表出されることで区分されることから，それらの関係のネットワークにお

いて示されなければならない。歴史意識の次元としての政治的，認知的，美的次元間の区分は完全なものではない。なぜなら，宗教やイデオロギーや世界観といった領域は，これらの次元に簡単には包摂できないからである。これらの領域はむしろ，歴史意識のメタ次元と関わる。このメタ次元において，3つに区分した次元を統合して歴史意識の統一体を形成することができる。この統一体の実証的な位置づけがどうであれ，歴史意識の美的，政治的，認知的な意味形成活動の間には，最低限の連関性が想定されなくてはならない。さもなければ，歴史意識はその機能を果たせないであろう。

　この連関性は次元間を貫き，それらを統合する意味要因に関わる。この要因をどのように考えればよいのだろうか。抽象的な意識モデルから出発するならば，統合的な意味はこの意識の核心，つまり，それぞれの主観性（Subjektivität）の深層に位置づけられる。その場合，主観性は，意味を生み出す私の深層として，または，「自己」意識として出現する。この意識において，すべての経験が，この意識の最終的な根拠や，意識は私の意識であるという絶対的な確信に照らし合わせて意味を付与して解釈しながら関連づけられる。

　しかし，その一方で，歴史的意味形成の連関性は何か他のもので推し量られることにも反論することはできない。歴史的意味は常に生活状況に対応しなくてはならず，その状況の克服のために歴史的な記憶活動を通して時間経験が再検討されなくてはならない。したがって，統合的な意味は，意識の自己関連と状況関連との複雑な関係の中に見出されなくてはならない。意識の自己関連は，主体が常に自己自身に関して持つ意識として，人間の意識を際立たせる統一性によって連関性を定義する。ここでは連関性は，統一性，首尾一貫性，一義性である。状況関連は，歴史意識にまったく異なる連関性を求める。それは，柔軟性，変化する機能に対する開放性である。統一性は，両者の統合の成就，いわば，連関性と非連関性，不変性と可変性，一義性と多義性の統一体である。

表出形態に応じた区分

　この区分は，連関性の問題と密接に関係している。それは，一方では日常的な出現形式であり，他方では精巧で複雑な表出に位置づく段階にわたる。暗黙の無意識的な解釈の型は，明示的に省察されたり根拠づけられたりした解釈の型と，

日常性は文化的に強調された（祝祭的，文化的，儀式的などの）表現方法と区別することができるなど。

トポスに応じた区分

　この区分は修辞学の伝統と結びつけることができる。修辞学では，歴史意識がどのような話し方で表出されるかが，その特性や作用の仕方を決定づける。前述した類型論的な区分は，歴史的に言及されたもののレトリックを規定するものとして理解される。この類型によって歴史のトポスを分類し，特徴づけることができる。特有の歴史的言語というレトリックがさらに詳細に細分化されるのは，精巧な歴史の記述に関してだけである。ここでは，レトリックと歴史学の伝統に本質を置く，言語で書かれたものに歴史的な意味を付与する解釈を特徴づけるための多様な手段が開発された[158]。それに対し，それ以外の歴史意識のあらゆる表出を対象とする更なる領域は，未だにトポス論に基づいて調査されることはほとんどない[159]。

発達段階に応じた区分

　特別な研究上の問題は，歴史意識の発達である。歴史意識が人間の社会化や個人化の複雑な経過の中で発達していくことは，容易に理解できるだろう。この発達過程は単純な能力の積み重ねではなく，歴史的な意味を付与して解釈するコンピテンシーを獲得する過程とみなされなくてはならないことは明らかである。しかし，この過程が構造化の過程として，個人におけるコンピテンシーの段階的な発達として，どのように詳細に考えられなくてはならないのかは，まったく未解決の問題である。理論的な構成概念のレベルでは，歴史的意味形成の4つの基本型を活用した歴史意識の発達は，経験への言及の拡張と主観的なコンピテンシーの細分化と並行して，伝統的，範例的，批判的，発生的な意味形成のための能力へと順次獲得されるようめざされた過程として考えることができる[160]。

　この順序において，論理的にはより後者の類型はより前者の類型を前提とし，その上に構築される。その限りでは「発達」は，歴史特有の「論理的な」能力（歴史的意味を形成する能力）を獲得する明確に構造化された過程と考えることができる。この考え方は，抽象的な理論の形式では，隙がないほど非常に首尾一貫し

たイメージが持たれるかもしれないが，実証的にはそれほど明確に具体化することはできない。つまり，これらの類型は，ほとんどの場合，混じり合った形式で現れたり，歴史意識が表出される文脈により異なることがあったりするからである。適切な研究手法が開発されなくてはならない[161]。開発された手法により，有力な意味形成の原理を歴史意識の表出にあてはめ，主体の発達段階と相関できるようにしなくてはならない。しかし，この意味形成の原理は容易に読み取ることはできず，歴史意識のそのつどの意味産出において，入り混じっており，かなり調整しないと描き出すことができない。最も成果が見込まれる研究方略は，比較可能性が保証された状況において，被験者が自発的に多様な歴史を語るというものであろう。これらの多様な歴史は歴史的な意味を付与して解釈する能力をよく表すものであり，そのつどの意味を形成する原理を考慮して，類型的に確認でき，相互に比較できるものである[162]。

　歴史意識をテーマとし，分析することができるこれらの視点を考慮するならば，そして学際的で人間の生活実践の文化的方向性における極めて高い効果を考慮するならば，分野を越えた研究が持つ特別なかたちの魅力を待ちわびるというのは過言ではないだろう[163]。

〈注〉

125) 初版。Das Geschichtsbewußtsein der Abiturienten, in: von Borries, Bode/ Rüsen, Jörn: Geschichtsbewußtsein empirisch (Anm. 92), S. 221-344.

126) Nipperdey, Thomas: Sich an der Geschichte orientieren?, in: Hermann Lübbe: Der Mensch als Orientierungswaise? Ein interdisziplinärer Erkundungsgang. Freiburg 1982, S. 107-144.

127) Landeszentrale für politische Bildung Nordrhein-Westfalen (Ed.): Streitfall deutsche Geschichte. Geschichts- und Gegenwartsbewußtsein in den 80er Jahren. Essen 1988.

128) 例えば，Lucas, Friedrich J.: Zur Geschichtsdarstellung im Unterricht, in: Geschichte in Wissenschaft und Unterricht 16 (1965), S. 285-289。

129) とりわけ，カール－エルンスト・ヤイスマンによってなされた。彼は最初に，歴史教授学の対象領域に関する解釈，その使命を核心的に記述した。Didaktik der Geschichte. Die Wissenschaft von Zustand, Funktion und Veränderung geschichtlicher Vorstellungen im Selbstverständnis der Gegenwart, in: Kosthorst, Erich (Ed.): Geschichtswissenschaft. Didaktik – Forschung – Theorie. Göttingen 1977, S. 9-33. 再掲が in: ders.: Geschichte als Horizont der Gegenwart. Über den Zusammenhang von Vergangenheitsdeutung, Gegenwartsverständnis und Zukunftsperspektive. Paderborn 1985。より詳細に書かれているのは以下の文献である。Ders.: Didaktik der Geschichte: Das spezifische Bedingungsfeld des Geschichtsunterrichts, in: Behrmann,

Günther C./ Jeismann, Karl-Ernst/ Süssmuth, Hans: Geschichte und Politik. Didaktische Grundlegung eines kooperativen Unterrichts, Paderborn 1978, S. 50-108, さらに, Jeismann, Karl-Ernst: Geschichtsbewußtsein als zentrale Kategorie der Gescichtsdidaktik, in: Schneider, Gerhard (Ed.): Geschichtsbewußtsein und historisch-politisches Lernen. (Jahrbuch für Geschichtsdidaktik 1). Pfaffenweiler 1988, S. 1-24。

130) これに関しては, Rüsen, Jörn: Historisches Lernen – Grundriß einer Theorie, in: ders.: Historisches Lernen Grundlagen und Paradigmen. Köln 1994, S. 122-138 を参照。

131) 例えば, Bundeszentrale für politische Bildung (Ed.): Bundesrepublik Deutschland. Geschichte, Bewußtsein. Bonn 1989。

132) Schörken, Rolf: Geschichtsdidaktik und Geschichtsbewußtsein (Anm. 100), S. 81-89, 引用は, S.88。

133) 以下を参照。Rüsen, Jörn: Die vier Typen des historischen Erzählens (Anm.103), S. 153-230; ders.: Zerbrechende Zeit (Anm. 9), Köln 2001.

134) Jeismann, Karl-Ernst: Geschichtsbewußtsein, in: Bergmann, Klaus, u. a. (Eds.): Handbuch der Geschichtsdidaktik. 3. Auflage Düsseldorf 1985, S. 40-43, 引用は, S. 40。

135) これに関しては, Ankersmit, Frank R.: Historical Representation, in: History and Theory 27 (1988), S.205-228。

136) これに関しては, Carr, David: Narrative and the real world: an Argument for continuity, in: History and Theory 25 (1986), S. 117-131。

137) 例えば, Kocha, Jürgen: Zurück zur Erzählung? Plädoyer für historische Argumentation, in: ders.: Geschichte und Aufklärung. Aufsätze (Anm. 42), S. 8-20。

138) 例えば, Rüsen, Jörn: Historisches Erzählen, in: ders.: Zerbrechende Zeit (Anm. 9), Köln 2001, S. 43-106。

139) Ricoeur, Paul: Temps et récit. 3 Bde. Paris 1983-1985 (ドイツ語版: Ricoeur, Paul: Zeit und Erzählung. 3 Bde. München 1988, 1989, 1991); Carr, David: Time, Narrative, and History. Bloomington 1986; Baumgartner, Hans Michael: Die Erzählstruktur des historischen Wissens und ihr Verhältnis zu den Formen seiner Vermittlung. Ein Diskussionsvorschlag, in: Siegfried Quandt/ Hans Süssmuth (Eds.): Historisches Erzählen (Anm. 42), S. 73-75.

140) ロルフ・シェルケンが, 文学的なテキストにおける歴史意識の日常語での表出に関する興味深い調査を示す。Geschichte im Alltag. Über einige Funktionen des trivialen Geschichtsbewußtseins, in: Geschichte in Wissenschaft und Unterricht 30 (1979), S. 73-89. カタリーナ・エーラーはシェルケンとは別の見解を以下の文献で示した。Geschichte in der politischen Rhetorik. Historische Argumentationsmuster im Parlament der Bundesrepublik Deutschland. (Beiträge zur Geschichtskultur, Bd. 2). Hagen 1989. さらに, von Borries, Bodo: Geschichtslernen und Geschichtsbewußtsein (Anm. 117) を参照。

141) これに関しては, Röttgers, Kurt: Geschichtserzählung als kommunikativer Text, in: Quandt, Siegfried/ Süssmuth, Hans (Eds.): Historisches Erzählen (Anm. 42); Rüsen, Jörn: Lebendige Geschichte. Grundzüge einer Historik III : Formen und Funktionen des historischen Wissens. Göttingen 1989。

142) これに関しては, Angehrn, Emil: Geschichte und Identität (Anm. 46), S. 49-71 を参照。

143) ハンス・ウルリヒ・グンブレヒトは，歴史描写が，「自分の生涯の範囲を越えるという
人類学上の要求」を通して構成されることを指摘する。(「過ぎ去った時代にそうであった
ことを，それがあたかも自分の世界でそうあるかのように，うまく語る。」In: Koselleck,
Reinhart/ Lutz, Heinrich/ Rüsen, Jörn (Eds.): Formen der Geschichtsschreibung. [Theorie der
Geschichte, Beiträge zur Historik Bd. 4]. München 1982, S. 507）.

144) これに関しては，Rüsen , Jörn: Die vier Typen Historischen Erzählens (Anm. 103); ders;
Lebendige Geschichte (Anm. 141)。

145) 例えば，イスラムではイブン・バトゥータ，中国では司馬光の場合がそうである。

146) これに関しては，Rüsen, Jörn: Historische Orientierung (Anm.25), 147 頁以下を参照。

147) ボリースの発生的語りと発展的語りとの区分(Geschichtslernen und Geschichtsbewußtsein
[Anm. 117], S. 61）は，ここでは「発生的」と呼ばれる歴史意識の一形態内での相違を強調
する。発生的語りと発展的語りは共通して，これら語りを，伝統的，範例的，批判的な意
味形成と区分する時間化の同じ論理に立つ。私には，この相違はより根本的に，発生的意
味形成と発展的意味形成間の相違のように思われる。

148) これに関しては，Rüsen, Jörn: Fortschritt. Geschichtsdidaktische Überlegungen zur Fragwürdigkeit
einer historischen Kategorie, in: ders.: Historisches Lernen (Anm. 130) , S. 188-203 を参照。

149) これに関しては，Rüsen, Jörn: Historical Consciousness: Narrative Structure, Moral Function,
and Ontogenetic Development, in: Seixas, Peter (Ed.): Theorizing historical consciousness. Toronto
2004, S. 63-85。

150) ヤイスマンの場合がそうである。Jeismann: Didaktik der Geschichte: Das spezifische Bedingungs-
feld des Geschichtsunterrichts (Anm. 129).

151) 例えば，Hering, Jochen: Geschichte erfahrbar. Die Wiederentdeckung des erzählenden Geschichts-
unterrichts. Dortmund 1985; Mütter, Bernd/ Uffelmann, Uwe (Eds.): Emotionen und historisches
Lernen (Anm. 87)。

152)これに関しては，とりわけ以下を参照。Knigge, Volkhard: „Triviales" Geschichtsbewußtsein
und verstehender Geschichtsunterricht (Anm. 87).；さらに，Schulz-Hageleit, Peter: Was lehrt uns
die Geschichte? Annäherungsversuche zwischen geschichtlichem und psychoanalytischem Denken.
Pfaffenweiler 1989; Rüsen, Jörn/ Straub, Jürgen (Eds.): Die dunkle Spur der Vergangenheit.
Psychoanalytische Zugänge zum Geschichtsbewußtsein (Erinnerung, Geschichte, Identität Bd. 2).
Frankfurt a. M. 1998.

153) Wehler, Hans-Ulrich (Ed.): Geschichte und Psychoanalyse. Frankfurt a. M. 1974.を参照。

154) Neumann, Erich: Ursprungsgeschichte des Bewußtseins. Frankfurt a. M. 1986; Erdheim, Mario:
Psychoanalyse und Unbewußtheit in der Kultur. Frankfurt a. M. 1988 を参照。

155) Becher, Ursula A. J.: Personale und historische Identität, in: Bergmann, Klaus/ Rüsen, Jörn
(Eds.): Geschichtsdidaktik: Theorie für die Praxis. Düsseldorf 1978, S. 57-66. とりわけ，Knigge:
„Triviales" Geschichtsbewußtsein (Anm. 87) を参照。クニッゲは歴史意識の前認知的な深層
についての問いを最も明確に設定した。彼はラカンの表現における心理分析を引き合いに
出すことで，この問いに応えることを試みる。その際，この心理学と，歴史学や歴史教授
学で論じられる（様々な種類の）歴史理論とのアンバランスが明らかになる。この議論に
おいて扱われる状況は，ラカンの心理学でほとんど表現することはできない。これより，

歴史教授学で論じられる歴史意識の現象状態には，深層心理学的な意味が生じない。歴史的なものの特性を形成する心的操作の絡み合いの要因としての歴史意識は，この心理分析的理論にとって例外的なものにとどまる。

156) Schulz-Hageleit, Peter: Geschicite: erfahren – gespielt – begriffen. Braunschweig 1982.

157) これに関しては，Rüsen, Jörn: Historische Orientierung　(Anm. 25) の 233 頁以下を参照。この区分は，西洋，とりわけ，ヨーロッパ社会での歴史学や歴史文化における時間を超越した思考の優越に責任を負う何らかの恣意によって明確になる。宗教的次元は個別に熟考するに値するかもしれない。もっとも，歴史意識に関する議論で取り上げるであろう神学的または宗教学的な事前準備はかなり不足している。Essen, Georg: Historische Vernunft und Auferweckung Jesu. Theologie und Historik im Streit um den Begriff geschichtlicher Wirklichkeit. Mainz 1995; ders.: Die Naturalisierung des Geistes und das Ende der Gescichte. Philosophische Überlegungen zu den anthropologischen Voraussetzungen des Geschichtsbewußtseins, in: Jaeger, Friedrich/ Straub, Jürgen (Eds.): Was ist der Mensch, was Geschichte? Annäherungen an eine kulturwissenschaftliche Anthropologie. Jörn Rüsen zum 65. Geburtstag. Bielefeld 2005, S. 213-232; ders.: Geschichte als Sinnproblem. Zum Verhältnis von Theologie und Historik, in: Theologie und Philosophie 71 (1996), S. 321-333; Schröter, Jens (Ed.): Konstruktion von Wirklichkeit. Beiträge aus geschichtstheoretischer, philosophischer und theologischer Perspektive. Berlin 2004.

158) White, Hayden: Metahistory. The Historical Imagination in Nineteenth Century Europe. Baltimore 1973, Introduction. (ドイツ語版: Metahistory. Die historische Einbildungskraft im 19. Jahrhundert in Europa. Frankfurt a. M. 1991.)

159) シュテハン・バンが，歴史博物館学の領域で，ヘイドン・ホワイトの問題設定に対応する調査を発表している。The Clothing of Clio. A Study of the Representation of History in Nineteenth Century Britain and France. Cambrige 1984. ders.: The Inventions of History. Essays on the representation of the past. Manchester 1990 を参照。

160) これに関する最初の熟考は以下にある。Rüsen, Jörn: Historisches Lernen – Grundriß einer Theorie, in: ders.: Historisches Lernen (Anm. 13), S. 70-114 (本書第 7 章：訳者注); さらに，ders.: Narrative Competence: The Ontogeny of Historical and Moral Consciousness, in: ders.: History: Narration – Interpretation – Orientation. New York 2005, S. 21-40。テーマ集である「歴史教授学」での“Historisches Lernen I”と“Historisches Lernen II”，Geschichtsdidaktik 10 (1985) Heft 3, 並びに，Geschichtsdidaktik 12 (1987) Heft 1 にあるイェルン・リューゼン，ハンス－ペーター・アペル，トーマス・ローレンツェン，クラウス・フレーリッヒ，ハンス－ギュンター・シュミット，ヒルデガルト・ヴェレシューラーデマッヘルの個別の論考も参照。

161) カルロス・ケルブルが，これに関するインタビューによる試みを発表している。Geschichtsbewußtsein im Jugendalter. Grundzüge einer Entwicklungspsychologie historischer Sinnbildung. Bielefeld 2004; Kölbl, Carlos/ Straub, Jürgen: Geschichtsbewußtsein im Jugendalter. Theoretische und exemplarische empirische Analysen, in: Forum qualitative Sozialforschung, vol. 2, No 3 – September 2001 (http://qualitative-Research.net/fgs).

162) これに関しては，以下を参照。Schmidt, Hans-Günter: „Eine Geschichte zum Nachdenken" (Anm. 95).

163) さらに詳細な文献が以下である。von Borries, Bodo/ Rüsen, Jörn, u. a. (Eds.): Geschichts-

bewusstsein im interkulturellen Vergleich (Anm. 118); von Borries, Bodo/ Pandel, Hans-Jürgen
(Eds.): Zur Genese historischer Denkformen. Qualitative und Quatitative empirische Zugänge.
(Jahrbuch für Geschichtsdidaktik 4). Pfaffenweiler 1994; von Borries, Bodo: Das Geschichts-
bewußtsein Jugendlicher (Anm. 118); Gehrke, Hans-Joachim/ Möller, Astrid (Eds.): Vergangenheit
und Lebenswelt. Soziale Kommunikation, Traditionsbildung und historisches Bewußtsein.
Tübingen 1996; Angvik, Magne/ von Borries, Bodo (Eds.): Youth and History (Anm. 118); von
Borries, Bodo: Forschungsprobleme einer Theorie des Geschichtsbewußtseins (Anm. 118), S. 139-
152; Lutz, Felix Philipp: Das Geschichtsbewußtsein der Deutschen. Grundlagen der politischen
Kultur in Ost und West. (Beiträge zur Geschichtskultur, Bd. 19). Köln 2000; Macdonald, Sharon
(Ed.): Approaches to European Historical Consciousness: Reflections and Provocations. Hamburg
2000; Rüsen, Jörn (Ed.): Geschichtsbewußtsein (Anm. 57); Becher, Ursula A. J./ Fausser, Katja/
Rüsen, Jörn: Geschichtsbewußtsein, in: Greiffenhagen, Martin/ Greiffenhagen, Sylvia (Eds.):
Handwörterbuch zur politischen Kultur der Bundesrepublik Deutschland. 2. Aufl. Wiesbaden 2002,
S. 169-176; Tempelhoff, Johann W. N. (Ed.): Historical consciousness and the future of our past.
Vanderbijlpark 2003. S. 41-53; Seixas, Peter (Ed.): Theorizing historical consciousness (Anm. 149);
Kölbl, Carlos/ Straub, Jürgen: Geschichtsbewußtsein im Kulturvergleich, Geschichtsbewußtsein
interkulturell. Zur Einführung, in: Handlung, Kultur, Interpretation. Zeitschrift für Sozial- und
Kulturwissenschaften 14,2 (November 2005).

第9章　実用論へと向かう歴史文化の途上で [164]

　　　　　　　警部は手を挙げた。「クュルツさん，そんなに興奮してはいけ
　　　　　ません！私にも持論があります。それが本当かどうかはまだ分か
　　　　　りません。」「どんな持論ですか。」クュルツはその質問をトリュ
　　　　　ベナーに向けた。彼女は答えた。「やらなくてはならないことが
　　　　　非常に困難であれば，その困難を一時的に取り除くような計画を
　　　　　立てることです。」「それが持論なのですか。」「そうですとも。」
　　　　　「なあんだ。」クュルツは唸った。「それなら私はとっくに知って
　　　　　います。それを何と呼ぶのかを知らなかっただけです。私の妻は
　　　　　自分の持論にとてもうるさい人です。そんなものは言い訳としか
　　　　　言いようがありません。」[165]

　理論家が実用論（Pragmatik）について語るのは，禁欲主義者が欲望について語
らなくてはならないのと似ている。にもかかわらず，実用論について語るという
私の弁解は，トーマス・マンの小説『すげかえられた首』から示唆を受けたもの
である。そこでは，禁欲主義者以上に欲望について理解している者はほとんどい
ないことが明らかになる。これに対応して，私は，「よい理論ほど実用的なものは
決してない」という決まり文句を好む。
　私はこの論考を6つの点で論じたい。まず，(1)歴史文化を歴史教授学のテーマ
として簡潔に言及する。そして，(2)カルチュラル・スタディーズ（Kultur-
wissenschaft）における記憶されるべきもの（Erinnerung）についての言説（Diskurs）
に関するささやかな批判的所見を述べる。(3) 3点目では，歴史文化の3つの次元
を扱う。それからようやく，(4)歴史教授学というテーマに移行し，それが歴史文
化の3つの次元においてどのように展開しているのかを示したい。さらに，(5)最
後に歴史教授学の課題としての実践に関して述べ，(6)歴史文化の実用論に対する
意見表明で全体を締めくくる。

1．歴史文化

　目下のところ，歴史文化の概念は歴史教授学の基本概念になっているように思われる[166]。それに伴い，歴史文化の概念が，歴史教授学における本質を変えることなく，歴史意識（Geschichtsbewußtsein）の概念を交代させた。「歴史意識」の概念は，学習内容としての歴史から離れ，歴史学習の主観的経過自体へと向かう歴史教授学的思考の動向をはっきりとさし示した。このパラダイム転換の勇敢な中心人物の1人であり，ノルトライン・ヴェストファーレン州のかつての政治科学学習指導要領のよく知られた作成者であるロフル・シェルケン（Rolf Schörken）がこの動向をよく説明している。すなわち，彼は「私たちは**歴史**意識から歴史**意識**へとさらに問うていかなくてはならない」[167]と述べた。さらに，カール-エルンスト・ヤイスマン（Karl-Ernst Jeismann）によって，その歴史意識に関する論文で，これが極めて影響力のあるやり方でなしとげられている[168]。ヤイスマンの歴史意識の定義は古典となっている。**歴史意識は過去の意味を付与する解釈，現在の理解，未来への期待の内的関連である**。私自身は，このヤイスマンの論考に基づいて，歴史理論から，歴史教授学を歴史学固有の下位領域として構想すること，私の友人で同僚であるハンス-ミヒャエル・バウムガルトナー（Hans-Michael Baumgartner）の精力的な支援を得て，この過去の意味を付与する解釈，現在の理解，未来への期待という内的関連に関するヤイスマンの論考を**語り的な意味形成**（narrative Sinnbildung）の要件として分析し，具体化することを試みる。

　歴史文化とは，実践的な生活関連における歴史意識以外の何物でもない。この専門用語で，歴史教授学の側から見えてくる客観的な条件や機能，それに加えて社会生活の過ごし方が意識の主観的な要素を獲得する。

　ドイツにおいてこの概念が流布した時，文化概念（Kulturbegriff）がもてはやされる事態になるであろうと予測することはできなかった。この間，この文化概念は世間の評判となるが，にもかかわらず，その意味の厳密な区別が失われてしまった。文化のもとで2通りの理解ができ，自然と対立するものという理解では，まずもって人間世界を解明するためのカテゴリーを問題にし，人間の顔付きをして，人間によってもたらされるすべてを文化と呼ぶ。この場合には，この概念はもはや多くを意味しない。もっとも，私たちの世界は自然ではないということが何を意味するのかをはっきり理解することは是非とも必要である。そうでなければ，

　私たちは，カルチュラル・スタディーズ的思考のイデオロギーを孕んだ全産業の
バイオ化（Biologisierung［英語では Biologization］，現在の経済領域における自然
環境の原理を統合するための概念：訳者注）の攻撃を防ぐことはほぼできない。
マックス・プランク・カルチュラル・スタディーズ協会の所長たちが，関連する
生物学や社会生物学の文献シリーズを通して科学的に築き，合理化することを推
奨するとしたら，危険が迫ってくる。そして，脳科学者と社会生物学者が文化に
関する言説の担い手になろうとするならば，危険は劇的なものになる。

　いずれにせよ，自然の対照としての文化の概念は，歴史教授学の目標には役立
たないと思われる。それ故，分析的な作為として，経済，社会，政治，環境，文
化といった人間の生活実践のより多くの次元を区別することによって，狭義の文
化概念を提案する。だとしたら，文化は何を意味するのか。

　自己や自身の世界，共生しなくてはならない他者のことが分からないと，人間は生
きることはできない。そして，世界の中で生きることを可能にするために，世界を理
解したり，意味を付与して解釈したり，明瞭な解明を与えたりするのが文化である。
この次元を特徴づけ，解明するために，意味カテゴリー（Sinnkategorie）が提示され
る。もし望むならば，経済に対しては労働，政治に対しては権力といった，別領域の
ためのカテゴリーも提案することができる。しかし，それは私がすることではない。

　こうした文化の範囲とそれ以外の人間の生活実践の領域との区別，定義，また
は，分析的な分割によって，境界で区分された現象状態が視野に入ってくる。当
然，相互に多様に関わり合い，絡み合っている「認知」，「意味を付与する解釈」，
「方向づけ」，「動機づけ」といった知的操作が問題となる。「方向づけ」の場合に
は，しばしば議論された文化的アイデンティティが文化においてふさわしい居場
所を明らかにするために，当然隠喩的にしか想定できない内的方向性と外的方向
性とで区別するしかないであろう。方向づけの仕方が問題なのである。

　「認知」は，外的世界と内的世界の解明として，「意味を付与して解釈すること
（Deutung）」は，経験と欲求に明確な解釈を与えること（Interpretation）として，
そして世界についての説明や自身に関する他者との合意として詳細に説明できる。
「方向づけ」は，時間の変動の中で実践を導くために意味を与えて解釈された経
験の活用として説明できる。アイデンティティの形成は，個人的自己と社会的自
己，私と私たち，そして当然，それに対応する時代や文化が異なる他者との相違

意味形成の総体としての文化

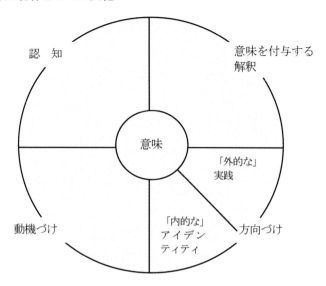

図4　4つの意味形成の知的操作

（Anderssein）の定義をやり取りするために意味を付与して解釈された経験の活用として，個人と社会的集団の成果として説明できる。最後に，「動機づけ」は，文化にとり根本的な，意義ある意図による意思決定の知的成果であり，意思の刺激からもたらされる操作と方向性を決定づけるものである。かつてマックス・ウェーバーは，理念を利害関心の転轍手（ウェーバーは，人間の行為を直接支配するのは「利害関心」であるが，「理念」によって作り出された世界像が転轍手として軌道を修正し，その軌道に沿って利害関心のダイナミズムが行為を先に推し進めると論じた：訳者注）と特徴づけており，このことがここで意味される。

　意味形成としての文化の知的操作は，歴史の領域においても特徴づけることができる。そうすると，「認知」の場合には，歴史的経験，外的世界と内的世界の時間的変動の解明,時間的相違もしくは（私たちがこの相違をこう呼ぶことを好む）古びた感じに対する敏感さが問題とされる。これについては，例えば，歴史博物館が活況を呈している。そして，「意味を付与して解釈すること」はドロイゼンが既に表現したように，歴史としての時間的変動の解明を意味する。ここで私たち

は，過去の営みから現在のための（多様な）歴史をつくる。その際，私たちは時間経過の特有の意味を付与して解釈する型を用いる。「方向づけ」は，実践的な生活の遂行を，経験に満たされた時間経過のイメージに方向づけることを意味する。未来展望は，歴史的に意味づけられた歴史的経験から描かれる。歴史文化における「アイデンティティの形成」は，帰属と排除の歴史的展望を形成することであり，個人を越えた時間経験と時間の意味を付与した解釈を，固有の自己の時間的イメージに統合することを意味する。最後に，歴史教授学において最も知られていないものとしての「動機づけ」は，記憶から意味のある意図を通して意思決定したり，歴史的な意味を付与して解釈する型の枠組みの中で意思という刺激を与えて操作したり方向性を決定したりすること，または，記憶や思い出により感情が高ぶったりすることを意味する。私たちは誰でも，後者のことは分かっている。歴史的記憶が意思を動機づけることができるかどうか，できるとしたらどのようになのかについては，解明を要する事柄である。

　歴史的意味形成の内的で知的な側面に限定する。しかし，歴史文化について言及し，この概念を歴史意識の概念と区別するとしたら，人間の生活**実践**における出来事の経過（Vorgang）が問題とされる。

　この意味形成を人間の生活実践の他領域と完全に分けてイメージするべきではなく，意味形成は常に他の領域と内的に関連づけられて生じるものである。例えば，正当性のない支配はないのと同様に，意味形成の要素のない政治的行為はない。これは狭義の意味での社会的実践にも，環境との関係にもかなり当てはまる。意味形成としての文化は，常に人間の生活実践の遂行において有効であり，さらにそこでも文化が確認されうる。つまり，例えば，資本主義は開かれた社会においてのみ機能し，さらに，その社会で文化的調整のもとで営まれる時にのみ機能しうる。なぜなら，資本主義をその自らの純粋な経済的ダイナミズムに委ねたら，資本主義自体にとっての条件である開かれた社会を台無しにしてしまうからである [169]。

2．記憶

　途中で少しまとめると，このまとめは，**歴史文化と記憶との相違**と関連がある。カルチュラル・スタディーズ，とりわけ芸術学や文学，さらに部分的には歴史学

において，長い間，記憶されるべきもの（Erinnerung）と記憶されるもの（Gedächtnis）というテーマが基調をなす。それから，さらに関連するテーマとして，忘却と，最終的にトラウマが付け加わった。それにより，私たちは有力な中心的視点を設定し，これらの視点のもとで人間の過去が問題とされるカルチュラル・スタディーズの前衛的な言説が組織される。これについて，２つの見解を述べたい。最初の見解は，この言説は，20年来，歴史教授学において導かれてきた歴史意識に関するすべての議論を完全に無視した（私は言説の欠陥と推測する）という注目すべき事実と関わる。

　しかし，私にはとりわけ，時間次元間の関連づけが重要である。これが私の２つめの見解である。差し当たり，記憶されるべきものは人間の意識と自らが経験した過去とを関連づけたものである。これは狭義の記憶概念である。自らの生涯の範囲内での過去に関わる問題である。しかし，これは，世代間をつなげる集合的に記憶されるべきものを通して拡張され，ちりばめられ，絡み合わされ，決定づけられる。それによって，そのつどの自分の世代を越えた時代へと広がることで過去との関連づけの幅が広がる。そして，「集合的に記憶されるべきもの（kollektive Erinnerung）」であること，つまり，ある文化において最も意義があると格付けされる長期にわたる時間次元にたどり着く[170]。記憶は，今も絶え間なく生じている。したがって，現在の時間次元は少なくとも間接的には記憶の言説においてテーマとなる。しかし，奇妙なことに，第3の時間の側面である未来，すなわち，歴史意識にとり根本的である未来への期待が，完全にフェードアウトされる。歴史意識は，集合的に記憶されるべきものや文化的記憶を当然含むが，過去とのやりとりにおける更なる活動，とりわけ，その活動から未来展望が拓かれる活動も含む。この未来との関連づけが，現在の記憶の言説には欠けており，期待なしに記憶されるものはないという単純な事実を無視している。

　逆に，歴史意識というテーマに関する言説は（その言説の欠陥のために），記憶されるべき現象をそれほど精力的にテーマにすることはない。

　約10〜15年前に，精神科学は正当化されなくてはならないというプレッシャーにまたもやさらされた。「何のために私たちは存在するのか。」当時，オード・マルクヴァルト（Odo Marquard）などによって，この問いに対する極めて有効な回答が提供された。精神科学は，高度に産業化された社会の近代化の損失を歴史的

記憶の成果を通して埋め合わせる目的を持つというものである。これは，著名な補償理論（Kompensationstheorie）であった[171]。しかし，この理論は後に，精神科学の機能に関する熟考のレベルで放棄され，結局，オード・マルクヴァルド自身により引導が渡された。しかし，今や，カルチュラル・スタディーズは補償のテーゼがきまって意味したこと，すなわち，未来をテーマとしない記憶されるべきものを確認すること以外，実際にはまったく何もしていないかのようにみえる。

　しかし，こうした記憶されるべきものの捉え方は，納得のいくものではない。そして，カルチュラル・スタディーズは近代化の損失を癒やすだけではなく，近代化する文化に方向性を示すことに関与しなくてはならない。私たちは，未来の言説を経済学者，社会学者，哲学者に簡単に委ねてはならない。そうしたとしたら，私たちの現在を方向づける枠組みにおいて未来の次元化に関する何らかの決断をすること，すなわち，意味カテゴリーで示されうることの大部分が失われてしまうであろう。そうすると，私たちドイツ人は未来と断絶された関係にあるというアンケート調査でずっと以前から判明していることが[172]，まさに起きるであろう。私たちはグローバル化の過程において決定づけられた適応へのプレッシャーを受け入れなくてはならない必要性は理解するが，これは価値としては否定的な含みを持つ。そして，私たちの価値，私たちの心，私たちの熱意があるところは未来ではなく，過去に限られてしまう。

　つまり，意義ある自己に先立つ存在（Sich-Vorwegseins）（ハイデガーに由来する専門用語で，人間はその具体的な存在，実践的な生活の遂行において常に有効に機能する未来のイメージ［例えば，不安や期待］を持っていることを意味する。このイメージにおいて，人はいわば意図したり，または恐れていたりする未来に生きているのである：訳者注）の要素が欠けているならば，私たちの未来に関してどこかしっくりいかなくなる。カルチュラル・スタディーズは未来についての文化的構想において，私が感じているような許容できない狭小化にまったく罪がないわけではない。

３．歴史文化の３つの次元

　歴史文化の中心的次元を，美的次元，政治・モラルの次元，認知的次元と区別することが有益であると考える。私たちは，３要素すべてを本質として含まない

歴史文化における意味形成の成果を想像することはできない。「政治的」の代わりに、「実践的」と言うことができそうだが、この次元で歴史的意味形成に関連づけられた人間の行為が極端に推し進められるので、私の論考は政治的なものに集中する。**美的**次元では、知覚すべきことと、歴史的なものの感覚が重要である。**実践的**次元は、とりわけ政治的なものを含むが、他の形式も存在する。例えば、技術的形式、または、過去は私たちが一般的な行為のルールを生み出すことを可能にする事例を教えるといった、**歴史は人生の師である**（historia vitae magistra）という意味でのモラル的形式である。（もっとも、これは今日ではもはや文化的に主流ではないが、依然として過去は、範例的な意味形成の方式で私たちに教える。歴史授業がどのような指示に従って展開するのかに一旦注目してみよう。そこでは、当事者である生徒と教師が気づかないうちに、歴史は人生の師であるというスローガンに追従している。コゼレックが著名な論文で示したように[173]、この常套文句が、「近代的な波乱に富んだ歴史の地平において」取り消されたことは、ここでは未だに受け入れられていない。）私たちは、**認知的**次元に精通している。なぜなら、ここでは、学問が問題とされるからである。例えば、世界観やイデオロギーなどといった、この次元における歴史的思考の学問固有でない形態も存在する。

　当然、その先の次元もある。例えば、本来、かつては３つの異なる次元を統合する機能を持った宗教的次元である。私たちは、３つの次元と意味カテゴリーとの関連を論じなくてはならない。なぜなら、意味は認知的でもあり、実用的でもあり、美的でもあり、歴史文化の内的連関性や機能性という時間を越えた視点と同様に、宗教的な視点にも及ぶからである。

　この次元化は、歴史教授学がその活動領域をカテゴリーとして解明したり、整理したりするために活用されうる。歴史教授学の課題は、歴史文化の概念というカテゴリーの基盤とその美的・政治的・認知的次元化によって、研究の必要性を伴う学問領域として定義し、説明できる。歴史教授学を歴史学習の学問とみなすならば、そこでは学習過程としての歴史文化が問題とされる。

４．歴史文化における歴史教授学

　歴史的に学ぶとは、歴史的に意味を理解する能力を獲得することである。これ

を科学的に探究しようとすれば，次の4つの方法で行う必要がある。

・まず**理論的**に行うことである。この場合，私たちは，歴史意識と歴史文化についての理論的な言説の中にいる。私たちは20年来，この言説を主導している。差し当たり，この言説は，カルチュラル・スタディーズにおける記憶の言説によって拡張・深化させる必要がある。

・さらに**実証的**に行うことである。この場合，文化的生活の実態としての歴史意識と歴史文化が問題とされる。ここでも，数年来，とりわけ，まずドイツでの，そしてドイツ語圏での比較，それから広範囲に及ぶヨーロッパ圏での比較（この際，ここではヨーロッパはパレスチナとイスラエルも含む）での，異なる学年段階の生徒たちの歴史意識に関する B. v. ボリース（Bodo von Borries）の大規模に構想された調査といった重要なものが行われている[174]。残念ながら，学習が実際に，歴史教授学にとりまさに模範的になされる場所，つまり，学校においては，なおも比較的わずかしか実証研究がなされていない。だから，私たちは，例えば，学習過程における教科書の実践的な活用について驚くほどわずかなことしか分かっていない。実証的方法においては，依然として研究の必要性が大いにある。これは，歴史意識が形成され，表明される心的過程にとりわけ当てはまる。

・第3に**規範的**に行うことである。ここでは，学習目標と学習目標を方向づけるカリキュラムが問題とされる。私たちはみなこれを心得ている。何をレアプランに不可欠とすべきで，何をそうすべきでないのかという大論争は，根拠がはっきりとした歴史教授学の基準に従って判断できなくてはならない。（こうした問いが重要とされる時にのみ，専門的な歴史学者は歴史教授学に突如として関心を寄せる。これは彼らが実際に教授学に興味があるからではなく，彼らの専門または専門分野がカリキュラムからお払い箱になると，学生を失うことをよく分かっているからである。）

・最後に，第4の次元が存在する。この次元において，歴史教授学は歴史意識の学習過程を視野に入れる。それが，**実用論**の次元である。ここでは，社会的過程での歴史的意味形成における文化の扱い方にとり不可欠な行為コンピテンシーを生み出すことが問題とされる。

　最後に，歴史教授学が学問としてまだほとんど我が物としていない課題を論じる。こうした能力を能力たらしめるのは何か。私たちがとりわけ大学生に教えるようなプロの歴史家の認知コンピテンシーではない。しかし，これは認知コンピテンシーに対する異議ではなく，むしろ欠落への警告である。語りコンピテンシー（narrative Kompetenz）が伝達され，獲得されるという教授と学習の行為の関連について，私たちはほとんど分かっていない。歴史教授学は，事実から授業方法論へという絶対に不可欠な一歩を滅多に踏み出さない。私たちは，子どもの歴史意識の生成と育成，それを発達させるための可能性と限界について何を知っているのか。あまりにも知らなさすぎるのである[175]。

　したがって，今日まで未だに十分に解決されていない幾つかの根本的問題に歴史教授学者として直面しているのである。私たちの管轄範囲は広い。そうだとしても，私たちが知っていること，私たちが知らないこと，私たちが知らなくてはならないことを個別に述べることはできる。歴史文化の列挙された3つすべての次元は教授学のテーマとして取り上げられ，探究されなくてはならない。真剣にそれに取りかかるならば，プロの歴史家にとり意外な経験，すなわち，認知的な学習領域は3つの次元の1つに過ぎないことを経験する。しかし，教師のための専門コンピテンシーの養成に向けたほぼすべての努力は，この一領域に集中している。

　私は，美的次元と政治的次元での歴史意識の意味を付与する解釈の成果を少なくともまったく同様に重要とみなす。美的次元における歴史的で根本的な意味カテゴリーは歴史意識が発生する過程でとりわけ効果的に，とりわけ初期に形成されるので，そして，政治的次元は歴史学習が政治教育において占める位置を意味するので，これらの次元は学習領域として探究されなくてはならない。初期の発生は，本質的に感情と具体を経て進行するであろう。方法や思考はそれより遅れて生じる。美的要因について何も分かっていないならば，どのように知識をそれがあるべき場，すなわち，既に予め構造化された知的組織や，子どもや若者の意識や無意識に到達させるつもりなのか。これは政治的次元でも同様である。この次元では，実践的な意味は，承認をめざす努力や承認を巡る闘争における歴史的知識を活発にする。

　私たちは歴史文化のそれぞれの次元を学習領域とみなし，（経験する，意味を付

与して解釈する，方向づける，動機づけるという上述した型に従って）そのつど
関連する知的操作を多様化することができる。それによって，歴史学習の目標を
より的確に描写することができる。それは基本的に，**語りコンピテンシー**として
規定されうる。しかし，これは分析的に多様化されなくてはならない抽象的な概
念である。このような多様化は，言及した歴史的意味形成の異なる知的操作に沿っ
て行われうる。そして，語りコンピテンシーの個別の構成要素，例えば，歴史的
な認知コンピテンシーなどが視野に入ってくる。若者（大学生）は学校において
本当に歴史的に**認知する**ことを学んでいるのか。私たちは歴史意識の美的コンピ
テンシーを伝達しているのか。私はそう確信してはいない。（博物館館長は，歴史
博物館でポストを確保しなくてはならない時に，疑わしい場合には，歴史学の領
域からではなく，芸術史の領域から採用するのはなぜなのか。[少なくとも歴史家
よりも] 芸術史家は**観察**できるということから出発し，それを根拠を持って推測
できるからである。歴史家は常に知識しだいであると考える。しかし，知識は経
験と意味を与える解釈を統合したものである。両者をきちんと区別した上で関連
づけて学ばなくてはならない。そして，認知することは経験することの一部であ
り，美的な見方は認知することの一部である）。

5．実践の場

　歴史教授学のテーマや問題として，**実践**はどこに出現するのか。これを簡潔で
入門的な（残念ながら再びかなり理論的な）論述ではっきりさせたい。メタヒス
トリー（Historik）の枠組みで，歴史的な歴史の認識過程を構成する中心要因を規
定し，これらの要因の関係を分野的なマトリックスの形式において詳しく説明す
る。

　私たちが歴史文化の領域の実践について問うならば，**生活実践のレベルとそれ
に対応した集合的記憶の政治的な言説**が根底から問題となる。ここでは，現代世
界の時間的変動におけるめざすべき方向性や，歴史的な意味を付与する解釈の型
を通して文化的に方向づける機能が重要である。すべての学問特有の認識の成果
を前提にして，根底に置く歴史文化の経過に関わる問題である。明快で有益な歴
史的な問題設定をめざすべき方向性から展開する時に初めてこれらの成果にそっ
た活動が始まる。これは固有の一歩であり，この前進によって学問を認知する過

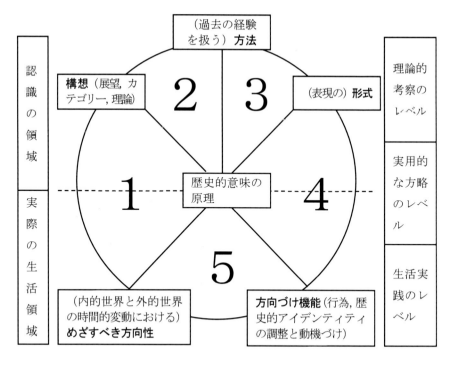

1．象徴化の意味論的言説
2．歴史的知識を生み出す認知的方略
3．歴史的表現の美的方略
4．歴史的方向性の修辞学的方略
5．集合的記憶の政治的言説

図5　歴史的思考のマトリックス

程の自立が始まる。しかし，歴史的思考は生活世界に根づいている。実践について問われる時，つまり，歴史教授学の独自の次元としての実用論が問題とされる時，生活世界が視野に入れられなくてはならない。これは，私たちが２つの本質的な要因であるめざすべき方向性と方向づけ機能を，歴史認識が生活に役立つよう活用される文化の扱い方に変換しなくてはならないという結果を伴うかもしれない。生活世界を理論的に細分し，歴史的知識の主観性をコミュニケーションの事項として確認すること，これを極めて美しく言うと，「生活」において認知し，

位置づけることも重要かもしれない。

　実践について問うところでまさに始まる歴史教授学は，メタヒストリーや間接的には歴史学と確かな基盤を共有している。歴史教授学は，この確かな基盤を吟味する。なぜなら学校において，同様に学校外の領域での歴史に関わる多様な職業分野においても必要とされる歴史的意味形成のコンピテンシーを綿密にテーマとし，展開し，産出しなくてはならないからである。

　異なる文化の扱い方の複雑な組み合わせも問題とされる。私たちがこの文化の扱い方を視野に入れるとしたら，問題に対してそこで私たちにふりかかってくることを詳細に説明することを断念しなくてはならない。しかし，これまでまったくか，ほとんどテーマとされなかった点を指摘しておきたい。これらの実践を詳しく見ると，私たちにとってのお気に入りの考え方，すなわち，歴史的意味形成は，私たちが多かれ少なかれ自律的に過去に言及するプロセスであるという考え方と決別しなくてはならない。つまり，私たちは，主体が過去から歴史を形成し始める前に，既に過去は主体に効力を及ぼしていることを確認するであろう。過去は既に常に要求を伴ってそこにあり，私たちは過去から責任を負わされている。要求と責任は，これまで通常，メタヒストリーや教授学において熟考されたプロセスをはるかに越える歴史的思考の倫理を必要とする[176]。

　過去は生活世界的な実践領域において非常に奇妙な役割を果たし，どのような場合でも意味を付与する解釈のしがいがある純然たる対象というわけではない。今一度これを強調して述べる。生活世界では，死者は私たち自身の中に未だ生き続けていて，啓発を求めて啓発できるような方法で，私たちを通して声を上げている。ヴァルター・ベンヤミン（Walter Benjamin）によるとこう書かれている。私たちは期待を託されている[177]。これは，歴史教授学的に扱われなくてはならない歴史哲学的な洞察である。この洞察は詳細に検討されなくてはならず，これによって生徒の歴史意識に深い影響を及ぼす家族的な言説がみえてくる。親，祖父母，曾祖父母がいわば子どもの一部であるという複雑な世代間の心的つながりに関わる問題である[178]。自分自身を成長させる前に，既にいわば，自身の親なのである。これを理解するために，フロイト学派になってみる必要などない。歴史教授学の基盤になるカテゴリーとしての実践は，この世代間の生活関連とつながっている。ここでは，過去と未来が深く介入する複雑な他者との行為のつながりにおいて，

問題とされる人間の固有の主観性が拡張される。恐らく過去は，私たちが自由で自律的な意味を付与する解釈の成果自体を通して駆り立てる以上に，私たちを未来へと駆り立てるであろう。

6．歴史教授学の実用論

　結論に移る。私たちは，言及した歴史文化の3つの領域の探究において，歴史教授学的な実用論を展開しなくてはならない。歴史的言説の活動領域をこれら3領域に特定し，積極的な関与を通して解明し，探究することによって，これがなされる。そのためには当然，教職課程の学生の4週間の実習は養成教育において決して十分ではない。（学校のみならず）歴史家の多様な活動領域は，これまで事実そうであった以上に，非常に多くの探究を費やして解明されなくてはならない。

　学習の場である大学は既に，こうした実践領域を描き出している。ここでは，学習とは何であるのかを学ぶことができるし，学ぶべきであろう。私たちは多大な労力を割くことなく，自身の学習過程をテーマとすることができる。学生は大学での学習過程において既に，学習と教授という実践のためのコンピテンシーを伸ばすことができる。学問的な活動も，例えば，経験すること，意味を与えて解釈すること，方向づけること，動機づけることを重視する実践である。しかし，この実践は正確には何を意味するのか。これは，省察的に論じなくてはならないかもしれない。自身を研究することが，学生にとって歴史教授学の言説の研究領域になるかもしれない。

　コミュニケーションの実践，話すことと傾聴することがこれに属する。（最も分かりやすい事例では，私たちは話すことを学び，傾聴することを学ばない。）その職業を理解し，傾聴できない教師を想定できるであろうか。しかし，私たちは自身の教え方において，傾聴の実践をテーマとし，教授学的に分析しているであろうか。ここでは，学術的な言説の基本的な扱い方が問題とされる。（私たち大学の教師は，この欠陥宣言のよいお手本になるであろう。）

　歴史教授学は，認知，意味を付与する解釈，方向づけ，動機づけという歴史的意味形成の4つの操作を社会的実践としてテーマとすることを構想しておかなくてはならず，当然そのために，目標に向けて介入する。すなわち，歴史文化を開拓できるように，学習しながらこうした操作に関与することが欠かせない。私は

理論家の見地において，そのための幾つかの示唆しかできなかった。私の論述が，歴史教授学のテーマとしての実践を単に表面的な伝達や応用の事項としてではなく，歴史文化の核心と思えるように論じているならば，理論は本当に実践にとり有効になりえるであろう。

〈注〉

164) 公開講演を改訂し，脚注と章題をつけた論考である。

165) Kästner, Erich: Die verschwundene Miniatur, in: ders.: Heitere Trilogie. Drei Romane. Gütersloh o. J. S. 317. (邦訳：エーリッヒ・ケストナー著・小松太郎訳『世界大ロマン全集　第32巻　消え失せた密画』創元社，1957年：訳者注)

166) Vgl. Rüsen, Jörn: Historische Orientierung (Anm. 25)，233頁以下を参照。

167) Schörken: Geschichtsdidaktik und Geschichtsbewußtsein (Anm. 100), S. 81-89.

168) Jeismann, Karl-Ernst: Geschichte als Horizont der Gegenwart (Anm. 129).

169) Soros, George: Die Krise des globalen Kapitalismus. Offene Gesellschaft in Gefahr. Frankfurt a. M. 2000.

170) Assmann, Jan: Das kulturelle Gedächtnis (Anm. 63).

171) Marquard, Odo: Über die Unvermeidlichkeit der Geisteswissenschaften, in: Apologie des Zufälligen. Philosophische Studien. Stuttgart 1986, S. 98-116; ders: Verspätete Moralistik. Bemerkungen zur Unvermeidlichkeit der Geisteswissenschaften, in: Kursbuch 91 (1988), S. 13-18.

172) Köcher, Renate: Nach der Vertreibung aus dem Paradies. Die zukunftsträchtige Verbindung von Effizienz und Humanität ist noch nicht gefunden, FAZ v. 12. November 1997, S. 5.

173) Koselleck, Reinhart: Historia magistra vitae. Über die Auflösung des Topos im Horizont neuzeitlich bewegter Geschichte, in ders.: Vergangene Zukunft. Zur Semantik geschichtlicher Zeiten. Frankfurt a. M. 1979, S. 38-66.

174) Angvik, Magne/ von Borries, Bodo (Eds.): Youth and History (Anm. 118); Leeuw-Roord, Joke van der (Ed.): The State of History Education in Europe. Challenges and implications of the "Youth and History"- Surway. Hamburg (Köber-Stiftung) 1998, von Borries, Bodo: Ziele, Formen und Ergebnisse des Geschichtslernens Jugendlicher im Europäischen Vergleich. Zu Youth and History 1994/95, in: Geschichte, Politik und ihre Didaktik (1998), S. 7-21.

175) 近年の研究の発展に関しては，Stearns, Peter/ Wineburg, Sam (Eds.): Knowing, Teaching, and Learning History. National and International Perspectives. New York (New York University Press) 2000; Rüsen: Geschichtsbewußtsein. Psychologische Grundlagen (Anm. 57) を参照。

176) これについては，Rüsen, Jörn: Geschichte verantworten – Kritische Überlegungen zur ethischen Dimension des historischen Denkens, in: ders.; Kann Gestern besser werden? Essays über das Bedenken der Geschichte. Berlin 2003; Liebsch, Burkhard: Geschichte als Antwort und Versprechen. München (Alber) 1999 を参照。

177) Benjamin, Walter: Über den Begriff der Geschichte, in: Gesammelte Schriften. Bd. 1. Frankfurt a. M. 1991, S. 691-704; 引用は，S. 694。

178) これに関しては，Rüsen, Jörn/ Straub, Jürgen (Eds.): Die dunkle Spur der Vergangenheit (Anm. 152)を参照。より詳細な理論的な文章は，Schneider, Christian/ Stillke, Cordelia/ Leineweber, Bernd: Das Erbe der Napola. Versuch einer Generationengeschichte des Nationalsozialismus. Hamburg 1996 にある。

訳者あとがき

　本書は，日本学術振興会科学研究費補助金「歴史学習固有のハイパー学力を育成する評価モデル開発研究」（挑戦的研究（萌芽）21K18507：研究代表者　宇都宮明子）の一成果である。

　本書は，ドイツの歴史学者であるイェルン・リューゼン（Jörn Rüsen）氏の歴史教授学をテーマとした論考をまとめた論稿集である。リューゼン氏は 1938 年生まれ，1958 年からケルン大学で歴史，哲学，ドイツ文学，教育学を学び，1966 年にグスタフ・ドロイゼンに関する論文で博士号を取得，その後，ドイツ国立学術財団，ブラウンシュヴァイク工科大学，ベルリン自由大学，ルール大学での勤務を経て，1989〜1997 年までビーレフェルト大学教授，1997〜2007 年までノルトライン＝ヴェストファーレン科学センターのエッセンカルチュラル・スタディーズ研究所所長を務めるなど輝かしい経歴を有する。この間に，インドや南アフリカの大学の客員教授，エッセンカルチュラル・スタディーズ財団理事長，2007 年以降も台湾の大学の客員教授を務め，多くの国際研究プロジェクトを手がけた。さらに，ドイツ政治教育協会科学諮問委員会委員，ゲオルク・エッカート国際教科書研究所（ブラウンシュヴァイク）科学委員会委員，ブダペストの中央ヨーロッパ大学（CEU）の研究センター「Pasts, Inc. 歴史研究センター」国際諮問委員会委員長など国内外のカルチュラル・スタディーズ，政治教育など多岐の領域に亘る研究施設の委員も務めている。リューゼン氏の国内外での多方面にわたる精力的な活動は枚挙にいとまがなく，歴史学，歴史教授学にとどまらず，カルチュラル・スタディーズの分野を長く牽引してきた極めて学際的な卓越した研究者である。

　リューゼン氏は，ドイツにおいて歴史学の方法論にとどまり，学的基盤が弱かった歴史教授学を，歴史学者の立場から明確な学問領域として位置づけた（カール-エルンスト・ヤイスマンと並ぶ）立役者である。とりわけ，歴史教授学の学的根拠となる理論形成に最も寄与しており，リューゼン氏の歴史教授学理論の理解なくしてドイツ歴史教授学を語ることはできず，その多大な寄与ゆえに，現在に至るまで大きな影響を及ぼし続けている。例えば，現時点で最も有効な歴史科のコンピテンシー・モデルとされる FUER コンピテンシー・モデルは，リューゼン氏

の歴史的思考モデルが理論的基盤となっている（FUER コンピテンシー・モデル
に関しては，拙稿「社会科学習指導要領におけるアウトカム志向への転換に関す
る考察 －FUER 歴史意識プロジェクトのコンピテンス・モデルに基づいて－」日
本教科教育学会編『日本教科教育学会誌』第 42 巻第 2 号，2019 年，pp. 13－23 を
参照していただきたい。）。そのため，その歴史教授学理論を日本に紹介すること
は，日本の歴史教育学研究にとり極めて有意義であると考えたのが，今回の出版
の契機である。

　リューゼン氏の研究成果はカルチュラル・スタディーズの領域に亘る膨大な数
に及ぶため，どの論考を紹介するかを判断するのは困難であったため，リューゼ
ン氏自身に選択していただいた。その 9 本の論文を，本書の章構成順に並べたの
が以下である。

第 1 章　Über einige theoretische Grundlagen der Geschichtsdidaktik
第 2 章　Fortschritt. Geschichtsdidaktische Überlegungen zur Fragwürdigkeit einer
　　　　historischen Kategorie
第 3 章　Strukturen historischer Sinnbildung
第 4 章　Vom Nutzen und Nachteil der Wissenschaft für das Schulbuch
第 5 章　Was heißt und zu welchem Ende betreiben wir heute (noch) Geschichtsdidaktik?
第 6 章　Erfahrung, Deutung, Orientierung - drei Dimensionen des historischen Lernens
第 7 章　Historisches Lernen - Grundriß einer Theorie
第 8 章　Was ist Geschichtsbewußtsein? Theoretische Überlegungen und heuristische
　　　　Hinweise
第 9 章　Auf dem Wege zu einer Pragmatik der Geschichtskultur

　第 1 章の論文は，リューゼン氏が自身の講演内容を推敲して論文化したもので
ある。第 2・4 ～ 7・9 章の論文は，Historisches Lernen. Grundlagen und Paradigmen.
Zweite, überarbeitete und erweiterte Auflage. Schwalbach/Ts. 2008 に，第 3・8 章の論
文は，Historische Orientierung. Über die Arbeit des Gescihchtsbewußtseins, sich in der Zeit
zurechtzufinden. Zweite, überarbeitete Auflage. Schwalbach/ Ts. 2008 に所収されている。
リューゼン氏が歴史学者の立場から歴史教授学について論じたこれらの論文では，

その学際性ゆえに，歴史学と歴史教授学のみならず，カルチュラル・スタディー
ズ全般に亘る知見が随所が盛り込まれた彼の歴史教授学理論が随所にちりばめら
れており，各論文を順序立てることは困難であった。第１部は歴史教授学と歴史
学とし，歴史教授学と歴史学の関係性が論の主軸を形成する第１～５章の論文を
組み入れた。第２部は歴史教授学と歴史学習とし，歴史学習の学問としての歴史
教授学が歴史学習にどのように取り組むのかを検討する第６・７章で構成した。
第３部は歴史意識と歴史文化とし，歴史教授学の鍵概念である歴史意識と歴史文
化について論じた第８・９章からなる。便宜上，この３部構成にしているが，リュー
ゼン氏の頭の中の理論的ネットワークでは歴史学，歴史教授学，カルチュラル・
スタディーズの他領域の多様な概念が理路整然と配置されているかのようであり，
全てが関連しあい，影響を及ぼし合っているために，全体を通して読むと，別の
テーマを論じた個別の論文であるはずなのに相互に補完しあっており，全体とし
てリューゼン氏の歴史教授学理論の世界を垣間見ることができる。

　とはいえ，彼の歴史教授学理論は難解であるので，各章の概要を少し示してお
く。第１章では，歴史的思考を基準として，歴史教授学とメタヒストリーを対比
的に捉えることで，両者の関係性が明らかにされる。本章で示された歴史的思考
のマトリックスと，歴史教授学の専門的マトリックスにおいて，両者の関係性が
見事に図示されている。マトリックスでは両者の共通性が際立つが，リューゼン
氏は両者の相違にも着目し，歴史学習の学問という独自の学問領域としての歴史
教授学の位置づけを明確にし，歴史教授学とメタヒストリーの相互作用による普
遍史やグローバル史の新しい構想を練り上げることの重要性を指摘する。人類学
的な普遍性，人間尊厳の理念，普遍史的な発展の理念といった人類学的基盤を構
築する上で，歴史教授学が極めて重要な役割を果たすべきであるが，まだそれが
十分になされていないことがチャーリー・ブラウンとサリーの会話で象徴的に明
示されている。

　第２章では，進歩というカテゴリーに着目し，歴史学においてはポストモダン
以降の進歩のカテゴリーの再編，歴史授業においては歴史意識の意味形成活動の
再編により，従来の進歩における限定的な合理性を，人間存在を方向づける広範
な理性において克服することが主張される。ヨーロッパにおいて進歩は，近代に
形成された輝かしい伝統であり，集合的記憶の共有財産として統合的機能を有す

る重要な概念である。しかし，伝統との深い断絶としてのポストモダン，進歩がもたらした負の副作用から，現在では進歩は批判対象となっている。その結果，歴史学では文化史研究，ミクロストリア的な社会史研究が発展し，近代からの伝統を覆すことが図られる。リューゼン氏は，歴史教授学においても，歴史意識の意味形成活動の観点から，進歩を従来の伝統的な形式の要因から発生的形式の要因へと変容させるとともに，進歩のイメージを歴史的意味形成の概念的要素とすることで進歩というカテゴリーを新しく適格な歴史的経験として機能させるべきであると論じる。

第3章では，啓蒙の伝統が説得力を失い，理性に対する信奉が揺らぐポストモダンの風潮と並行して流行したヒストリオグラフィーに着目し，ポストモダンにおける歴史叙述の可能性が検討される。ここでは,歴史叙述は歴史的アイデンティティを形成する活動と捉えられ，啓蒙と対置されるポストモダンにおける歴史叙述では，理性に敵対する表現手段の新しい型を創り出し，極端な場合には，近代以前の時代をとりわけ人道的として賞賛する神話を作り出す危険性が指摘される。それとともに，歴史授業も，今ある状況を無批判に正当化し，過去の美化された状況に回帰することで，未来への不安を埋め合わせようとするものに陥る可能性があるとされる。リューゼン氏は，これらのイデオロギー化を回避するために，歴史的思考の原理，その方法論的合理性が学問としての歴史には不可欠であると主張する。この原理こそが理性であり，それは，言語においてコミュニケーションを論証的に行い，それによって方法論的に行為するための人間の能力である。歴史学や歴史教授学にとり，論証可能性に裏づけられ，理性に貫かれた歴史叙述が必須であることが主張される。

第4章では，教科書と学問との関係性，教科書の構成要素としての学問に求められるべき機能について検討される。歴史科の教科書には，政治的見解の対立や権力闘争といった内政的対立，克服が必要な過去に取り組み，相互に了解し合わなくてはならない複数の国家間の対立といった外政的対立が組み込まれる。これらの対立における争点を調整するために，論証を介して共通の解釈を作り上げることができるのが学問＝歴史学であり，高い妥当性，つまり，「客観性」が求められる。リューゼン氏は，この客観性を可能するのが方法論的合理性であり，それは歴史学においては「歴史学の方法」であるとして，歴史的思考に即して具体的

に明示する。その具体化から，歴史学に基づいて保証された知識を提供するだけではなく，方法論的合理性の初歩的な視点と方法を理解し，実践的に扱うことができる歴史教科書にすべきであるという方向性が提案される。この提案の背景には，歴史学習に対する危機意識がある。歴史学習では長い間，学問との関係性は政治的次元と結びつけられてきた。客観性が政治的中立性と混同され，授業が従い，教科書が対応するカリキュラム上の規則は，国家の正当性を求める政治的な形成物であり，学問との関係性が歴史学習を不当に制約してきた。リューゼン氏は，生徒が政治の論理と学問における方法論的合理性とを区別できるようになること，さらに，歴史学習のメタ認知的，前認知的要因，認知的次元，美的次元などに学問が開かれることで，歴史教科書と学問との関係性が拡張され，豊かにされるべきであると論じる。

第5章では，停滞する歴史教授学の現状を打破するための今後の展望が考察される。シラーの時代には歴史教授学は歴史描写の技術であり，歴史学研究法の理論としての方法論であった。1960〜70年代にかけて，従来の歴史授業の方法では政治教育において役割を果たしえないことが明らかになると，歴史教授学は，学校教育制度における歴史に求められる現代的アプローチに必須となる視点を熟考・発展させるための学術的な場として再構成され，一時的には画期づけられた。しかしその後，歴史教授学は停滞していくが，リューゼン氏は本章のタイトルが示す通り，それでもなお歴史教授学が存在すべきなのかを問う。端的に言えば，歴史教授学の意義とは，歴史教授学が持つ実践的または機能的な要件である。歴史文化の広範な領域において，その学術的な専門的知識や専門的コンピテンシーを実践的に発揮させるという歴史の実践活用のためのコンピテンシーを獲得することが歴史授業にとり不可欠である。この要請が歴史教授学の社会的基盤であり，実践的・機能的な要件なのである。そこで，リューゼン氏はこの基盤のもとでの歴史教授学の体系化を試みる。その際に，シラーのパン学者と哲学的頭脳という概念を援用し，歴史教授学ではなく，他領域からの要請に基づいて行動できるようにするために歴史的知識を応用するパンのための学問としての歴史教授学を否定する。そして，歴史文化として客観的に現れる歴史学習，歴史意識として主観的に現れる歴史学習の学問と捉え，歴史意識を歴史教授学のテーマとすることで，新しい進展とともに，歴史文化の幅広い領域への開放が達成される歴史教授学を

めざす。これこそが，哲学的頭脳の学問としての歴史教授学であり，歴史学，教師教育をなす教育大学，学校内外の歴史文化を架橋し，文化的活動を実践するための歴史的記憶能力や方向づける能力，文化的方向性の不可欠な要素として作用する集合的記憶を育成する歴史教授学という今後の展望が描かれる。

　第6章では，歴史学習とはどのような学習過程からなり，めざされるべき歴史学習とは何かが検討される。リューゼン氏は歴史学習を，意味を付与して解釈しながら一定の時間経験が習得されるとともに，この解釈に関するコンピテンシーが生じ，発展し続ける人間の意識の過程と定義する。この人間の意識の過程とは歴史意識の経過であり，この歴史意識において，記憶を介した時間経験についての意味を形成する操作がなされる。人間や世界の客観的な変動と，時間上での主観的な自己存在や自己理解からなる客観と主観の動向との間で揺れ動くことで，この過程では，歴史的経験の習得と自己の獲得という二重の学習過程を採る。そして，この過程は，経験，意味を付与する解釈，方向性という歴史意識の3つの操作で区分され，それぞれに関するコンピテンシーの獲得が図られる。リューゼン氏は，学習者が経験関連（客観性）と主観関連（主観性）との間で論証的なバランスを取るための能力＝論証コンピテンシーを獲得する過程として歴史学習を組織することの重要性を論じる。

　第7章では，歴史教授学において歴史学習をどのように捉え，どのように類型化し，実証的・規範的・実用的にどのように研究すべきかを考察する。歴史教授学は，歴史的知識を教授する授業方法論から脱却し，歴史意識の現象形態や機能の総合的な分析という研究対象の拡張によって，独自の研究領域や研究方法や機能を持つ歴史学の自律的な下位分野として発展してきた。リューゼン氏は，歴史意識における情意的・認知的・実用的な形態からなる意識操作の組み合わせによる基本的で一般的，生活世界的な方向づけの成果を，歴史的語りと表現する。歴史的語りとは，時間経験に関する意味形成のコミュニケーション的行為であり，歴史学習を歴史意識の一貫性と連続性を構成する歴史的語りの意味形成過程と捉え，歴史的語りの類型論に基づいて，歴史学習を，伝統的・範例的・批判的・発生的という4つの形式に分類する。さらに，歴史学習を人間の社会化と個人化の関連における発達過程とも捉え，その発達のダイナミズムの要因を，経験，主観性，間主観性とする。そして，歴史学習を発達過程として形成し，調査するため

の理論的概念のネットワークが不足しているという歴史教授学研究の課題を克服するために，歴史学習の4つの形式と発達のダイナミズムの3つの要因を援用することで，歴史学習の発達過程を構造的に分析する。これにより，歴史教授学において歴史学習をどのように捉え，どのように類型化するのかという問いに応えている。

　実証研究では，歴史意識が定義され，学習過程としてテーマとすることの重要性が提起され，歴史意識を分析する実証研究における発見的な方法での（ヒューリスティックな）問題枠組みでなされた2つの事例が挙げられる。そして，歴史的な意味を付与する解釈の型の形態や活用に関する実証的な調査という方向性とともに，その方向での研究が抱える課題も指摘される。学習目標を巡る規範的研究では，従来の最上位の学習目標として必要とされる能力（Qualifikation）はその一般性ゆえに歴史の固有性を捨象するとして，認知的・情意的・実用的な領域に及ぶ歴史意識の意味形成活動を根底に置き，歴史の固有性から構想された語りコンピテンシーが最上位の学習目標として提案される。さらに，語りコンピテンシーは，発達のダイナミズムを基に，経験への開放性，主観的な自発性または自由，間主観的な承認または理解という3つの領域へと学習目標規定を分類する可能性を拓くという有効性が主張される。実用的研究では，授業行為の一般的なルールを歴史授業に援用する従来の授業方法論も歴史の固有性を捨象するとして，授業方法論の個別のテーマ領域を歴史意識の学習過程の要因として体系的に分析し，理論的・実証的・規範的観点を有効に発揮させる授業方法論の研究の必要性が提起される。以上から，歴史教授学を実証的・規範的・実用的にどのように研究すべきかという問いに応えている。

　歴史教授学は歴史学習の学問であると論じるリューゼン氏は，その主張通りに歴史学習に即して，歴史教授学研究の今後の展望を描き出しているのである。

　第8章では，歴史教授学の鍵概念としての歴史意識に焦点を置き，歴史意識の概念規定，歴史教授学における歴史意識研究，歴史意識の分析的解明について論じられる。歴史学習において，歴史が客観的に与えられるものではなく，歴史意識の行為の産物として認識されるようになると，歴史的知識が生活実践において機能を果たす生産的な特質を持つようになる。その結果，歴史意識は歴史教授学の鍵概念となり，歴史意識の一般理論の構築を図る理論研究とともに，その一般

理論を具体的で実証的な実態のレベルでの解明をめざす発見的方法論に基づく実証研究が不可欠となる。歴史意識は客観的な時間と主観的な時間，内的な時間と外的な時間にバランスをもたらし，このバランスによって意図的で経験的な方法としての行為が可能となり，その行為には現在と未来の展望が込められる。そのため，歴史意識は「意味を付与された過去の解釈，現在の理解，未来の展望の内的関連」であるという定義がなされているのである。過去の経験を通して現在における意味を形成し，未来に向けた実践の行動指針的な方向性を獲得する3つの時間次元の複雑な関連からナラティブに歴史が形成される。その多様な表出において，過去の記憶を基に現在の生活状況が合意され，歴史的アイデンティティが形成されるコミュニケーションにおいて，歴史意識は実践的な機能も果たすのである。歴史意識は3つの時間次元，客観と主観，理論・実証・実用的側面を有する極めて複雑な概念的混合体である。リューゼン氏は，この歴史意識を，歴史的意味形成の類型論，意識の階層，次元と連関性，表出形態，トポス，発達段階に応じて，類型化する。多様な学問領域を基盤として歴史意識を豊かに描き出すことで，歴史意識が持つ潜在的な可能性が引き出されている。

第9章では，歴史教授学のテーマとしての歴史文化を歴史意識との関連から考察し，カルチュラル・スタディーズにおける歴史文化と深く関わる記憶の扱いを歴史教授学の観点から批判的に検討した上で，歴史文化をテーマとする歴史教授学の今後の展望が示される。リューゼン氏が，歴史文化は実践的な生活関連における歴史意識であると述べている通り，歴史文化は生活実践と深く関わる概念である。文化とは，世界で生きていくために，世界を理解したり，解釈したり，解明したりするものである。中でも歴史文化は認知的，美的，政治・モラル的という3つの次元からなり，「認知」，「意味を付与して解釈すること」，「方向づけ」，「動機づけ」という歴史意識の4つの操作を踏まえて，同様の歴史文化としての意味形成に関わる知的操作をすることで，生活世界的な実践領域を解明する。歴史意識と対をなすために，歴史文化ではその生活関連が現在にとどまらず，世代を越えた集合的記憶に基づいて人間の固有の主観性が拡張される。そのため，歴史教授学では，過去・現在・未来の3つの時間次元を対象領域とした歴史文化を考察することになる。これより，リューゼン氏は，カルチュラル・スタディーズの言説において，歴史教授学における歴史意識の議論が無視されることで，記憶

が過去に限定され，未来に対する方向性を示すことができないという欠陥を指摘する。歴史文化の３つの次元を探究し，歴史文化における４つの歴史的意味形成に基づいた知的操作を生活実践のレベルでテーマとすることで，歴史認識が生活に役立つよう活用され，未来の方向性が示されるという歴史教授学の新しい構想が提案される。

　少し長くなってしまったが，ドイツ歴史教授学の理論的基盤を理解する一助になることを願い，概要を述べてきた。この概要を読むだけでも，各章の論考には多くの共通する論点がちりばめられ，それらの論点が首尾一貫して関連性を作り上げており，全体としてリューゼン氏の歴史教授学理論を窺うことができるであろう。そして，この論理整合性において歴史教授学や歴史学習の今後の展望が見事に描き出されているのである。リューゼン氏の歴史教授学理論の根底には，方法論的合理性，つまり，歴史学における「理性」がある。この理性を根幹とした歴史教授学理論から，リューゼン氏のまさに理性に裏づけられた歴史学者としての知的で健全な信念をうかがい知ることができる。それは，歴史学，歴史教授学に携わる研究者の心を打ち，真摯に研究に向き合う姿勢へといざなうものである。学術的な魅力に富み，多くの刺激や示唆を与えてくれるリューゼン氏の歴史教授学理論の世界を楽しんでいただければ幸いである。

　最後に，日本の歴史教育学の観点から，リューゼン氏の論考を捉えてみたい。彼の論考を読むと，ドイツにおいて，歴史意識が最上位の学習目標，鍵概念となったことが歴史教授学の転機となった理由が理解できるはずである（この転機については，拙著『新しい歴史教育論の構築に向けた日独歴史意識研究－構成的意味形成を図る日本史授業開発のために－』風間書房，2020 年も参照していただきたい。）。歴史意識の意味形成活動＝歴史的語りが歴史学習の４つの形式での分類をもたらし，それを契機に，歴史教授学では新しく有意義な規範的・実証的・実用的研究が実現可能となり，歴史授業では有意義なコンピテンシー・モデルの提案とともにコンピテンシー志向への転換へとつながったといえる。日本においては，学習指導要領にみられるように，資質・能力を教科横断的な一般的な観点から捉える傾向が（特に，学校教育現場では）ある。この傾向に対して，ドイツ歴史科の最上位の目標として必要とされる能力（Qualifikation）では歴史の固有性が見逃がされ，「歴史」を学習内容として道具化して利用する傾向に拍車がかかるという

リューゼン氏の指摘は傾聴に値するであろう。日本の歴史教育学も現在，転機を迎えている。この転機が表面的な形式のみで，実質を伴わないものにとどまってしまうのか，それとも，歴史教育学のみならず，実際の学校教育現場の歴史授業や歴史学習を改革するものへと進展するのかは，改革を推進する理論的基盤にかかっているといえる。日本においても明確な理論的基盤を形成することが不可欠であろう。その検討において本書が一助となることを願ってやまない。

　本書の訳に際しては，第一稿を宇都宮が作成し，原田信之氏が監訳した。貴重な論稿の邦訳出版をご快諾くださり，意味が取れない箇所や類似する用語の意味の相違といった細かい質問にも丁寧に応えてくださった J・リューゼン先生に心より感謝を申し上げる。リューゼン先生の歴史教授学理論の意義を理解し，出版に向けた著作権申請交渉を助けてくださるとともに，私の拙い日本語訳の誤りを適切に指摘し，常にご指導くださった原田信之先生に深謝し上げる。そして，2冊の本からの複数の論文の著作権申請をご快諾くださった Wochenschau 出版社のT・デブース氏にも厚くお礼申し上げる。

　万全を期した翻訳を心がけたつもりであるが，読者の方々のご叱責とご教示をお願いしたい。

2023 年 10 月

宇都宮　明子

監訳者と訳者の紹介

【監訳者】原田 信之（はらだ・のぶゆき）

名古屋市立大学大学院教授，博士（教育学）。ドイツ学術交流会（DAAD）客員研究員（1994 年エッセン総合大学，2000-01 年ヒルデスハイム大学），オルデンブルク大学招聘客員教授（2004-05 年），ハレ大学招聘客員教授（2011 年）。
日本学校教育学会会長，日本協同教育学会理事

主要著書

『ドイツの学力調査と授業のクオリティマネジメント』風間書房　2023 年
『学校教育を深める・究める』（編集代表）三恵社　2022 年
『教育効果を可視化する学習科学』（訳者代表）北大路書房　2020 年
『カリキュラム・マネジメントと授業の質保証』（編著）北大路書房　2018 年
『ドイツの協同学習と汎用的能力の育成』あいり出版　2016 年
『ドイツの統合教科カリキュラム改革』ミネルヴァ書房　2010 年
Unterrichten professionalisieren（共著）Cornelsen Verlag Scriptor 2009
『確かな学力と豊かな学力』（編著）ミネルヴァ書房　2007 年
Basiswissen Sachunterricht Bd. 2（共著）Schneider Verlag 2004
『授業方法・技術と実践理念』（編訳）北大路書房　2004 年
Grundschule: Sich Lernen leisten（共著）Luchterhand 2000
『実践学としての授業方法学』（共訳）北大路書房　1998 年
Rechte der Kinder（共著）Schneider Verlag 1998

【訳者】宇都宮 明子（うつのみや・あきこ）

島根大学准教授，博士（教育学），博士（人間文化）。
全国社会科教育学会理事，社会系教科教育学会理事

主要著書

『歴史教師のビリーフに関する国際比較研究』（共編著）風間書房　2023 年
『新しい歴史教育論の構築に向けた日独歴史意識研究』風間書房　2020 年
『教科教育学研究の可能性を求めて』（共著）風間書房　2017 年
『PISA 後のドイツ歴史教授学』（単訳）デザインエッグ社　2017 年
『社会科教育学研究法ハンドブック』（共著）明治図書　2015 年
『教師教育講座　第 13 巻　中等社会系教育』（共著）協同出版　2014 年
『"国境・国土・領土" 教育の論点争点』（共著）明治図書　2014 年
『現代ドイツ中等歴史学習論改革に関する研究』風間書房　2013 年
『社会系教科教育研究のアプローチ』（共著）学事出版　2010 年

ドイツ歴史教授学の基礎理論 −歴史意識が織りなす意味形成と語り−

2024年1月16日　初版発行

原著者　　イェルン・リューゼン
監訳者　　原田　信之
訳　者　　宇都宮　明子

発行所　　株式会社　三恵社
〒462-0056 愛知県名古屋市北区中丸町2-24-1
TEL 052 (915) 5211
FAX 052 (915) 5019
URL http://www.sankeisha.com

ISBN978-4-86693-854-7 C3037 ¥3050E